피터 럭크만의 주석서

데살로니가전후서
빌레몬서

피터 럭크만 지음

김 진 석 옮김

말씀보존학회

The Bible Believer's Commentary Series

I&II THESSALONIANS - PHILEMON

By

Peter S. Ruckman, Ph.D.

Bible Baptist Bookstore

Pensacola, Florida

2006 / Korean by Word of God Preservation Society

Seoul, Korea

피터 럭크만의 주석서

데살로니가전후서 빌레몬서

들어가는 말

갓 거듭난 성도가 가장 먼저 읽어야 할 성경은 바울 서신 중에서도 데살로니가전후서이다. 사람들이 일반적으로 초신자에게 요한복음을 읽으라고 권면하는 이유는 요한복음이 그리스도의 신성에 중점을 두기 때문이다. 그러나 요한복음을 기록한 주목적은 죄인을 회심케 하기 위한 것이다.(요 20:31과 그 주석을 보라.) 반면 데살로니가전서는 예수 그리스도를 구주로 믿어 이제 막 구원받은 회심자들을 위해 쓰여졌다(살전 1:2,5,6,9,10).

그뿐만이 아니다. 로마서는 죄인이 은혜로 말미암아 믿음으로 구원받는다는 교리를 설명하는 위대한 서신이며, 갈라디아서는 구원받은 죄인이 행위나 부가적인 요소 없이 여전히 은혜로 그 구원을 유지한다는 교리를 증명하는 성경이다. 그러나 두 서신 모두 구약의 역사적인 내용을 상당량 포함하고 있다(롬 9:1-25,29; 10:19-21; 11:1-28, 갈 4:21-31; 3:16-21). 이런 요소 때문에 초신자에게는 다소 어렵게 여겨지기 마련이다. 대부분의 회심자들은 아브라함, 이삭, 이스마엘, 요셉, 파라오 등의 인물들에 대해서

모를 뿐더러, 이스라엘의 역사나 율법과 은혜와의 관계(갈 3:7-29)나 교회의 한 몸으로서의 영적인 연합에 대해서도 무지하다(롬 12:5,6; 11:17-24; 9:16-30, 갈 3:26-29).

그러나 초신자라 할지라도 데살로니가전서에 있는 말씀들은 대부분 이해할 수 있다. (예를 들어 1:5-10; 2:1-13; 3:1-13; 4:1-12; 5:5-28의 본문이다.) 혹 데살로니가전서 4:15-5:5이 회심자들에게 전혀 새로운 계시처럼 들릴 수도 있으나, 이 부분은 회심자들이 반드시 흡수하여 숙지하고 있어야 하는 필수적인 성경 지식이다. 그 이유는 이 본문이 회심이 전부가 아니며, 그리스도인의 삶이 단순히 지옥의 형벌에서 벗어난 것에서 끝나지 않는다는 사실을 보여 주기 때문이다(5:3-10). 곧 이 본문은 자신을 위해 죽으신 구주께서 그를 세상에서 데려가시려고 다시 오신다는 진리를 확증하며, 이 사건이 문자 그대로 반드시 일어날 것이고, 어쩌면 죽지 않고 구주를 뵐 수도 있다는 말씀이기 때문이다(살전 4:17). 쉽게 말해서 이 부분은 '구원받은 사람들을 위한 복음'이다!

또한 데살로니가전서가 신약에서 "그리스도 안에 있는 갓난아기"가 읽어야 할 첫 번째 책이 되는 이유는 그리스도의 재림이 전체 구약성경의 주제이며(약 500구절), 초신자가 자연스럽게 데살로니가후서를 읽게 될 때 이 핵심적인 성경 교리를 더 명확히 이해할 수 있기 때문이다(살후 1:6-10; 2:1-12).

본 주석서를 집필함에 있어 우리는 지금까지 반세기 동안 일관되게 견지해 왔던 입장을 고수할 것이다. 즉 우리는 〈킹제임스성경〉이 영어로 주어진 『**진리의 성경**』(단 10:21)이요, 거룩한 『**성경**』(롬 1:2)이라 믿는다.

독자가 이 주석서를 손에 들었다면, 볼 수도 없고 읽을 수도 없고 구할 수도 없는 "축자 영감받은 원본"을 의지하지 말고 오직 〈킹제임스성경〉만을 믿고 따라야 할 것이다! 미국의 50여 개의 인기 있는 기독교 대학들과 북미와 유럽에 있는 신학원들의 교수진들은 존재하지도 않는 원본을 추종하면서, 그들이 가르치는 사람들을 라오디케아 시대의 배교의 극치로 몰고 갈 뿐이다. 우리는 성령께서 독자들을 모든 진리로 이끌어 주시길 원한다.

알렉산드리아의 헬라어 사본들이 〈킹제임스성경〉의 본문들과 일치하지 않는 경우에 있어서, 우리는 그 사본들을 〈킹제임스성경〉으로 바로잡아 줄 것이다. 서방과 카이사랴 사본들이 우리의 거룩한 성경인 〈킹제임스성경〉의 본문을 지지하지 않는다면, 우리는 이러한 사본들을 우리의 성경으로 바로잡아 줄 것이다.

우리는 어떤 목적으로도 데살로니가전서의 1,857개(영어 KJV)의 단어 중 단 하나도 수정할 필요성을 전혀 느끼지 않는다. 우리는 이러한 방식으로 이미 신약의 약 120,000단어와 구약의 약 179,500단어를 일일이 다루며 주석했으며, 지금도 이러한 우리의 믿음과 입장을 수정해야 할 필요성을 전혀 느끼지 않는다. 영어 〈킹제임스성경〉의 1,857개의 모든 말씀은 마지막 때(딤후 3:1)에 세계어로 순수하게 보존해 주신 말씀이다.

우리는 RV, RSV, NRSV, NIV, ASV, NASV, CEV, TEV, NWT 등의 현대 영역본들이 〈킹제임스성경〉과 상반되게 고친 90,000개의 수정은 치밀하지 못하고 육신적이며 어리석은 아마추어들이 휘갈겨 쓴 습작으로 취급할 것이다.

이 책에 인용된 성경구절은 〈한글킹제임스성경〉입니다.

차 례

데살로니가전서

데살로니가전서 서문

『**데살로니가인들**』(Thessalonians)이라는 단어는 "온천"(The Hot Springs)이라는 뜻이다. 데살로니가전서는 총 5장, 89절로 구성되어 있으며, 기록 연대는 A.D. 49년경이다. 대부분의 주석가들은 기록 연대를 A.D. 50년 이후로 잡는다.

우리는 다른 주석가들의 저작들을 간략하게 비평할 것이다. 왜냐하면 약 90%의 주석가들이 자신이 원하는 대로 성경 본문을 바꾸며, 독자들에게 성경이 아니라 그들의 학자적 자질을 신뢰하게 하기 때문이다. 우리가 이미 수십 차례 증명한 바와 같이, BJU, PCC, BBC, 리버티 대학, 무디, 풀러, 스텟슨, 테네시 템플, 하워드, 저드슨, 휘튼, 포트 워쓰와 달라스, 뉴올리언즈, 샌프란시스코, 로스앤젤리스, 루이스빌에 있는 신학원들은 실용주의적인 무신론자들로 가득 차 있다. 정확히 말하자면 그리스도인의 믿음과 실행을 위한 최종권위의 문제에 관해서만큼은 그들은 실용주의적인 무신론자이다.

이들을 실용주의자라고 일컫는 것은 그들이 항상 "우리는 이 역본을 사용합니다," "우리는 항상 〈킹제임스성경〉을 사용합니다."라고 말하기 때문이다. 또한 이들은 "아무개 박사님께서 이렇게 말씀하시니까." "대부분의 학자들이 이렇게 믿기 때문에...," "모든 사람들이 이 단어가 이렇게 수정되어야 한다고 동의하니까..."라고 말함으로써 자신이 사람을 신뢰하는 인본주의자임을 드러내기 때문이다. 이들의 평생 사역은 우리의 모국어로 된 성경을 최종권위로 신뢰하지 못하게 하는 데 초점이 맞춰져 있다. 만약 독자가 성경을 수정하는 이런 자들을 따른다면, 은연중에 이들이 성경보다 더 우월하다고 인정하는 셈이다. 이들은 일 년 내내 성경에 대해 거짓말하는 것으로 먹고 사는 자들이다. (알렉산드리아 사본들을 추종하는 기독교대학의 교수진들이 써먹는 열아홉 가지 거짓말에 대해서는 〈거짓말쟁이 그리스도인의 도서관, The Christian Liar's Library〉을 참고하라. 1997, pp.311-314.)

A.D. 1800년부터 2000년까지의 모든 타락한 배교자들은 데살로니가후서 2장의 본문에 경악을 금치 못한다. NIV 번역위원회 또한 『**죄의 사람**』이 등장하는 이사야 14:12과 스카랴 11:17의 부분에서 동일한 반응을 보인다. "뉴"킹제임스성경 또한 스카랴 11:17에 동일한 짓을 자행해 놓았다.

니콜(Nicoll)의 〈해석자의 헬라어 신약성경, Expositor's Greek New Testament, Vol. IV〉은 데살로니가전후서에 대한 서론에서 약 10페이지 가량을 할애하며 데살로니가후서 2장의 본문에 대한 맹공격을 쏟아 부었다. 그는 데살로니가전서에 대해서는 6페이지 반가량 긍정적인 설명을 기술하다가, 갑자기 데살로니가후서 2장에 와서는 비정상적인 반응을 보인다. 그는 이렇게 요약해 놓았다. "두 번째 서신은 첫 번째 서신에 비해서 깊이나 범위에 있어서 열등하며, 이 서신의 기원에 대해서 어떤 입장을 취하든지..."(p.19).

말하자면 반드시 사도 바울이 데살로니가후서를 기록하지 않았을 수도 있다는 주장이다. 그의 이러한 주석은 현대의 "복음주의" 혹은 "보수주의" 학자의 전형적인 타락상을 보여 주는 것이다. 데살로니가전후서의 주석가들은 독일의 파멸에 기여한 자들로서, 고등교육을 받고 사도신경을 되뇌이는 근본주의자들이며 헬라어와 히브리어 전공자들이다. 이들은 평범한 사람이 소유한 상식이나 영적인 분별력도 없는 자들이다. 제1차 세계대전 이후 독일에 성경에 대한 불신과 무관심을 조장한 원인이 바로 이런 류의 주석가들이다. 미국에서 이와 유사한 일을 자행한 집단은 ASV, NASV, NKJV, NIV 등을 번역한 번역위원들과 이러한 변개된 성경들을 추천하는 설교자들과 교수들과 대학들이다.

데살로니가는 원래 "테르메"(Therme)라고 불렸다. 로마가 B.C. 164년에 이 도시를 마케도니아의 수도로 지정했으며, 이 도시를 경유하는 거대한 대로를 건설했다. 바울이 데살로니가의 그리스도인들에게 서신을 쓰고 있었을 때(행 17장), 그들은 박해를 받고 있었다(살전 1:6). 서신이 기록된 상황이나 배경은 서신 자체가 설명하고 있으므로 더 이상의 설명은 불필요하며, 우리는 이 서신들을 공부하면서 모든 주석가들을 바로잡아 줄 것이다. 이는 우리에게 그들과 달리 눈에 보이고 활용 가능하며 이해하기 쉬운 절대적 진리의 기준이 있기 때문이다. 그들은 이미 천 년 전에 사라져 버린, 생전 보지도 못한 "원본"을 숭앙하며 의지한다.

우리는 라오디케아 교회 시대에 살고 있다. 이 시대를 이러한 상황까지 이끌어 온 것이 바로 기독교 학자들이다. 이제 탈출구는 위로 가는 수밖에 없다.

이 주석서에서 현대 기독교 학자의 의견은 철저히 무시될 것이다. 우리의 의지는 확고하며, 채소 기르는 텃밭에서 잡초들을 솎아내듯이 우리는 "선하고 경건하며 인정받는 학자들"의 오류를 낱낱이 지적하고 바로잡아 줄 것이다. 성경은 말씀하신다.

『**실로, 하나님은 참되시나 사람은 모두 거짓말쟁이라**』(롬 3:4).

성경을 진지하게 공부하고자 하는 독자를 위하여 우리는 〈킹제임스성경〉의 전신이 되는 성경들을 종종 인용할 것이다. 예를 들어 틴데일(Tyndale), 커버데일(Coverdale), 매튜(Matthew), 그레이트 성경(Great Bible), 비숍 성경(Bishops' Bible) 등이다. 또한 잠시 한숨 돌리며 웃을 수 있는 여유를 찾기 위해 NIV, NASV, RSV와 이와 유사한 다른 역본들도 인용할 것이다.

펜사콜라성경신학원의 졸업생이면 누구나 알고 있듯이, 우리는 우리의 학생들에게 상이한 30여개의 현대 영어 성경들을 암흑 시대 예수회의 카톨릭 성경인 림즈 듀웨이 성경(1582)과 비교하여 가르친다. 그리고 이와 같은 변개된 성경들을 또한 12개의 서로 다른 헬라어 원문과 비교하여 확인토록 한다. 곧 에라스무스, 홀트, 네슬, 스테파누스, 베자, 알란드, 메츠거, 폰 소덴, 라흐만, 티센돌프, 그리스바흐, 케네스 웨스트, 오리겐 등의 원문들이다. 이러한 30개의 변개된 성경 중 몇 개만 거명하자면, Phillips, Moffat, Weymouth, Riverside, Berkeley, Goodspeed, Lamsa, TEV,

NEB, NWT(여호와의 증인), NASV, NJB, Challoner Rheims, Knox, NLT, Living Bible, Amplified Version 등이다.

경건하다고 하는 학자님들이 "과학적 학문탐구" 방법으로 만들어냈다고 하는 작품들을 우리는 그것이 〈킹제임스성경〉의 본문에서 벗어날 때마다 바로잡아 줄 것이다. 이렇게 할 때, 우리는 건전한 교리들과 향상된 계시와 영적인 통찰력과 본문에 대한 이해와 지상의 그 어떤 헬라어, 히브리어 학자도 보지 못한 "원본"에 대한 조명을 얻을 수 있다. 우리는 지금까지 우리가 출간한 주석서들을 통하여 적어도 80여 회 이상 이러한 사실을 증명해 왔다.

『**하나님의 모든 말씀은 순수하니**』(잠 30:5).

『**건전한 말씀들의 본을 굳게 붙잡고**』(딤후 1:13).

『**하나님께로부터 나온 사람은 하나님의 말씀들을 듣느니라. 너희는 하나님의 말씀들을 듣지 아니하나니, 이는 너희가 하나님으로부터 나오지 않음이라**』(요 8:47).

데살로니가전서 1장

1:1 바울과 실루아노와 디모데는 하나님 아버지와 주 예수 그리스도 **안**
에 있는 데살로니가인들의 교회에 *편지하노니*, 하나님 **우리** 아버지와
주 예수 그리스도**로부터 은혜와 평강이 너희에게 있을지어다.**
2 우리의 기도에 너희를 말하며, 너희 모두에 대하여 항상 하나님께
감사함은
3 우리 주 예수 그리스도 **안에서 너희의 믿음의 행위와 사랑의 수고**
와 소망의 인내를 하나님, **곧 우리** 아버지 **앞에서 쉬지 않고 기억**
함이니
4 사랑하는 형제들아, 너희가 하나님**을 선택한 것을 아노라.**

사도 바울의 절친한 동역자들이 1절에 열거되어 있다. 사도 바울은 이들을 『**동료**』(빌 4:3) 혹은 『**전우**』(빌 2:25)라고 불렀다. 『**실루아노**』(Silvanus)는 사도행전에 나오는 "실라"와 동일인이다. 누가 읽는다 해도 본문

의 인사는 명확하다.

여기서 『**하나님**』은 아버지 하나님을 말하며 『**주**』는 예수님을 말한다. 〈킹제임스성경〉을 비평하는 사람들은 이 구절을 보고 그리스도의 신성을 격하시키는 표현이라 주장한다. 또한 그들은 자신이 옹호하는 번역본이 디도서 2:13과 같은 곳에서 〈킹제임스성경〉과 달리 그리스도의 신성을 높인다고 말한다. 디도서 2:13을 들먹거리며 NIV와 NASV를 추천하는 자들은 〈킹제임스성경〉의 이러한 표현이 자신이 추천하는 성경에서도 수십 회 쓰인다는 사실을 확인해 보지도 않고 이런 비평을 하는 것이다.

이 표현은 구약에 수십 차례 등장하는 수사법으로 중언법(重言法, hendiadys)이라 불린다. 이는 주로 우리말 조사 "와" 혹은 "과"에 해당하는 "and"를 사용하여 "하나의 대상을 두 개"로 부르는 수사법이다(사 43:1; 44:1,6,24; 45:11). 이에 무지한 비평가들은 〈킹제임스성경〉이 디도서 2:13에서 『**우리 구주 예수 그리스도**』와 『**위대한 하나님**』을 분리시켰다고 비난한다. (왜냐하면 영어 〈킹제임스성경〉에는 『the great God <u>and</u> our Saviour Jesus Christ』으로, "and"로 연결시켜 놓았기 때문이다. 어리석은 비평가들은 성경의 중언법의 예들을 제대로 읽어내지 못한 것이다. 신약에서의 이런 중언법의 예들은 디모데후서 4:1, 디모데전서 1:1; 4:10, 데살로니가후서 2:16, 베드로후서 1:11; 3:18 등이 있다. 이 본문들을 영어와 우리말로 상호 비교하며 공부해 보라.)

NASV를 추천하는 학자들은 〈킹제임스성경〉이 디도서 2:13에서는 오류를 범한 것처럼 말하면서도 데살로니가전서 1:1에서는 〈킹제임스성경〉에 기록된 그대로 수용했다. NIV를 추천하는 사람들도 디도서 2:13에서는 "그리스도의 신성을 부인한다"며 〈킹제임스성경〉을 공격하다가도 디모데전서

1:1에서는 〈킹제임스성경〉이 번역한 그대로 받아들였다. 디모데전서 1:1을 보라.

『**우리 구주이신 하나님과 우리의 소망이신 주 예수 그리스도의 명령에 따라 예수 그리스도의 사도가 된 바울은**』(God our Saviour, and Lord Jesus Christ, which is our hope)

유치하기 짝이 없는 NASV와 NIV의 옹호자들은 우리가 이 구절을 읽을 때 『**우리 구주**』와 예수 그리스도를 다른 분으로 이해하게 된다고 주장한다. 그러나 이사야 44:6도 동일한 형식으로 기록되어 있다.

킹제임스성경에서 중언법의 용례를 더 들자면, 디도서 2:13, 디모데전서 4:10, 디도서 1:7, 데살로니가후서 1:12; 3:5, 요한계시록 1:6 등이다. 데살로니가전서의 첫 번째 구절을 다루었을 뿐인데, 벌써부터 미국의 "복음주의자," "보수주의자," "근본주의자"라고 자처하는 배교자들이 쳐놓은 함정에 부딪히게 되었다. 항상 그렇듯이 그들이 오류를 범한 것이지, 킹제임스성경의 본문들은 건전하고 성경적이며 정확하다.

3절의 의미는 분명하다. 데살로니가의 회심자들은 세 가지의 뚜렷한 특징이 있었으며, 모든 회심자가 마땅히 가져야 하는 특징이기도 하다.

첫째, 그들은 『**사랑**』이라는 올바른 동기로 주님을 위해 일했다.

둘째, 그들의 일은 『**믿음**』으로 이뤄졌다.

셋째, 데살로니가인들은 『**소망의 인내**』로 구주의 다시 오심을 기다렸다(3,10절).

그리스도인의 『**소망**』은 로마카톨릭 교도들이 "구원받았기를 바래요,"

“저는 구원받았다고 생각해요.” “구원받은 것 같아요.” “하늘나라에 갈 수 있을 것 같아요.”라고 말하는 것과는 근본적으로 다르다. 오히려 이런 말은 힌두교, 불교, 회교와 영지주의를 섞어 놓은 잡탕일 뿐이다.

우리의 『**소망**』은 우리 몸의 구원과 관련 있다. (롬 8:23,24, 히 6:19,20과 해당 주석을 참조하라.) 베드로가 언급한 『**산 소망**』은 단순히 하늘나라에 가는 것이 아니었다(벧전 1:3). 바로 다음 구절에서 하늘나라가 이미 베드로에게 예비되어 있다고 말하고 있기 때문이다(벧전 1:4). 바울에게도 하늘나라가 예비되어 있었고(롬 8:29), 그 무엇도 그가 하늘나라에 가는 것을 막을 수 없었다. (고전 1:6-8, 빌 1:6과 해당 주석을 참조하라.) 우리의 『**소망**』은 주님의 『**영광스러운 나타나심**』과 맞물려 있고, 이것이 왜 이 소망이 『**복된 소망**』이라고 불리는가 하는 이유이다(딛 2:13). 즉 이때 비로소 우리의 몸이 구원받게 되는 것이다. 그러나 우리의 혼은 지금 이미 구원받은 상태이다.

이 부분에 관한 한 감독교회, 은사주의, 카톨릭, 회교도, 유대교, 그리스정교, 오순절주의, 몰몬교, 안식교, 여호와의 증인, 그리스도의 교회 등의 교리는 이단 교리일 뿐이다.

『**사랑하는 형제들아, 너희가 하나님을 선택한 것을 아노라**』(4절).

이 구절은 종종 칼빈주의의 5대 교리 중 하나인 “하나님의 무조건적인 선택”을 말하는 것으로 오인되어 왔다. 그러나 “하나님의 선택”을 말한다 할지라도, 예수 그리스도를 믿기 이전에 선택받은 사람은 아무도 없다는 것을 알아야 한다.

마태복음 24:24이 언급하는 하나님의 “택함받은 자들”은 교회 시대의 거듭난 그리스도인을 말하는 것이 아니다. 이들은 구약성경에서 자주 언급되는 유대인들이다(사 45:4). 존 칼빈과 어거스틴 때문에 대부분의 기독교인들이 "선택"에 관해 그릇된 믿음을 갖게 되었다. 이 주제에 대해 더 관심이 있다면, 로렌스 밴스(Laurence Vance) 박사가 저술한 〈칼빈주의의 이면, The Other Side of Calvinism〉이라는 칼빈주의에 관한 한 가장 심도 깊은 연구서를 참고하라. 밴스 박사의 저서는 타락전선택설, 타락후선택설, 버림과 선택의 교리, 전적 타락, 저항할 수 없는 은혜, 제한적 속죄, 효과적인 부르심 등에 대해서 찬반 입장을 성경적인 관점에서 잘 다루고 있다(극단적 칼빈주의에 관한 다음의 말씀보존학회 책들을 참조하라 - 〈성경으로 본 칼빈주의 5대 강령〉, 〈칼빈주의는 왜 이단인가〉).

"선택"은 미리 아심에 근거하며, "저항할 수 없는 은혜"는 미리 아심과 아무 상관이 없다. 예수 그리스도를 구주로 믿고 영접하여 하나님의 구원을 받을 것이냐 아니냐의 문제는 죄인에게 달려 있다(요 1:12,13과 해당 주석을 참조하라). 구원받은 죄인을 그의 아들 예수 그리스도의 몸 안에 넣는 분은 하나님이시며, 또한 그를 거듭나게 하시는 분도 하나님이시다. 이 두 가지 일은 우리의 의지와는 전혀 관계가 없으며, 우리가 하나님의 아들을 영접한 후에 하나님께서 이루시는 일이다. (엡 1:5과 "양자 됨"에 대한 주석을 참조하라.)

칼빈주의자들이 자주 인용하는 로마서 9:16도, 하나님께서 당신이 그분의 아들을 영접하기 원하는 마음을 주신다는 뜻이 아니다. 로마서 9:16이 말하는 바는 하나님께서 당신이 자비를 얻을 수 있는 조건들을 선택하신다는 뜻이다. 당신은 오직 한 장소에서만 자비를 얻을 수 있는데, 하나님께서 선정하신 갈보리가 바로 그 장소이다. 오직 갈보리에서만 하나님의 자비를 얻을 수 있다. 만약 당신이 다른 곳에서 하나님의 자비를 찾거나 얻으려 한다면, 당신은 영원을 지옥에서 불타는 고통을 받으면서 보내게 될 것이다.

1:5 이는 우리의 복음이 말로만 너희에게 이른 것이 아니라 능력과 성
령과 대단한 확신으로 되었음이니 우리가 너희 가운데서 너희를
위하여 어떻게 했다는 것을 너희도 아는 바라.
6 또 너희가 성령의 기쁨으로 많은 환난 가운데서 그 말씀을 받아들
여 우리와 주를 따르는 자들이 되었으므로
7 마케도니아와 아카야에서 믿는 모든 자들에게 본이 되었느니라.
8 이는 주의 말씀이 너희로부터 마케도니아와 아카야에서뿐만 아니
라, 하나님을 향하는 너희의 믿음이 퍼져 있는 모든 곳에도 전해
졌으므로 우리는 아무것도 말할 필요가 없게 되었음이라.

본문의 『**우리의 복음**』은 바울이 로마서에서 『**나의 복음**』이라 부르는 것과 같다(롬 16:25). 또한 이 복음을 『**하나님의 은혜의 복음**』이라고도 부르기도 한다(행 20:24). 신약성경에는 열 개의 복음이 있으며, 그중 오직 한 복음만이 오순절부터 휴거까지의 현 교회 시대에서 죄인이 믿어 구원받을 수 있는 복음이다. 만약 사람이든 천사든 누구라도 다른 복음을 전하면 저주를 받게 된다(갈 1:8-10). 가장 오래된 사본에서 번역했다는 소위 더 정확하고 이해하기 쉽다는 최신 성경들은 현대인의 언어로 이 구절(갈 1:8)의 의미를 설명하지 못했다.

여기서 〈킹제임스성경〉의 "저주를 받는다"(accursed)는 표현은 오늘날의 영어로 말하자면 욕할 때 흔히 쓰는 "Damned"(저주받을)이다. 20세기와 21세기의 라오디케아 시대의 배교자들이 만들어낸 모든 성경은 더 쉽고 정확하게 성경을 번역했다고 거짓말한다. 그러나 『**저주**』(accursed, 갈 1:8), 『**배설물**』(dung, 빌 3:8), 『**지옥**』(hell, 행 2:27) 등과 같은 어휘는 알기 쉬운 현대의 동의어로 옮기지 않고, 오히려 완전히 수정하거나 삭제해 버렸다.

신약성경에 얼마나 많은 종류의 복음이 있는지 보라!

1. 마태복음.
2. 마가복음.
3. 누가복음.
4. 요한복음.
5. 아브라함에 따른 복음(갈 3:8).
6. 칼렙과 여호수아에 따른 복음(민 13,14장, 히 3,4장).
7. 천년왕국 시대의 유대인들에 따른 복음(사 52:7, 마 24:14).
8. 하나님의 은혜의 복음(행 20장).
9. 왕국복음(마 24장).
10. 대환란 시대의 영원한 복음(계 14장).

자그마치 10가지의 복음이 있다!

갈라디아서 1:8에서 바울은, 다른 복음을 전하는 자는 그가 천사라 할지라도 저주받을 것이라 예언했지만, 요한계시록에서 "영원한 복음"을 전하는 천사는 저주받지 않는다. 이런 문제를 다루고 설명하는 것에 있어서는 소위 "최상의 가장 오래된 사본들"이 전혀 쓸모없다. 표준원문을 따른다고 하는 알링 홀튼, 데오도르 레티스, 도날드 웨이트 등도 교리적인 문제에 대해서는 전혀 묵묵부답이다. 근본주의 격주지 〈주의 칼〉의 쉘튼 스미스 역시 신약성경에 열 개의 서로 다른 복음이 있다는 사실을 설명하지 못한다.

본문에서 말씀하는 『**우리의 복음**』은 고린도전서 15:1-4과 갈라디아서 1:8-12에 명시되어 있다. 마태복음의 산상설교는 이 복음이 아니다. 십계명도 이 복음이 아니다. 황금률도 아니다. 또한 사도행전 2장이나 사도행전 3:19,20; 8:13-16; 19:2의 본문도 아니다. 성경은 우리의 복음이 무엇인지 고린도전서 15:1-4, 갈라디아서 1:8-12, 사도행전 13:39,40, 로마서 5:1-10; 8장; 10:8-13과 에베소서 2:8,9에서 분명하게 설명해 주고 있다.

『**대단한 확신으로**』(5절).

이 표현을 주목하라. 즉 바울과 그의 동료들의 간증과 실행이 데살로니가전서 2:13에 기록된 것처럼 데살로니가인들이 행하도록 확신을 주었다는 것이다. 그들은 바울이 전한 말씀을 믿었다(고전 2:4,5; 1:18-20과 그 주석을 참조하라). 데살로니가의 회심자들은 우상들에서 돌이키는 것에서 그치지 않고 하나님을 섬겼으며(9절), 그들은 말씀을 전한 바울을 따라 실행했다(6절).

『**우리와 주를 따르는 자들이 되었으므로**』(6절).

이 구절을 고린도전서 11:1과 그 주석과 비교하여 공부하라. 만약 혹자가 올바른 사람이며 그가 올바른 방향으로 나아가고 있다면 그 사람을 따른다고 해서 문제될 것은 하나도 없다. 밥 존스 시니어는 “만약 한 사람이 바른 길을 가고 있다면, 당신은 그 길을 그와 함께 갈 수 있다. 그러나 그가 그릇된 길로 들어선다면, 당신은 반드시 그와 결별해야 한다. 올바른 길은 언제나 올바른 목적지로 이어진다.”고 말하곤 했다. (마 7:14과 그 주석을 참조하라.)

주 예수 그리스도를 따르지 않고 죄인을 따르는 가장 골수적인 인간 추종자는 모슬렘과 로마카톨릭이다. 모든 모슬렘은 마호메트를 따르고 있는데 그가 가르치는 것은, 하나님께서는 한 번도 아들을 낳으신 적이 없다는 것, 예수 그리스도는 한 번도 죄인들을 위해 죽으신 적이 없다는 것, 마호메트 그 자신은 물론이고 어떤 사람도 사후에 자신이 어디로 갈지 알 수 없다는 것이다.

그런가 하면 수십억의 로마카톨릭 교도들도 A.D. 500년 이래로 로마에 거주하면서 포도주를 즐겨 마시는 총각을 추종하는 죄를 지어 왔다. 교황들은 마리아가 죄 없이 태어났다가 죽었고, 그 후에는 무소부재의 능력을 소유하게 되었으며, 예수 그리스도께서는 빵으로 둔갑하시고 우리는 그 빵을 삼킬 수 있으며, 그 다음 주에 성당에 와서 똑같은 일을 해야 한다고 가르쳤다. 또한 교황인 자신을 포함하여 그 누구도 죽어서 어디로 갈지 알 수 없다고 가르쳐 왔다.

여기서 그치지 않고 찰스 다윈과 칼 마르크스를 추종하는 죄인들의 숫자도 한번 계산해 보라. 신약성경의 진리에 따르면, 모슬렘과 카톨릭과는 별도로 또 다른 수십억의 사람들이 지옥에서 결말을 맞을 것이다. 이들은 결국 불못에 내던져지게 될 것이다. (계 20:11-15, 마 25:41과 그 주석을 공부하라.)

기독교계 내에서 가장 정도가 심한 인간 추종자들은 다름아닌 기독교 학자들이다. 이들은 그러면서도 성경대로 믿는 사람들을 보고 사람을 추종한다고 비방한다. 이런 수법은 카톨릭이 써왔던 것으로, 그들은 처음에는 그리스도인들을 몬타니스트, 도나티스트, 노바티안이라 매도했고, 그후에는 노리스파, 다비파, 루터파, "럭크만파" 등으로 비방해 왔다. 〈킹제임스성경〉의 비평가들은 자신의 생각에 따라 〈킹제임스성경〉의 본문을 대체하고 수정하려는 공격이 실패하면, 〈킹제임스성경〉을 믿는 그리스도인들이 사람을 추종한다고 비난한다.

모든 파괴적인 비평가들은 똑같은 문제를 가지고 있다.

1. 그들 중 누구도 성경을 믿는 젊은이에게 본으로 보여 줄만 한 것이 없다.

2. 그들은 사역을 한 지 50년에서 70년이 지나도 단 한 명의 "디모데"를 낳지 못한다. 즉 죄인들에게 복음을 전할 열정적인 복음 전파자를 양산해 내지 못한다.

3. 그들이 할 수 있는 유일한 일은 그들의 학생들이 거룩한 성경 대신 그들의 학자적 자질을 존중하고 신뢰하도록 세뇌시키는 것이다.

어느 시대 어떤 작가가 쓴 교회사를 보더라도 네슬, 알란드, 니다, 메츠거, 피, 팔머, 윌밍턴, 웨스트, 조디에츠, 떼이어, 샤프, 헛슨, 밥 존스 주니어, 밥 존스 3세 등이 이런 사역을 펼쳤다는 기록은 한 줄도 없다. 심지어 잭 하일스나 리 로버슨, 제리 팔웰, 빌리 그래함조차도 현장에서 직접 젊은이들을 일대일로 훈련시키고 가르친 적은 없다. 가르치는 사역, 설교하는 사역, 교리와 섬김에 있어서는 오직 실제 현장에서만 신학생들이 뭔가를 배울 수 있는데도 말이다.

바울은 실라와 디모데와 디도를 개인적으로, 그것도 그들과 함께 사역의 현장에서 직접 훈련시켰다. 밥 존스 3세는 한 번도 자신의 "디모데"를 낳아 본 적이 없다. 제리 팔웰도 마찬가지다. 겨우 자신의 아들들만 목회를 하도록 했을 뿐이다. 안타깝게도 위대한 하나님의 사람들이었던 D. L. 무디, 빌리 선데이, 찰스 피니, 프랭크 노리스는 자신의 아들들도 목회로 이끌지 못했다.

『**성령의 기쁨으로 많은 환난 가운데서**』(6절).

참으로 깊이 묵상해야 할 말씀이다. 이 말씀을 마태복음 5:11,12, 고린도후서 12:9,10, 로마서 8:34-37과 함께 숙고하라.

『**기쁨**』은 성령의 두 번째 열매이다(갈 5:22).

『**모든 자들에게 본이 되었느니라**』(7절).

여기서 『**본**』(ensamples)이라는 것은 현대 영어의 "예"(example)와 유사한 단어이다. 어떤 사물에 대한 가장 좋은 예(example)는 그것의 샘플(sample)이다.

비평가들이 혹평하는 〈킹제임스성경〉의 "엘리자베스 시대의 고대 영어"가 현대 역본들의 뉴스 미디어 언어보다 훨씬 더 적합하다는 것을 보여주는 좋은 예다. 빌립보서 4:6의 "염려하는"의 뜻으로 쓰인 "careful"도 이와 같은 예다.

8절의 『**모든 곳**』이라는 표현은 골로새서 4:9과 로마서 1:8에서와 같은 의미로 사용되었다. "모든" 혹은 "모두"에 해당하는 영어의 "all," "everyone," "everybody" 등은 영어 〈킹제임스성경〉에서 "예외 없는 모든"이 아니라 "차별 없는 모든"의 뜻으로 쓰이기도 한다. (롬 1:8의 『**온 세상**』과 골 4:9의 『**여기에서 있었던 일을 다**』라는 표현에 주목하고, 그 주석들을 찾아보라.) 위대하고 고명하신 학자님들의 도움 없이도, 항상 성경이 성경을 해석함을 알 수 있다.

데살로니가인들은 말씀을 들을 뿐만 아니라 지켜 행하는 성도들이었다. 바울은 데살로니가인들과 빌립보인들에게 본을 보였고(빌 4:9), 그들은 바울의 본을 따르는 사람들이 되었다. 데살로니가인들은 복음의 증인이 되는 일에 열심을 냈다(행 1:8과 그 주석). 또한 그리스도를 부끄러워하지 않았다(막 8:38).

1:9 그들이 우리에 관하여 스스로 말하는 것은, 우리가 어떤 방법으로 너희에게 들어갔으며, 또 너희가 어떻게 우상으로부터 하나님께로 **돌아서서 살아 계시며 참되신** 하나님을 **섬기는지와,**

10 또 하나님께서 죽은 자들로부터 살리신 그분의 아들, **즉 다가올 진노로부터 우리를 구해 내신** 예수께서 **하늘로부터 오심을 기다린다는 것이니라.**

본문의 『**방법**』(manner)이란 말을 통해서 우리는 바울에게는 생활하고 사역하는 습관적인 방식이 있었다는 사실을 알 수 있다. 예를 들어 사도행전 17:2을 보라. 이런 방식 중 하나가 시편 130:6에 나타나며, 데살로니가의 회심자들은 바울의 그러한 방식을 배웠을 것이다. 10절을 보라. 사도행전 20:18에 따르면 바울의 생활 방식은 구원받은 사람이나 구원받지 않은 사람이나 그의 친구나 그의 대적에게나 헬라인이나 야만인에게나 명명백백하게 알려져 있었다. (고후 1:8,12,18; 2:12-17; 3:3; 4:2,7-10; 11:17-29과 해당 주석을 공부하라.)

데살로니가인들이 바울을 통하여 어떻게 회심하게 되었는지를 데살로니가인들의 복음 전파를 들은 유럽인들이 바울에게 말해 주었다. 구원받은 사람이나 구원받지 않은 사람이나 모든 사람이 한때 우상 숭배자였던 데살로니가인들이 바울이 전파한 말씀을 듣고 우상으로부터 하나님께로 돌아선 일을 주지하고 있었던 것이다. 그들은 이제 『**살아 계시며 참되신 하나님**』을 섬기고 있었다. 물론 여기서 『**살아 계시며 참되신 하나님**』은 "알라" (Allah)를 말하는 것이 아니다. 사도 요한의 말씀을 확인해 보라 (요일 5:20). 예수님의 "사랑하는 제자"였던 사도 요한은 예수 그리스도께서 바로 『**살아 계시며 참되신 하나님**』이라고 말한다. (요 14:9; 20:28과 그 주석을 공부하라.)

위의 3절에 등장한 믿음, 사랑, 소망의 트리오가 9절과 10절에서도 등장함을 주목하라. 『**믿음의 행위**』는 그들이 하나님께로 돌이킨 것과 일치하며, 『**사랑의 수고**』는 그들이 『**살아 계시며 참되신 하나님**』을 섬기고 있다는 것과 연결되고, 『**소망의 인내**』는 『**예수께서 하늘로부터 오심을 기다린다**』는 말씀과 일맥상통한다.

이제 10절을 면밀하게 살펴볼 차례다. 『**그분의 아들, 즉 다가올 진노로부터 우리를 구해 내신 예수께서 하늘로부터 오심을 기다린다**』는 표현을 주목하라. 그리고 이 구절을 『**구주이신 주 예수 그리스도를 기다리고 있으니**』(빌 3:20)라는 말씀과 『**우리 구주 예수 그리스도의 영광스러운 나타나심을 기다리게 하셨음이니**』(딛 2:13)라는 말씀과 비교해 보라.

당신이 알아야 할 것은 "부정적인 생각의 힘"으로 무역, 언어, 예술, 역사 등 모든 문제의 해결 방안을 배울 수 있다는 사실이다. 우선 어떤 문제에 있어서 항상 부정적으로 생각하라. 먼저 무엇이 틀리고 무엇이 들어맞지 않으며 무엇이 적합하지 않는지를 알아내라. 한 문장이 말하는 것이 무엇인지 이해하려 하기 전에 그것이 언급하지 않는 것이 무엇인지를 먼저 확인하라.

모든 것을 배우는 세 가지 방법이 있다. 1. 부합하지 않는 것들과 일치하지 않는 것들을 공부하라. 2. 그리고 부합하고 일치하는 것을 공부하라. 3. 이러한 진리들을 암기하고 자동적으로 할 수 있을 때까지 반복 숙달하라. 간단히 요약하여, "대조"(對照, Contrast), "유사"(類似, Association), "반복"(反復, Repetition)이라 명명할 수도 있겠다.

결코 하나님께서 나누신 것을 합치지 말라! 예를 들어 신명기 32:8, 사도행전 17:26, 고린도후서 6:14-17, 요한계시록 21:8을 살펴보라.

구원으로 이르는 첫 번째 단계는 바로 모세의 율법이다. 율법은 인간에게 자신이 죄인이며 자신에게 구주가 필요함을 깨우쳐 주기 위해 주어졌다(롬 7:9-12, 갈 3:24과 그 주석을 보라). 십계명의 80%는 부정적이다. 『**너는 ...하지 말지니라**』(Thou shalt NOT, 출 20:13).

참고로, 신약의 하나님의 은혜의 복음도 그 내용 중 75%가 부정적이다. 죽음, 죄들, 장사됨, 부활 중 3가지 요소가 부정적이다.

부정적인 생각의 원칙에 의거하여 그리스도인이 기대하거나 기다리지 않는 것들을 먼저 살펴보자.

1. 우리는 대환란과 대환란의 일부도 기대하거나 기다리지 않는다. 로젠달(Rosenthal)이라는 자는 우리가 대환란 기간 중 42개월을 통과하게 될 것이라는 이단 교리를 퍼뜨렸다.

2. 적그리스도, 곧 『**멸망의 아들**』(살후 2:3)이다.

3. 『**짐승의 표**』(계 19:20)와 재건되는 로마 제국이다.

4. "왕국"의 확장이다.

5. 부흥과 영적 각성이다.

6. 수천 명이 회심하는 것이다.

7. 마지막 심판, 곧 세상의 끝이다.

우리가 기다리며 바라는 대상은 오직 주 예수 그리스도시며, 곧 그분의 오심이다.

우리는 단지 주께서 오실 것이라는 것을 인지하고 있는 것이 아니다. 우리는 그분의 오심을 간절히 고대하고 있다. 위에 열거한 것들은 우리의 기다림의 여부에 관계없이 언제 어떻게 오든 그 합당한 시기에 따라 올 것이며 또 지나가게 될 것이다. 대환란 기간 동안 수천 명의 회심자들이 생길 것이다(계 7장). 또한 그리스도께서 지상 재림하실 때 그 "왕국"이 이 땅에 임할 것이며, 요한계시록 20:11-15에 기록된 것처럼 시간이 끝나게 될 때 마지막 심판이 있을 것이다.

이해를 돕기 위한 예화를 들자. 한 아이의 엄마가 두 블록 떨어져 있는 식료품 가게에 가기 전에 아이에게 엄마가 없는 동안 쿠키 항아리에 손대지 말라고 당부했다. 아이는 그렇게 하겠다고 약속했다. 그 엄마가 집을 나서서 한 블록 정도 길을 가다가 수표책을 놓고 온 것을 깨닫고 되돌아갔다. 엄마는 결국 그 아들이 의자 위에 서서 한 손은 쿠키 항아리에 넣고 한 손은 선반을 짚고 있고 입에는 커다란 오트밀 쿠키를 물고 있는 현장을 덮치게 되었다.

물론 아이는 엄마가 다시 올 것을 알고 있었다. 그러나 엄마가 오길 기다리고 있었을까?

우리가 그리스도께서 다시 오실 것을 믿는다고 말할 때, 그것이 우리가 주님을 기다리고 있다는 의미는 아니다. 오히려 엄마가 늦게 오시길 바랐던 이 아이처럼 말이다.

두 번째 예화다. 이제 막 식을 올린 신혼부부가 있었다. 그러나 요즘 대부분의 젊은 신혼부부들처럼 재정적으로 넉넉하지 않았고 그래서 신혼부부는 신랑 부모님 집에 얹혀살아야 했다. 그리고 신랑은 4주 동안 월요일부터 금요일까지 출장 가는 일을 맡게 되었다. 아침 밥상을 함께할 때마다 이 새댁은 시부모님에게 말했다. "아, 이제 며칠만 있으면 그이가 와요!" 신부는 날수를 세면서 손꼽아 신랑을 기다렸다. 조금 지나자 겸연쩍어 아침 밥상에서 신랑이 올 것이라고 말하지 않게 되었다. 그러다 토요일 아침이 되자 이 새댁이 폴짝폴짝 뛰고 손뼉을 치며 소리쳤다. "오늘이 그날이

에요!"

시어머니는 "음, 그래 벌써 토요일이 되었구나."라고 별 감흥 없이 대답했고, 시아버지는 "얘야 오늘이 무슨 날인데 호들갑이니?"라고 새 며느리에게 물었다.

신부는 시부모님이 이상하다고 생각하며 큰 소리로 외쳤다. "짐 말이에요, 짐!"(짐이 그녀의 신랑 이름이었다.) "오늘, 짐이 집에 오잖아요!"

그 시부모는 한참을 웃더니, 처음에 무슨 얘긴지 못 알아들어 미안하다고 했다.

생각해 보라. 세 명 모두 "짐"이 토요일에 집에 올 것이라는 사실은 알았지만, 오직 그 중 한 명만이 진심으로 그를 기다리고 있었고 그를 바라고 있었다.

데살로니가의 성도들은 주를 위해 일하며 말씀을 믿고 복음을 증거하고 있었을 뿐만 아니라, 다른 어떤 일이나 사건이 아니라 주님을 기다리며 고대하고 있었다.

전 세계에 있는 그리스도인 중 지금 주 예수 그리스도께서 오시길 기다리고 바라고 있는 이는 그중 10%도 안 될 것이다.

본 주석서로 성경을 공부하는 진지한 성경학도를 위하여 여기서 현대 성경들이 〈킹제임스성경〉의 데살로니가전서 1장의 내용을 얼마나 "향상"시켜 놓았는지 살펴보자. 그중 어떤 성경도 성경 그 어디에서도 향상된 번역을 이뤄 놓지 못했다.

변개된 성경들에 따르면 우리는 굳이 『**주를 따르는 자**』(followers, 6절)

가 될 필요가 없으며, 사탄처럼 "그분을 모방"(imitate him)하기만 하면 된다는 것이다. 이런 사악한 변개는 이곳뿐만 아니라 고린도전서 11:1에서도 이루어졌다. 이런 식으로 변개시킨 이유는 구원받지 못한 자유주의자들과 현대주의 설교자들 모두가 누구 할 것 없이 모방의 귀재이기 때문이다. NASV는 헬라어 "mimetai"를 매우 부정확하게 현대어로 번역했을 뿐이다. RV, RSV, NRSV, NIV 등도 동일하게 변개해 놓았다.

〈킹제임스성경〉의 쉬운 영어 표현을 완전히 망쳐 놓으려고 작정이라도 한 듯이, NASV는 9절에서 "그들 스스로가 우리에 대해서 보고하기를"이라고 써놓았다. 게다가 모든 헬라어 원문들의 문자적인 의미를 무시하고, NASV는 〈킹제임스성경〉의 『**들어갔으며**』(entering in)를 "받아들임"(reception)으로, 『**살아 계시며 참되신 하나님**』(THE living and true God)을 "어떤 살아 계시며 참되신 하나님"(A living and true God)이라고 번역했다.

전미교회협의회(NCCC)의 NRSV 또한 동일하게 변개시켜 놓았다. 이 성경은 가장 신성 모독적인 이단자들 열두 명에 의해서 번역되었다.

밥 존스 주니어가 추천하는 NASV와 전미교회협의회의 모든 배교자들이 추천하는 NRSV 둘 다 사도행전 17:23의 참 하나님을 일컫는 용어를 "하나의 신"(A God)이라고 바꿔 놓았다.

그러므로 데살로니가전서 1장을 공부함에 있어서 NASV로부터 조명과 계시, 실제적인 지혜와 역사적 사실, 혹은 성경의 진리에 관해서 과연 무엇을 얻을 수 있겠는가? 아무것도 없다. NASV와 동일한 헬라어 원문에서 온 NRSV와 NIV도 동일하다. 확대성경(Amplified Version) 또한 "모방"이라는 단어를 사용했으며, 하나님의 성호에서 정관사를 제거했다. (〈킹제임스성경〉의 비평가들이 정관사에 관해서 어떤 자세를 취하는지에 대해서 표준적인 예를 보고자 한다면, 요한복음 4:24과 디모데전서 6:10의 주석을 살펴보라.) 이들은 "물론 헬라어에는 정관사가 없죠."라고 말한다. 성경을 진지하게 공부하는 학생이라면 누구나 이들에게 중요한 것은 "관사가 없다"는 사실이 아니라는 것을 알고 있다. 이들은 그들이 필요하다고 생각하면 어떤 본문에든지 관사를 넣는다. 고린도전서 2:16과 그 주석을 보라.

『**본**』(ensample)을 "예"(example)로 바꾼 첫 번째 번역본은 RSV(1946)이다. 순교당한 틴데일 또한 〈킹제임스성경〉처럼 『**본**』(ensample)이라고 번역했다(1525), "두 명의 증인"으로 충분하지만 증거를 세 개 더 대고자 한다. 곧 제네바 성경(1560)과 그레이트 성경(1539)과 비숍 성경(1568)이다.

〈킹제임스성경〉 이전의 네 개의 성경 모두 필라델피아 교회 시대에 출간되었다. 필라델피아 교회는 하나님의 말씀을 지킨 교회였다(계 3:8). 우리가 살고 있는 라오디케아 교회 시대는 하나님의 말씀을 변개시키는 교회 시대이다. 이것은 성경 주석이나 해석이 아니다. 사실 그대로의 역사이다.

데살로니가전서 2장

2:1 형제들아, 우리가 너희에게로 들어간 것이 헛되지 않았음을 너희 자신들이 알고 있노라.

2 너희가 아는 바와 같이 우리가 이전에 빌립보에서 고난을 받고 모욕을 당하였으나 우리의 하나님 안에서 담대하여 많은 투쟁을 하며 하나님의 복음을 너희에게 전하였노라.

3 우리의 권면은 기만이나 부정이나 교활로 말미암지 않았고

4 오히려 하나님의 승인을 받아 복음을 위탁받은 대로 전하노니 이는 사람들을 기쁘게 하려 함이 아니며 우리의 마음을 시험하시는 하나님만을 기쁘시게 하려 함이니라.

1절부터 11절까지의 본문은 왜 데살로니가인들이 바울과 그의 동료들을 따르는 자들이 되었는가를 부분적으로 설명해 준다. 1장 5,9절에서 언급한 『**방법**』이 어떤 방식이었는가를 보여 준다.

1-4절에서 바울은 하나님께서 부르신 설교자가 수행하는 신약적인 사역이 마땅히 어떠해야 하는가를 잘 설명하고 있다. 여기서 주로 다루는 것은 바울의 말하는 방식이다.

다음 말씀을 주목하라. 『**하나님의 복음을 너희에게 전하였노라**』, 『**우리의 권면**』, 『**오히려 하나님의 승인을 받아 복음을 위탁받은 대로 전하노니**』 바울은 『**아첨의 말**』(5절)을 사용하지 않으면서 계속해서 11절까지 권면과 위로를 주며 설명하고 있다(11절).

본문은 바울의 설교 방식을 전적으로 긍정적으로 묘사하지만, 여기서 멈춰서는 안 된다. 대부분의 주석가들이 긍정적인 면만 주목하며 은근슬쩍 넘어가지만, 우리는 여기서 그들이 생략한 바울의 설교 방식을 공부해 보도록 하자.

『**비록 언변에 있어서는 서툴지만 지식에 있어서는 그렇지 아니하노라. 오히려 우리는 모든 일에 있어서 너희 가운데서 온전히 나타내 보였느니라**』(고후 11:6).

『**그들이 말하기를 "그의 편지들은 무게가 있고 힘이 있지만, 직접 대할 때는 약하고 그 언변도 하찮다."고 하기 때문이라**』(고후 10:10).

『**우리가 전에도 말한 것같이 지금도 내가 다시 말하노니 누구든지 너희가 받은 것 외에 어떤 다른 복음을 전한다면 그는 저주를 받으리라. 내가 이제 사람들에게 호감을 사랴? 아니면 하나님께 사랴? 아니면 내가 사람들을 기쁘게 하려고 하겠느냐? 내가 아직도 사람들을 기쁘게 하려고 한다면 나는 그리스도의 종이 아니니라**』(갈 1:9,10).

『**그들 중의 하나인, 그들 자신의 선지자조차도 말하기를 "크레테인들은 항상 거짓말쟁이들이고 악한 짐승들이며, 게으른 탐식가들이라." 했으니,**

이 증거가 옳도다. 그러므로 너는 그들을 엄히 꾸짖어 그들로 믿음 안에서 건전해지게 하고』(딛 1:12,13).

『**내가 하나님과 주 예수 그리스도와 택함받은 천사들 앞에서 네게 부탁하노니, 너는 편견 없이 이것들을 지켜 아무일도 편파적으로 하지 말라**』(딤전 5:21).

『**너는 말씀을 전파하라. 때를 얻든지 못 얻든지 항상 대비하라. 모든 오래 참음과 교리로 견책하고 책망하며 권고하라. 때가 이르리니 사람들이 건전한 교리를 견디지 못하고, 그들 자신의 정욕에 따라 가려운 귀를 즐겁게 해줄 선생들을 많이 두리라**』(딤후 4:2,3).

『**바울이 의와 절제와 다가올 심판에 관하여 설명하자 펠릭스가 두려워하여 대답하기를 "이제 그만 가라. 적절한 때가 오면 내가 너를 부르리라."고 하더라**』(행 24:25).

『**형제들아, 내가 너희에게 와서 하나님의 증거를 전할 때에 말과 지혜의 탁월함으로 하지 아니하였노라... 또 내 말과 내 설교를 설득력 있는 인간의 지혜의 말로 하지 않고 성령과 능력을 나타냄으로 하였으니**』(고전 2:1,4).

바울은 『**정중한 말과 그럴듯한 언변으로**』 교묘히 사람들을 미혹하는 거짓 사역자들을 따르지 말라고 로마에 있는 그리스도인들에게 경고를 주기도 했다. (롬 16:18과 엡 4:14과 그 주석들을 참조하라.)

바울이 구원받기 이전에도 구약성경을 변개시키는 많은 성경 변개자들이 널리 퍼져 있었다(고후 2:17과 그 주석을 보라). 사도 바울은 하나님의 말씀들을 『**거짓되이**』 다루지 않았다. 그러나 웨스트코트와 홀트, 오리겐, 필로, 에세네파, 바리새인, A.T. 로버트슨 박사, 케네스 웨스트, 게르하트

키텔, 알란드, 메츠거, 라흐만, 그리스바흐, 교황 레오 1세, 티쉔돌프, 유진 니다, 교황 이노센트 2세, 존 알 라이스, 해롤드 롤링즈, 토마스 아퀴나스, 교황 그레고리 1세, 빌리 그래함, 교황 보니파스, 오랄 로버츠, 틸튼, 하긴, 교황 요한 바오로 2세, 코플랜드, 골만 등은 『**하나님의 말씀을 거짓되이**』(고후 4:2) 다룬 자들이다.

2절은 바울과 실라가 감옥에 갇혔던 사도행전 16장에서의 일에 대한 언급이다. 사도 바울이 하나님의 말씀을 전할 때 소유했던 담대함을 주목해야 한다. 바울이 담대하게 설교했던 것처럼 오늘날 캐나다에서 창세기 13,19장, 로마서 1:26,27, 혹은 고린도전서 6:9 등의 본문을 설교한다면 구속(拘束)을 면치 못할 것이다. 2004년을 기준으로 캐나다의 법률은 변태 성욕자들을 보호해 주지만, 거리설교를 하거나 전도지를 배포하면 술주정뱅이와 마약판매상이나 창녀처럼 법의 보호를 받지 못한다.

바울이 감옥에 갇혔을 때, 형제들에게 자신을 위해서 기도해 달라고 요청했다. 그가 석방되는 것을 위해서 기도해 달라고 한 것이 아니라, 그가 자유로운 몸이었을 때처럼 그곳에서도 담대한 복음의 증인이 되도록 기도해 달라고 한 것이다. (엡 6:18-20과 그 주석을 보라.)

바울의 설교에서 찾아볼 수 없는 것이 다섯 가지 있는데, 그중 두 가지 요소가 다음 본문에 나열되어 있다.

2:5 너희도 아는 바와 같이 우리가 어느 때에도 아첨의 말이나 탐심의 구실로 하지 아니한 것을 하나님께서 증거하시느니라.

6 우리가 그리스도의 사도들로서 능히 짐을 지울 수 있었지만 너희에게서나 혹 다른 사람에게서도 사람의 영광은 구하지 아니하였으며

7 오히려 너희 가운데서 마치 유모가 자기의 친자녀들을 소중히 여김과 같이 온화하였느니라.

8 너희를 그처럼 몹시 그리워하여 하나님의 **복음뿐만 아니라 우리 자신의 생명까지도 너희에게 주기를 기뻐하였으니, 이는 너희가 우리의 사랑하는 자가 되었기 때문이니라.**

바울의 설교에서 찾아볼 수 없는 세 가지는 앞의 본문, 즉 3절에 있는데, 첫째가 "기만"이고, 둘째가 "부정"이며, 셋째가 "교활"이다.

진리를 전할 때, 사도 바울은 어떤 것에 있어서도 자신의 회중을 속이지 않았다. 즉 바울은 『**기만**』을 쓰지 않았다(3절). 또한 그는 속된 농담으로 여자들에게 선망의 대상이 되려고 하지 않았다. 만약 현대 설교자들의 설교에서 여자들에게 호감을 사려고 하는 의도로 첨가한 부분을 설교에서 제거한다면, 내용이 없이 앙상한 설교 개요만 남을 것이다. 현대 설교자들이 주로 들먹이는 주제는 "가정"이며, 그 설교의 핵심은 아내가 가정의 일을 결정하고 이끌게 해야 한다는 내용에 지나지 않는다.

이것이 3절의 『**부정**』(uncleanness)이라는 말씀이 말하는 바이며, 이 주석에 이의가 있다면 5절을 보라. 5절은 설교자가 사람들에게서 어떤 특정한 것을 얻어내려고 탐심을 품고 그렇지 않은 척하면서 설교할 수 있다고 말한다. 성경은 이런 행위를 『**탐심의 구실**』로 설교한 것이라 규정한다. 그리고 이 말씀은 비단 돈만을 지적하는 것이 아니다. 『**너는 탐내지 말지**

니라.』는 말씀에 위배되는 모든 것이다(롬 7:7, 출 20:17).

『**교활로 말미암지 않았고**』(3절). 혹자가 "성경의 명백한 모순"을 찾고자 한다면, 필자는 〈킹제임스성경〉의 비평가들이 제시하는 시시한 것들보다 훨씬 더 의미심장한 것을 단박에 보여 줄 수 있다. 바울이 고린도의 회심자들 몇 명에게 한 말씀을 보자. 『**교활한 자가 되어 너희를 간계로 붙들었다**』(고후 12:16). 정말 모순처럼 보이지 않는가! 사도 바울 자신이 『**교활한 술책**』을 쓰는 자들에 대해서 경고까지 하고 나서 말이다(엡 4:14).

사실 비평가들이 제시하는 약 450여 개의 "명백한" 모순들이 있지만, 면밀히 연구해 보면 모순이 아니라 오히려 서로 조화를 이루는 본문으로 판명된다. 바울은 자주 비아냥거리며 말하곤 했는데, 본문도 그 중의 하나일 뿐이다. (예를 들어 고후 12:13; 11:8, 고전 7:40을 살펴보면 분명히 알 것이다.) 고린도후서 12:16에서 바울이 실제로 말하고자 하는 것은 그들이 바울에게 빚을 졌다는 것이다(고후 12:11,13; 11:5-8,10,16). 고린도인들이 바울에게 빚을 졌다는 것은 그가 그들 가운데서 사역하면서도 그들에게 전혀 재정적인 지원을 받지 않았기 때문이다(고후 11:7,8). 바울은 이것이 바로 자신의 "교활"이요 "간계"라고 말하고 있는 것이다. 즉 그의 설교의 내용이나 그가 설교를 하는 동기와는 아무런 관련이 없다. [이런 경우가 바로 "오직 성경"(Sola Scriptura)이라는 루터의 기치를 잘 활용한 경우라 하겠다. 헬라어 원어사전이나 헬라어 문법이나 헬라어 단어는 필요치 않다. 항상 성경을 성경으로 비교하여 공부하면 된다.]

바울의 설교에서 찾아볼 수 없는 네 번째 요소는 『**아첨의 말**』(5절)이다.

아첨의 말의 가장 좋은 예는 미국 공립학교에서 가르치는 하나의 동화이다. 미국 사람이면 누구 할 것 없이 유치원에서 대학과정을 통과하기까지 이 동화를 들으면서 자란다. 바로 진화론이다. 이 이야기를 들은 이들은 모두 실제로 "인간은 만물의 척도다."라고 생각한다. 이것이야말로 인간이 스스로를 추켜세우는 최고의 아첨의 말이다.

인본주의자 선언에 동의하는 모든 인본주의자들은 또한 무신론자가 되는 것이다. 그들은 과학적인 학문 탐구를 통하여 그들 자신이 "신들"이라고 스스로를 세뇌시켜 버렸다(창 3장). (고전 1:21과 그 주석을 보라.) 창세기 3:5의 말보다 더 듣기 좋은 아첨의 말은 없다. 여자들이 말하듯이 "사람들은 아첨을 들으면 뭐든지 다 한다."

구원받지 못한 죄인과 타락한 그리스도인에게 아첨할 때 써먹는 가장 간교한 방법이 무엇인지 아는가? 현대의 설교자들이 잘 써먹는 방법으로, 죄와 불신을 다루는 설교를 할 때 대명사 "우리"를 쓰는 것이다. 그래서 청중은 설교자가 자신과 동일한 영적 상태에 있다고 믿는 것이다. 이런 식의 설교들이 매일같이 미국의 TV와 라디오 방송국들을 통해서 전파된다. 죄인들이 범하는 더러운 죄들을 분명하고 호되게 질타하지 않고, 설교자나 그 메시지를 듣는 죄인들 모두를 같은 집단으로 만들어 위안을 주자는 발상에서 나온 것이다. 바울은 본문에서 마지막 때에 그리스도의 몸 안에서 기생하는 이런 부류의 타락한 설교자들을 지목하고 있는 것이다. (딤후 3:1-10, 딤전 4:1-6과 그 주석들을 공부하라.)

두 개의 샘플을 보면 무슨 말인지 알 것이다. 하나는 죽은 정통주의자의 설교에서 발췌한 것이며, 그는 성경을 수정하는 극단적 칼빈주의자이다.

그는 평생토록 한 명의 혼도 그리스도께로 이겨온 적이 없는 군상이다. 그 다음 것은 〈킹제임스성경〉을 믿는다고 떠벌리며 돌아다니는 침례교 부흥사의 설교이다.

1. "오, 여러분, 우리는 거룩하신 하나님의 무서운 손 아래 있으며, 우리는 잃어버린 자이며 영원히 저주받은 자라는 사실을 직시해야 합니다. 우리의 선함은 우리를 구원할 수 없습니다! 우리는 우리의 혼의 깊은 고통 속에서 하나님께 우리를 선택해 달라고 부르짖어야 합니다. 우리가 지금처럼 TV를 보고 영화관에 다니고 하나님의 구원에 대해서 아무것도 모른다면 우리는 반드시 지옥에서 멸망하게 될 것입니다."

감동했는가? 문제는 설교자가 구원받지 못한 자라는 것이다. 즉 그와 그의 설교를 듣는 청중도 구원받지 못했다는 공통점이 있다. "비극은 동행을 사랑한다."고 했던가!

2. "오, 하나님을 송축하라! 우리의 문제는 우리가 하나님의 성전에 나아오는 데 신실하지 못하다는 것입니다. 주일에도 우리는 방에 누워서 잡지 읽기를 좋아하고, 오후에는 외식을 하러 가족들과 함께 밖으로 나갑니다. 그러나 우리는 하나님의 성전과 기도를 경시하고 있는 것입니다. 우리가 심지어 십일조도 하지 않고, 우리 자녀들은 세상 사람들처럼 옷 입고 그렇게 사는데, 어떻게 우리가 하나님께 우리를 축복해 달라고 말할 수 있겠습니까? 우리는 회개해야 합니다. 우리는 전국적인 부흥이 필요합니다. 우리는... 우리는..."

감동했는가? 이 복음 전파자는 그의 회중과 같은 수준이다. 그는 타락했고 하나님의 뜻에서 벗어나 있는 것이다. 똑같은 영적인 수준에 있다는 사실이 설교를 듣는 회중에게 위로가 되는 것이다. 결국 이 복음 전파자나 그의 회중이나 똑같은 배를 탄 셈이다.

이 두 설교자 모두 청중을 책망하거나 권면하지 않는다. 그들의 설교를 듣고 떨거나 기분이 상하는 사람은 한 명도 없다. 결국 설교자나 청중이나 똑같은 문제를 가지고 있는 것이다. 제 잘못이 훤히 들여다보이는 유리 집에 사는 자가 타인의 잘못을 꾸짖지 못하는 법이다. 타락한 설교자는 타락한 그리스도인들이나 구원받지 못한 죄인들을 책망하는 메시지를 전파할 수 없다. 사실 이런 설교자는 겁이 많고 소심하고 몸을 사리는 자이며, 자신을 사랑하여 자신의 죄를 숨길 곳을 찾는 자이다.

이런 류의 설교는 1945년 이후로 미국에서 1년 365일, 하루 24시간 언제든지 들을 수 있는 싸구려 설교다.

다섯 번째로 바울의 설교에는 『**탐심의 구실**』(a cloke of covetousness)이 없었다. 그는 결코 돈을 탐하지 않았다. 그는 사람의 혼에 관심이 있었다. 즉 사람들이 뭔가를 외투 안에 넣고 숨기려 하듯이, 탐심을 품고 있으면서도 사람들이 자신의 동기를 눈치 채지 못하도록 그렇지 않은 것처럼 가장하는 그런 설교자가 아니었다. (요 15:22-24과 그 주석을 보라.)

참고로 『**탐심의 구실**』에서 우리말 조사 "의"에 해당하는 영어 전치사 "of"의 활용을 공부하고자 한다면, 민수기 31:3과 디도서 3:5과 요한계시록 3:14을 공부하라. 극단적 세대주의자들은 에베소서 3:2에서 바로 이 "의"(of)를 올바로 해석하지 못하여 걸려 넘어졌다.

『**너희에게서나 혹 다른 사람에게서도 사람의 영광은 구하지 아니하였으며**』(6절).

바울은 디오트레페나 바리새인들과 달리 사람들로부터 영광을 구하지 않았다(요삼 1:9, 요 12:42,43). 만약 바울이 자신의 소식지 혹은 신문을 발행했더라면, 〈주의 칼, Sword of the Lord〉과는 판이하게 다른 것이 되었을 것이다. 필자는 담임하는 교회의 성도들에게 2000년부터 2004년까지 〈주의 칼〉지를 수십 차례 보여 주었다. 그런데 참 우스꽝스러운 것은 한 호당 편집자인 쉘튼 스미스의 사진이 적으면 4번 많으면 7번까지 찍혀 나온다는 것이다. 편집자가 자기의 신문에 스스로를 선전하는 꼴이다.

그리고 이 신문이 게재하는 기독교 대학 광고들을 보라. 십대의 예쁜 여학생들이 미소를 짓고 있는 남학생들과 함께 화려한 캠퍼스에서 포즈를 취하고 있는 모습이다. 필자는 미국의 주요 기독교 대학 중 단 한 곳이라도 그들의 젊은이가 하나님의 말씀을 깨닫게 된다는 사실을 부각시키는 광고를 낸 것을 본 적이 없다. 적어도 필자가 관찰해 온 70년 동안 그런 적은 없었다.

예외 없이 매번 이들이 호소하는 내용은 남학생과 여학생의 모습이나 스포츠나 화려한 캠퍼스나 아름다운 경관 혹은 "수준 높은 학구적인 기준들"이다. 하나님의 말씀인 성경은 그들이 강조하는 요소 중에서 세 손가락 안에 들기도 힘들고, 학과 과정과 과목을 설명하는 코너에서 작은 글씨로 표시된 것을 제외하자면 성경이라는 용어가 광고에 잘 등장하지도 않는다.

『**우리가 그리스도의 사도들로서 능히 짐을 지울 수 있었지만**』(6절).

사실 바울 일행은 그들에게 짐이 될 수도 있었다. 그들은 당대 최고의 신약 교회의 영적인 지도자들이었다(행 15:25,26). 그들은 피흘리며 영적 전쟁을 수행했으며, 훌륭한 군사임을 증명한 사람들이었다(딤후 2:3). 혹 "사도들의 왕자"라는 것이 있다면, 베드로보다는 오히려 바울이 이 타이틀에 합당하다(고후 11:5). 바울에게는 열두 사도에게 주어진 표적으로서의 은사들이 있었고(막 16:17,18, 고전 12:9,10, 고후 12:12), 그는 죽은 자를 일으키는 기적을 행하기도 했다(마 10:8, 행 20:9,10).

『**오히려 너희 가운데서 마치 유모가 자기의 친자녀들을 소중히 여김과 같이 온화하였느니라**』(7절).

갓난 아기는 유모의 보살핌이 필요하다. (벧전 2:2과 그 주석을 보라.) 데살로니가인들은 바울에게 영적인 자녀들이었고, 바울은 그들을 아버지처럼 돌보았다(11절). (고전 4:15, 딤전 1:2과 그 주석을 보라.)

『**우리 자신의 생명**[soul]**까지도 너희에게 주기를 기뻐하였으니**』(8절).

이 구절에서 『**생명**』(soul)이 말씀하는 바는 데살로니가전서 5:23에서 말씀하는 것과는 다르다. 원래 혼(soul)은 교리적으로 사람의 물리적인 몸 안에서 몸의 형태로 존재하는 것이다. (히 4:12,13, 창 2:7; 35:18, 계 6:9-11과 그 주석을 공부하라.) 여기서는 "우리의 내적인 존재"를 의미하는 것으로, 감정을 느끼고 환경에 반응하는 우리의 존재의 영역을 말함이다.

2:9 형제들아, 너희가 우리의 수고와 고생을 기억하리니, 이는 너희 가

운데서 아무에게도 짐이 되지 아니하려고 밤낮 일하면서 너희에
게 하나님의 복음을 전파하였음이라.
10 우리가 너희 믿는 자들에게 얼마나 경건하고 의롭고 흠 없이 행동
하였는가는 너희가 증인이며 또 하나님께서도 그러하시니라.
11 너희가 아는 바와 같이 우리가 너희 각 사람에게 마치 아버지가
자기 자녀들에게 하듯이 권고하고 위로하고 증거하였으니,
12 이는 너희를 그의 나라와 영광으로 부르신 하나님께 합당히 행하
게 하려 함이니라.

9절은 고린도후서 12:13,18과 고린도전서 9:14-18과 잘 어울린다. 본문의 10절은 1장 5절에 대한 설명이다. 10절에 대한 예는 사도행전 20:18-20, 27,31-35에 잘 나타난다. 12절은 별다른 설명이 필요 없다. 바울은 자식이 없었으나, 수백 명의 영적인 자녀들을 거느리고 있었다(고전 4:15). 로마카톨릭은 이 점을 강조하고, 사도적 권위를 사칭하며, 검은 옷을 입은 바알 숭배자 사제가 신도들의 아버지인 양 속여서, 사람들로 사제(Priest)를 신부(Father, 神父)라고 부르게 한다. 이 호칭은 구약적인 표현이며(판 17:10-13, 왕하 2:12), 그리스도께서는 신약에서 이런 표현을 쓰는 것을 금하셨다.

『**또 땅에 있는 사람을 너희 아버지라 부르지 말라. 이는 너희 아버지는 한 분, 곧 하늘에 계신 분이시기 때문이라**』(마 23:9).

로마카톨릭은 로마가 "예수 그리스도의 이름으로"와 "거룩한 하나님의 어머니 마리아의 이름으로" 세운 아프리카의 검은 마술을 실행하는 종교적 집단이며, 머리부터 발끝까지 타락한 불경건한 집단이다. 이들은 수십

억의 무지한 서양인들이 『**새 예루살렘**』(계 21:2)이 아니라 로마카톨릭 교회가 성도들의 어머니라 생각하게 만들었으며(갈 4:26), 포도주를 마시고 성경을 변개하는 가짜 사제가 그들의 "아버지" 곧 신부라 부르게 만들었다.

로마카톨릭에 입단하여 성모(聖母) 교회의 "자녀"가 되느니 차라리 "고아"로 남는 편이 낫다.

영적인 "아버지"란 우리 각자에게 예수 그리스도를 알고 구원받도록 이끈 사람을 말한다. 검은 옷을 입고 아기들에게 물이나 뿌리는 사기꾼이 아니다.

12절에 묘사된 "합당한 행함"(walk)이란 골로새서와 에베소서가 잘 설명해 준다. 이를 설명하는 최상의 본문들을 몇 개 언급하자면, 에베소서 4:17,22,25-32; 5:3-22; 6:1-18과 골로새서 2:16,17; 3:1-24 등이다.

구원받은 데살로니가인들이 그리스도인으로서 합당한 행함이 어떠해야 하는지 궁금하게 여길까봐 바울은 이 서신에 이 주제에 대해서 두 장을 할애해 놓았다. 본 서신에서 신약 그리스도인의 행실에 대해 가르치는 내용들을 알고자 한다면, 데살로니가전서 4:1-12과 5:6-23을 읽어 보면 된다.

그리스도인으로서 행함(walk)을 제거하려는 배교자들의 첫 번째 시도는 바로 1946년에 출간된 RSV에 의해서였다. 이 번역본이 나오기 전에 번역되었던, 1881년의 RV와 1901년의 ASV에서까지도 행함(walk)이라는 단어는 포함되어 있다. 물론 RSV가 나오기 약 86년 전에 출간되었던 네 개의 다른 영어 성경도 이 단어를 포함하고 있었다. 틴데일 성경, 제네바 성경, 그레이트 성경, 비숍 성경 등은 모두 〈킹제임스성경〉처럼 기록하고 있는 것이다.

2:13 이로 인하여 우리가 하나님께 쉬지 않고 감사함은 너희가 우리에
게 들은 바 하나님의 말씀을 받을 때에 사람들의 말로 받아들이
지 아니하고 사실 그대로 하나님의 말씀으로 받았음이니, 이 말
씀이 믿는 너희 가운데서도 효과적으로 역사하느니라.
14 형제들아, 너희가 그리스도 예수 안에서 유대에 있는 하나님의 교
회들을 따르는 자들이 되어 그들이 유대인들에게서 고난을 받은
것같이 너희도 너희 나라 사람들에게서 동일한 것을 받았으니
15 그들은 주 예수와 자기들의 선지자들을 죽였고 우리를 박해하였
으며 하나님을 기쁘시게 하지 아니하고 모든 사람들을 대적하여
16 우리가 이방인들의 구원을 위하여 말하는 것을 금지시킴으로써
항상 자신들의 죄들을 채우니, 이는 그들에게 임한 진노가 극에
달하였음이니라.

13절은 신약에서 가장 위대한 구절들 중의 하나이며, 이 구절은 학자들이 알고 있는 것보다 훨씬 더 많은 의미가 있다. 이 구절은 바울이 데살로니가인들에게 전파한 "말씀들"을 다루고 있다. 그리고 이 말씀은 성육신으로서의 말씀(the Word)이 아니라 우리가 전파하는 말씀들(the words)이다.

현대의 근본주의 배교자들이 사용하는 전형적인 표현이 있다. 누구라도 이 표현을 쓰면 그가 배교한 근본주의자라는 것을 단박에 알 수 있다. 바로 "하나님의 말씀"(The Word of God)이다. 그들은 "Word"를 소문자로 표기하지 않고 대문자로 표시한다. 커티스 헛슨, 존 알 라이스, 쉘튼 스미스, 에드 답슨, 해롤드 윌밍턴, 존 앵커버그, 밥 존스 3세, 제임스 화이트, 스트워트 커스터, 로버트 섬너 등은 틸리취, 니버, 바르트와 브루너처럼 성경에 관한 한 신정통주의자들이다.

독자들이 기억하고 있어야 할 사실이 있다. 이들 배교한 근본주의자들이 "우리는 보존된 하나님의 말씀을 믿습니다."라고 말하지만, 그들이 의미하는 것은 "우리는 하나님께서 그분의 말씀들을 책으로 보존해 놓으셨음을 믿습니다."가 아니다.

이들은 자신의 믿음의 고백이나 신조에서 세 가지 다른 표현들을 상호 교환해서 사용함으로써 당신이 이 세 가지가 서로 같지 않은데도 같다고 생각하게 만드는 것이다. 필자는 이들의 신조와 믿음의 고백을 지난 1950년 이래로 수도 없이 읽고 연구해 왔다.

첫째, 성경에서 『**말씀**』(the Word)은 예수 그리스도를 가리키는 것이다.

둘째, 『**말씀**』(the word)은 요한복음 6:63,68; 8:47, 시편 12:6,7, 욥기 23:12 등에서처럼 예수 그리스도와 다른 무엇이다. 『**말씀**』은 말한 것이나 (벧후 1:21) 기록된 것(렘 36장), 둘 중 하나 혹은 둘 다를 언급하는 것이다. 일단 『**말씀들**』이 기록되면 『**성경**』(the holy scriptures) 혹은 『**진리의 성경**』(the scripture of truth, 단 10:21)이라고 일컫는다. 성경, 곧 "scripture"에서 "script"는 "쓰다"라는 뜻의 "scribe"와 "scribble" 단어들과 동일한 어근을 갖는다. 곧 스크립트(Script)는 기록된 무언가를 말한다.

미국의 약 320명의 배교한 근본주의자들과 보수주의자들은 1880년 이래로 자신이 헬라어를 섭렵했기 때문에 하나님께서 기록하신 참된 "말씀들"을 사람들에게 줄 수 있다고 속이는 일을 해 왔고, 자신의 의견이 "헬라어 원본"에 충실한 것인 것처럼 가장한다. 1901년 이래로 모든 성경번역위원회의 모든 위원들은 이런 일을 행해 왔다. 우선 그들은 헬라어 원본의 본문을 가지고 있는 것처럼 말한다. 둘째로 그들은 오직 하나의 진실한 헬라어 원문이 존재하며, 그들이 그것을 소유한 것처럼 가장한다. 물론 그들은 그런 것을 가지고 있지 않다. 셋째로 그들은 헬라어에 대한 지식이 없이는 누구도 하나님께서 말씀하신 말씀들을 깨달을 수 없는 것처럼 속인다. 이들은 대부분 근본주의자들이며, 전문적인 거짓말쟁이들이다. 그들은 믿지도 않는 〈킹제임스성경〉을 사용함으로써 돈을 버는 자들이다. (필자의 〈거짓말쟁이 그리스도인의 도서관, The Christian Liar's Library〉를 보라. 1997, Bible Baptist Bookstore.)

『**하나님의 말씀**』은 『**사람의 말**』이 아니다. 13절을 다시 보라. 만약 하나님의 말씀을 사람의 말처럼 받아들였다면, 곧 하나님의 거룩한 사람이 성령의 감동을 받아서(벧후 1:21) 전파한 말씀들을 사람의 말로 받아들인다면, 그 말씀은 효력을 상실하게 된다.

『**주께서 그들에게 대답하여 말씀하시기를 "너희는 또한 어찌하여 너희 전통으로 하나님의 계명을 어기느냐?**』(마 15:3)

『**자기 아버지나 어머니를 공경하지 않아도 무방하다.' 하니, 그렇게 해서 너희는 너희 전통으로 하나님의 계명을 폐기시키고 있는 것이라**』(마 15:6).

하나님의 말씀은 있는 그대로 그것을 하나님의 말씀으로 받아들이는 그리스도인 안에서만 효과적으로 역사한다는 사실을 명심해야 한다. 하나님의 말씀은 믿는 사람 안에서만 효과적으로 역사한다. 무엇을 믿는다는 말인가? 곧 그 말씀이 사람의 말이 아니라 하나님의 말씀들이라는 사실을 믿는 것이다.

『**하나님께로부터 나온 사람은 하나님의 말씀들을 듣느니라. 너희는 하나님의 말씀들을 듣지 아니하나니, 이는 너희가 하나님으로부터 나오지 않음이라."고 하시니라**』(요 8:47).

이로써 우리는 왜 미국의 주요 일반 대학과 기독교 대학과 신학대학원의 교수진 중 95%가 구령도 못하고 거리에서 복음을 전파하지도 않고 감옥에서 사역하지도 않고 교회를 세우지도 못하고 어떤 영역의 섬김에 있어서 신실함을 발휘하지 못하는지 그 이유를 알 수 있다. 그들은 교육을 너무 많이 받아서, 움직일 줄 모르게 된 것이다. 곧 이들 죽은 정통주의 배교자들은 성경을 비평하는 행위를 "지혜"로 여기고, 자신의 불신을 "통찰력"으로, 문법 지식을 "지성"으로, 비겁함을 "말씀과 교리에 수고하는 것"으로 여기며 스스로를 기만한다.

이들은 "어떤 고명한 학자도 〈킹제임스성경〉이 무오하다고 믿지 않습니다."라고 변명한다.

그래서 어떻다는 것인가? 카톨릭 신부나, 사제나, 교황이나, 왕도 믿지 않는다. 상원의원도, 변호사도, 대통령도, 동성연애자도, 연쇄살인범도, 공산주의자도, 무신론자도, 진화론자도, 인본주의자도, 독재자도, 사회주의자도, 남색꾼도 믿지 않는다. 그래서 그것이 성경을 믿는 것과 무슨 상관이란 말인가?

〈킹제임스성경〉을 수정하고 비평하는 우매한 학자들은 그들 스스로도 어디까지 〈킹제임스성경〉이 옳고 어디까지 틀렸는지 그 정도에 있어서 서로 일치를 보지 못한다. 예수 그리스도는 그분이 읽고 인용한 성경을 결코 수정하거나 비평하는 법이 없으셨다(눅 4:21, 마 12:3). 공생애 삼 년 반 동안 단 한 번도 그렇게 하신 적이 없다. 또한 주님은 창세기부터 말라키까지 이르는 구약성경 중 단 한 권도 그것의 "축자 영감받은 원본"을 읽으시거나 인용하신 적도 없으시다.

RV, ASV, NASV, NKJV, RSV, NRSV, NIV 등의 현대 역본들이 원본 헬라어에 충실하다는 생각은 터무니없는 망상에 불과하다.

우리는 여기서 호전적인 근본주의 학교들이 성경을 어떻게 취급하는가에 대한 전형적인 예를 본다. 제리 팔웰이 세운 리버티 대학의 교수진의 예를 살펴보자. 다음은 〈리버티 성경 주석〉(Vol. II, 1982)의 p.608,609에서 발췌한 내용이다. 이 주석을 쓴 사람은 이 대학의 종교학 교수 벤자민 채프만이다. 그는 필자처럼 밥 존스 대학에서 박사학위를 받았다.

그가 달아놓은 주석에는 다음과 같은 진술들이 있다.

1. "이 단어는 모든 참된 성도들이 하나님의 말씀(God's Word)에 수용적인 태도를 취한다는 사실을 보여 준다."

2. "사람들은 사도들의 전파한 내용을 듣고 적용했을 뿐만 아니라, 이 메시지(Message)가 단순한 인간적인 메시지 이상의 것으로 인식했다... 그러나 그것을 있는 그대로 하나님의 말씀(the Word of God)으로 받아들였다."

3. "하나님의 말씀(the Word of God)을 이렇게 받아들이는 것은 모든 진정한 성도의 특징이다."

4. "하나님의 영께서... 믿는 자들로 하나님의 말씀(the Word of God)을 인식하도록 하신다. 바울이 기록된 하나님의 말씀(the written Word of God)을 언급하고 있는 것은 아니지만, 그 의미하는 바는 동일하다. 말로 전한 메시지(Message)는... 하나님께서 하신 말씀이다."

참 교묘하지 않은가?

채프만 교수에 따르면 하나님은 결코 『**말씀들**』(words)를 말하신 적이 없다. 또한 하나님은 결코 『**성경**』(scriptures)을 기록하신 적도 없다. 그는 『**말들**』(words)이란 용어가 나오는 구절에서도(요 6:63) 『**말씀**』이나 『**성경**』이라는 용어를 쓰지 않는다. 그는 그 말씀들이 『**생명**』이며 『**영**』이라고 설명하지 않고, 단지 "생명을 만들어내는 잠재력을 지녔다."라고만 주석한다(p.227).

심지어 예수 그리스도께서 『**말씀들**』(words)이라고 말씀하셨을 때도(요 8:47), 제리 팔웰의 리버티 성경 주석은 이 용어가 결코 그곳에 사용되지 않은 것처럼 주석한다. 리버티 성경 주석에는 요한복음 8:47에서 예수 그리스도께서 말씀하신 『**말씀들**』에 대한 단 하나의 주석도 없다(p.232).

하나님의 말씀이 그 말씀을 있는 그대로 진정으로 믿는 그리스도인 안에서 『**효과적으로 역사**』한다는 진리를 읽고, 채프만은 성경을 수정하고 거부하며 부인하는 배교자처럼 하나님의 말씀들(the words of God)이란 용어를 제대로 다루지 않은 것이다.

채프만 박사는 『**효과적으로 역사**』(effectually worketh)한다는 말씀을 헬라어 "energeo"로 고치면서 이 단어가 의미하는 것은 그것이 아니라고 한다. 즉 그는 우리에게 하나님께서 말씀하신 것이 무엇인가가 아니라 그것이 어떤 의미인가가 중요하다고 말하려는 것이다(창 3:1). 그리고 이 단어의 의미는 단순히 "효과적인"(effective)이라고 한다.

그러나 이것은 이 단어가 말하는 바가 아니며, 그 의미도 아니다. 성령께서는 채프만뿐만 아니라 리버티 대학의 그의 동료 교수진도 모두 무시해 버리셨다. 이는 그들 안에는 살아 있는 말씀들이 없기 때문이다. 그들 안에는 『**성경**』도 『**하나님의 말씀**』도 『**하나님의 말씀들**』도 성경책도 없기 때문에, 당연히 말씀이 그들 안에서 효과적으로 역사할 수 없다.

쉽게 말해서 그들은 살아 있는 "하나님의 말씀"(the Word of God)이라는 것을 발명했으나, 그것을 구성하는 말들은 살아 있지 않은 것이다. (〈리버티 성경 주석〉에서 요 6:63, 히 4:12을 살펴보라.)

필자가 서술한 위의 두 단락에 대해서는 사실 증명도 필요 없다. 지난 100년 동안 이들 배교자들이 행한 것과 그들이 쓴 저작들을 보면 이러한 그들의 입장을 명확하게 알 수 있다. 자신이 좋아하지 않고 이해할 수 없는 말씀들은 모두 변개시켜 버렸다. 그래서 이들은 "하나님의 말씀"(the Word of God)이 무엇인지 정체를 규명할 수도 없게 되었다. 그들은 『**성경**』(scripture)이라는 용어를 사용하지도 못하고 그 정의를 내리지도 못하며 그것이 어디에 있는지 위치를 알려 주지도 못한다.

그 이유는 사실 말하기도 부끄러운 정도인데, 그들이 "하나님의 말씀"인 『**성경**』을 본 적이 없기 때문이다. 그들에게는 『**성경**』이 없다(딤후 3:16).

그들은 『**성경**』으로 구성된 성경책을 본 적도 없거니와, 『**하나님의 말씀들**』(the words of God)이 인쇄된 성경책을 읽어 본 적도 없다. 성경이 하나님의 말씀들에 대해서 그렇게 많이 말하는데도 말이다(시 12:6,7, 욥 23:12, 왕하 22:11,13,16,19). 하나님께서 말씀하셨고, 사도 바울이 말한 것은 『**말씀들**』이다. 신정통주의자들이 쓰는 용어인 "메시지"로서의 "하나님의 말씀"(the Word of God)이 아니다. 『**하나님의 말씀**』(the Word of God)은 성경에 대한 명칭이 아니라, 예수 그리스도시다(요 1:1,14). 오직 바르트, 부르너, 틸리취, 니버 등과 밥 존스 대학과 리버티 대학의 교수진과 교직원 외에 이 사실을 모르는 사람이 누가 있겠는가?

『'**주가 이같이 말하노라. 보라, 내가 이곳과 그 거민들에게 재앙을 내리**

리니, 유다 왕이 읽은 그 책의 모든 말씀이라[all the words of the book]』(왕하 22:16).

『**왕이 율법책의 말씀들을**[the words] **듣자 그의 옷을 찢고**』(왕하 22:11).

기독교 대학에서 가르치는 영적으로 무지몽매한 교수들은 그렇게 믿지 않지만, 진정한 성경대로 믿는 그리스도인은 하나님의 말씀들이 한 책으로 엮어져 있다고 믿는다. 그리고 우리는 하나님의 말씀들로 구성된 이 책을 구할 수 있으며, 이 말씀들은 단수로서의 하나님의 말씀(the word of God)이 아니라 거룩한 기록들(the holy scriptures)인 성경을 이룬다.

이상이 리버티 대학이 데살로니가전서 2:13을 한 권의 책이나 『**말씀들**』이나 『**성경**』에 연결하지 못하는 이유이다. 바울이 이 구절에서 데살로니가인들에게 말한 것은 그의 서신서들에 기록되어 있었다. 또한 그가 정경에 포함되지 않는 것을 말했을 때도 그는 베드로후서 1:21에 따라 말했다. 다음 구절들을 보라.

『**또 내 말과 내 설교를 설득력 있는 인간의 지혜의 말로 하지 않고 성령과 능력을 나타냄으로 하였으니**』(고전 2:4).

『**그러나 하나님께서 이것들을 우리에게 그의 영으로 나타내셨으니 이는 성령께서는 모든 것, 심지어 하나님의 깊은 것들까지도 통찰하시기 때문이라**』(고전 2:10).

『**이는 우리의 복음이 말로만 너희에게 이른 것이 아니라 능력과 성령과 대단한 확신으로 되었음이니 우리가 너희 가운데서 너희를 위하여 어떻게 했다는 것을 너희도 아는 바라**』(살전 1:5).

『**그러면 너희에게 성령을 전해 주고 너희 가운데서 기적들을 행하는 그**

가 율법의 행위로 하는 것이냐? 아니면 믿음을 들음으로 하는 것이냐?』(갈 3:5)

『**또한 우리가 그것들을 말하되 인간의 지혜가 가르치는 말로 하지 아니하고 성령께서 가르치시는 말로 하나니 영적인 일들을 영적으로 비교하여 말하느니라**』(고전 2:13).

『**그때 베드로가 성령으로 충만하여 그들에게 말하기를 "백성의 관원들과 이스라엘의 장로들이여**』(행 4:8).

『**말을 하는 이는 너희가 아니라 너희 안에서 말씀하시는 너희 아버지의 영이시니라**』(마 10:20).

14절은 『**너희가 그리스도 예수 안에서 유대에 있는 하나님의 교회들을 따르는 자들이 되어...**』라고 말한다. 변개된 영어 성경들에 따르면, 그들은 주님도 바울도 "하나님의 교회들"도 따를 필요 없다. 그냥 모방만하면 되는 것이다.

여기서 "그리스도 예수 안에" 있는 교회들이라는 표현은, 그리스도 밖에 있는 교회들도 있다는 점에서 중요하다. 로마서 16:16과 사도행전 19:37을 보라. 만약 누군가가 헬라어를 운운하며 이 구절들이 말하는 바를 오도하려 한다면, 둘 다 "에클레시아"(ecclesia)라는 동일한 헬라어 단어를 사용하지만 첫 번째 참조 구절은 참으로 "불러냄을 받은 무리"를 말하고(롬 16:16), 그 다음 구절은 또 다른 "불러냄을 받은 무리"를 의미한다는 점을 주목해야 할 것이다(행 19:37). 교리적으로 참된 지역 교회는 하나님께 속하며(of God), 그 회원은 거듭남을 받은 사람들로 이루어져 있다. 곧 그 교회의 회원들이 곧 그리스도의 몸의 지체들인 것이다(고전

12:13-23과 그 주석을 보라).

뉴스 미디어가 1800년대부터 지금까지 줄곧 언급해 온 "교회"는 단 한 번도 신약성경에 명시된 교회를 말한 것이 아니다. 모든 카톨릭 교황들이 A.D. 400년 이래로 자신의 종교 집단을 "교회"라 불러왔고, 뉴스 미디어도 이를 그대로 받아들였다. 즉 모든 카톨릭 문헌과 모든 뉴스 미디어 보도에 나오는 "교회"(The Chruch)는 로마카톨릭 교회를 일컫는 배타적인 용어이다. 온 세상을 미혹하여 "교회"(THE Church)는 오직 하나뿐이며, 모든 교회들 중에서 로마카톨릭 교회가 유일하고, 진실하고, 거룩한 "사도적인 교회"라고 생각하게 만들려는 의도에서 그렇게 행한 것이다. 이들은 자신의 교회가 시몬 베드로 위에 세워졌다고 말하지만, 사실은 사탄 위에 그들의 교회를 세운 것이다. 우리 주 예수께서 시몬 베드로에게 뭐라고 말씀하셨는지 보라!(마 16:18,23)

본문은 사도행전 16-18장에서 유대인들이 데살로니가의 성도들을 이방인이라고 혹독하게 박해하고 있었을 때를 말한다(15절). 이 부분이 사도행전 16장과 17:5-10,13에 기록되어 있다.

NASV(1971)를 출간한 로크만재단은 위선의 탈을 벗고 노골적으로 자신의 정체를 드러내며, 16절에서 하나님께서 A.D. 70년에 이스라엘과 영원히 결별하셨다고 말한다.

또한 〈Amplified Version〉의 편집진에 따르면 본문에는 이스라엘의 회복에 대한 언급이 없다. 성경이 이스라엘의 회복을 예언하는 부분이 수도 없이 많은데도 말이다(렘 33:6-21,24-26; 30:11, 사 60:12, 레 26:40-44, 신 32,33장, 시 105:6-11; 68편, 겔 37,40-48장, 눅 1:31-33).

사탄의 걸작인 NASV는 이렇게 번역해 놓았다.

"그러나 마침내 하나님의 진노가 완전히 또한 영원히 그들 위에 임했다."

이 구절(15절)의 평행 구절은 창세기 15:18이며, 율법 이전에 아브라함에게 무조건적으로 주어진 『**언약**』을 말하는 것이다. 창세기 15:18을 읽어보라! 시편 105:6-11은 이 언약이 무조건적으로 야곱의 열두 아들, 곧 이스라엘 민족에게 주어졌으며, 『**영원한 언약**』이라고 말씀한다(시 105:10). NASV가 곡해하듯이 이처럼 이방인들이 이 언약을 어긴다면, 하나님께서는 UN에게 전 지구를 멸망시키겠다고 일찍이 경고하셨다(계 6,19장).

『**땅이 또한 그 거민들 아래서 더럽혀지니 이는 그들이 율법을 범하였고 율례를 바꿨으며 영원한 언약을 어겼음이라. 그러므로 저주가 땅을 삼켰으며 거기에 사는 자들은 황폐케 되었고, 그러므로 땅의 거민들은 불탔으며 적은 수가 남았도다**』(사 24:5,6).

밥 존스 대학 또한 NASV를 추천하며 사망과 지옥의 길을 달리고 있다. 스튜어드 커스터를 비롯한 밥 존스 대학의 모든 성경 학부의 교수진들은 〈킹제임스성경〉보다 뛰어나다며 NASV를 추천한다. 아이러니한 것은 무슨 변덕인지 RSV에 대해서는 이사야 7:14 한 구절 때문에 혹평하며 받아들이지 않는다는 사실이다. 사실 NASV와 RSV는 동일한 헬라어 원문에서 왔으며, NIV와 ASV도 마찬가지다. 밥 존스 대학은 똑같이 변개된 성경들을 놓고 하나는 추천하고 하나는 정죄하면서 오히려 더 효과적으로 변개된 성경을 확산하고 있는 것이다. 그러면서도 그들의 학교가 "믿음의 요새"요 "정통주의의 못자리판"이라고 부르고 있다.

성경은 예수 그리스도의 동정녀 탄생과 십자가 사건을 합친 것보다 이스라엘과 유대 민족의 최종적이며 완전한 회복에 대해 더 많은 구절을 할애해 놓았다.

이스라엘의 회복을 다루는 구절이 신명기 30장에는 10구절 있다.

이 진리를 다루는 구절이 에스겔 34장에는 31구절 있다.

예레미야 33장에는 23구절 있다.

예레미야 31장에는 10구절 있다.

에스겔 48장에는 35구절 있다.

이사야 54장에는 17구절 있다.

이사야 60장에는 22구절 있다.

이사야 61장에는 12구절 있다.

이사야 62장에는 12구절, 그리고 65장에는 22구절이 있다.

이 구절들은 도합 180구절이상이며, 신약성경이 예수 그리스도의 부활에 대해서 언급하는 구절들의 숫자보다도 훨씬 많다. (창 15,49장, 암 9장, 단 2,7장, 호 2장, 슾 3장, 요엘, 오바댜, 미카, 나훔, 학개, 하박국, 말라키 등에 있는 말씀까지는 언급하지도 않았다.)

로크만 재단이 허접한 번역본들을 유포시켜 성경의 건전한 교리를 없애버리려 했을 때, 그들은 데살로니가전서 2장의 저자가 이스라엘의 미래에 대해 어떤 교리적인 진술을 기록했는지 살펴보지도 않고 이런 만행을 저지른 것이다. 사도 바울의 교리적 입장은 로마서 11:7-23과 11:25-28에서 정연하게 기록되어 있다. 또한 천사 가브리엘이 예수님의 탄생과 관련하여 전달한 말씀도 이 진리를 확증해 준다(눅 1:31-33).

사실 로마카톨릭 교황과 모슬렘도 감히 〈Amplified Version〉을 출간한 로크만 재단만큼 엄청난 거짓말을 발설한 적이 없다. 이 번역본들에서 변개된 데살로니가전서 2:16은 뉴스 미디어나 마호메트도 흉내낼 수 없는 20세기 최고의 거짓말이다. 물론 마호메트는 〈Amplified Version〉의 변개된 본문처럼 믿었고, "하나님의 택한 백성"인 유대인을 아랍인들이 대체했다는 순전한 거짓말 위에 종교적인 기반을 세웠다. (〈코란〉에서 수라 6:166, 주석 872, 수라 22:78, 주석 1711, 수라 22:17, 주석 1711a, 수라 48:28, 주석 2323, 수라 2:143,213, 주석 271a과 273, 수라 3:109,110)

교황들도 사실 〈Amplified Version〉이 명시한 동일한 거짓말을 믿고 로마카톨릭 교회를 세웠으며, 로마카톨릭교도들이 유대인들을 대체했다고 믿는다.

이 두 종교는 전 세계에 걸쳐서 약 15억의 신도들을 거느리고 있으며, 이들은 모두 성경을 거부하는 반유대주의자들이다. NASV를 출간함으로써 로크만 재단도 이들과 한패가 된 것이다.

그러면 실제로 본문이 말하는 진리가 무엇인지 살펴볼 차례이다. 우리는 유대인과 관련해서 두 가지 면을 살펴볼 것이다. 먼저 부정적인 면이다. 1. 유대인들은 진리를 보지 못한다(롬 11:8-10). 2. 하나님께서는 유대인들을 일시적으로 옆으로 제쳐 놓으셨다(롬 11:11-13). 3. 그리스도를 믿지 않는 이방인 각자가 지옥에 가듯이, 구원받지 못한 유대인들도 각각 지옥으로 던져질 것이다(살전 2:16). 4. 흩어진 이스라엘은 하나님을 기쁘시게 하지 못한다(15절). 5. 그들은 이방인들이 구원받는 일을 가로막는다(16절). 6. 하나님의 진노가 그들 위에 민족적으로 머물러 있다(16절).

그런가 하면, 1. 유대인들은 비록 복음의 원수지만 『**그들의 조상으로**

인하여 사랑을 받는 자들』이다(롬 11:28). 2. 당신은 유대인들의 『**화평**』을 위해서 기도해야 한다(시 122:6). 3. 당신은 유대 민족을 선대해야 하며, 이는 그들이 하나님께서 선택하신 민족이기 때문이다(신 4:33-38; 7:6; 14:2; 26:18,19). 4. 어떤 모슬렘이나 카톨릭교도도 영구적으로 그들을 대체할 수 없다(마 21:43, 롬 11:12,23과 그 주석을 보라). 5. 구원은 『**주께로부터**』 오는 것일 뿐만 아니라(욘 2:9), 『**구원이 유대인에게서**』 나온다고 말씀하셨다(요 4:22).

주 예수 그리스도께서는 단 한 번도 구원이 소위 "참 이스라엘"이나 "하나님의 이스라엘"이나 "영적인 유대인"에게서 나올 것이라고 말씀하시지 않았다(롬 2:28,29). 주님은 『**구원이 유대인에게서 나오기 때문이라.**』고 말씀하셨다. 이때 『**유대인**』은 문자적인 유대인이다. 『**유대인**』이라는 단어는 요한복음에서 그리스도를 죽인 자들을 가리키는 용어로 특별한 구분 없이 열 번 이상 쓰고 있다. (스테판은 사도행전 7:52에서 이들을 살인자들이라고 불렀다.)

유대인들이 없었다면, 즉 문자적인 실제 야곱의 아들들이 없었다면, 이 주석서를 읽고 있는 독자들은 모두 성경도 구주도 없이 살았을 것이다. 진지하게 한번 생각해 보라.

육신으로 나타나신 하나님은 유다 지파 소속이셨고 유대 땅에서 유대인으로 태어나셨다(딤전 3:16). 물론 RV, RSV, ASV, NASV 혹은 NIV는 하나님께서 육신으로 나타나셨다는 이 구절을 변개시켜 놓았다.

〈킹제임스성경〉이 출간되기 9년에서 86년 전에 출간된 성경들도 『**극에 달하였음이니라**』(uttermost)라고 동일하게 번역해 놓았다. 틴데일(1525년), 그레이트 성경(1539년), 비숍 성경(1568년), 제네바 성경(1560년)이 모두

이 단어를 동일하게 기록하고 있다. 그리고 이 단어의 의미는 결코 "영원히" 혹은 "최종적으로" 결별하셨다는 의미가 아니다.

2:17 형제들아, 우리가 잠시 동안 너희와 헤어져 있었지만 얼굴이지 마음은 아니기에 너희의 얼굴 보기를 더욱 간절히 바랐노라.
18 그러므로 우리는 너희에게 가고자 하였으며 특히 나 바울은 한 두 번 가려 하였으나 사탄이 우리를 방해하였노라.
19 우리의 소망이나, 기쁨이나, 자랑의 면류관이 무엇이냐? 그가 오실 때 우리 주 예수 그리스도 앞에 있을 너희가 아니겠느냐?
20 이는 너희가 우리의 영광과 기쁨이기 때문이라.

17절이 말씀하는 바는 분명하다. 이 구절이 말씀하는 바대로 『**마음**』과 『**영**』으로는 어느 곳에나 있을 수 있다(고전 5:3). 그러나 이것이 데살로니가전서 5:23에서처럼 교리적인 진술이 아님을 주목하라. 『**영**』이라는 단어는 고린도후서 3:6,8에서와 같은 의미로 쓰였다. 고린도전서 5:3에서 보듯이, 한 대상의 『**영**』은 한 사람이 그것을 접하게 될 때 그것이 만들어내는 전체적인 인상을 말한다. 『**사람의 영**』이나 『**짐승의 영**』(전 3:21) 혹은 『**하나님의 영**』이나 "사탄의 영"(막 5:2,8,12,15)을 언급하는 것이 아니다.

"내 마음은 너와 함께 있다"고 말해도, 실제로 살아 고동치는 심장이 바울의 흉부에서 분리되어 데살로니가인들에게 이동했다는 의미가 아니다. 또한 로마서 10:9,10에서의 『**마음**』(heart) 또한 물리적인 기관인 심장(heart)을 언급하는 것이 아니다. 데살로니가인들에 대한 그의 사랑과 애정이 멀리 떨어져 있는 그와 그들을 하나로 만들었다는 것이다. 『**우리가 잠시 동안 너희와 헤어져 있었지만**』.

『**사탄이 우리를 방해하였노라**』(18절).

신약성경의 모든 기록자들은 아인슈타인, 칼 마르크스, 프로이드, 간디, F.D. 루즈벨트, J.F. 케네디와 미교육연합 등이 믿지 않은 것을 믿었었다. 그들은 모두 이 세상에는 인격체로 살아있고 지성이 있으며 활동적이고 영적인 존재가 있다고 분명히 믿었다. 이 자는 『**사탄**』 혹은 『**루시퍼**』로 불리며, 이 땅을 통치하고 있다(고후 4:4, 눅 4:6). 또한 사탄의 활동 범위는 하나님의 허락하신 뜻 가운데서 정해진다. (히 2:14과 그 주석을 참조하라.) NIV는 시편 91:13, 스가랴 11:17, 이사야 14:12, 욥기 41장 등에서 사탄의 존재를 교묘하게 감추어 놓았다.

성경은 사탄을 『**대적**』이라고 부른다. 그가 하나님의 『**대적**』인 이유는, 그가 하나님을 시기하고 그분을 자신의 "경쟁자"로 여기기 때문이다(사 14:13-15). 그는 또한 진리의 『**대적**』이다. 왜냐하면 그는 『**거짓말의 아비**』이기 때문이다(요 8:40-44). 사탄은 이스라엘의 대적이다. 그를 패배시킨 장본인이 유대 땅에서 태어난 유대인인 주 예수 그리스도이기 때문에 사탄은 특히 유대인들을 증오한다(골 2:14,15). 그는 또한 복음의 대적이다. 왜냐하면 본문이 말하는 것처럼 복음을 방해하기 때문이다. 사도행전 5:3,9에 따르면 그는 또한 성령의 대적이다. 사탄 자신이 더러운 영들로 구성된 존재이기 때문이다. 복수 표현에 주의하라! 『**영들**』(spirits)이다. 우리는 권위역 〈킹제임스성경〉의 마가복음 5:2,8,12,15과 4:4,15을 통하여 이 진리를 깨닫는다. 헬라어 원문이나 사본의 도움은 필요 없다. A.D. 90년 이래로 그 어떤 신구약성경 학자들도 이 진리를 발견하지 못했고, 이와 같은 주석을 달지도 못했다.

또한 사탄은 성도들의 대적이다(욥 1,2장, 대상 21:1). 왜냐하면 성도들은 하나님의 백성이기 때문이다. 그는 또한 화평과 건강의 적이다. 야고보서 3:15과 고린도전서 14:33을 보라.

그가 주로 하는 일들은 사람들을 해치고(욥 2장), 사람들로 죄짓게 하고(히 2장), 사람들을 거짓되이 비방하는 것이다(계 12장, 욥 1,2장). 그는 항상 하나님의 허락하신 뜻 아래서 활동한다(마 28:18, 롬 13:1-4과 그 주석을 참조하라). 성경은 그를 33세 반의 사악한 남성으로 자세하게 묘사하고 있다(겔 28장, 사 14:16, 고후 11:14). 또한 크고 붉은 용(계 12장)과 일곱 개의 머리를 가진 바다 괴물(욥 41장, 시 74:14)과 뱀(사 27:1, 계 12:9)과 『**빛의 천사**』(고후 11:14)로 묘사하며, 도덕성이나 하나님을 두려워함을 찾아볼 수 없는 『**울부짖는 사자**』(벧전 5:8)에 비유한다.

『**우리의 소망이나, 기쁨이나, 자랑의 면류관이 무엇이냐?**』(19절)

이 면류관은 그리스도의 심판석에서 수여될 다섯 개의 면류관 중의 하나이다. 주께서는 고린도전서 3장의 "불"을 통과하고 남은 일들에 대해서 이 면류관들을 주실 것이다. 다른 네 개의 면류관들은 『**생명의 면류관**』(약 1:12), 『**영광의 면류관**』(벧전 5:4), 『**썩지 않을 면류관**』(고전 9:25), 『**의의 면류관**』(딤후 4:8)이다.

본문의 면류관은 그리스도인이 죄인들을 예수 그리스도께로 이겨와 회심케 한 것을 나타낸다. 회심자들은 구령자의 『**기쁨**』이요 『**자랑**』이다. 누가복음 15:7,10을 보라. 회심자들은 면류관에서 보석들로 나타난다(말 3:17,

잠 31:10). 구령자가 건져 올리는 물고기는 그의 『**소망**』이다. 왜냐하면 그들은 대환란 이전에 휴거와 부활로 그분께 참여하기 때문이다. (고전 15:50-55과 그 주석을 보라.)

『**이는 너희가 우리의 영광과 기쁨이기 때문이라**』(20절).

본문이 말하는 바와 같이, 구령자가 이겨온 사람들이 그의 『**영광**』이요 『**기쁨**』이다. 『**혼들을 이겨오는 자는 현명**』하기 때문에(잠 11:30), 그들은 『**별들처럼 영원무궁토록 빛**』날 것이다(단 12:3). 구령자는 사도 바울을 본받음으로써 자신이 이겨온 회심자들로부터 영원히 감사를 받게 될 것이다.

『**내가 약한 사람들에게 약한 사람같이 된 것은 약한 사람들을 얻고자 함이요, 내가 모든 사람에게 모든 것이 된 것은 어떻게 해서든지 몇 사람을 구원하고자 함이라**』(고전 9:22).

칼빈주의자들을 궁지에 몰아넣고 심지어 신학적인 발작을 일으키게 만드는 성경 구절이 바로 이런 구절이다.

존 칼빈은 혼을 이겨오지 않았다. 또한 필립 머로우, 찰스 핫지, 벌콥, 벌링거, 스트워트 커스터, A.W. 핑크, L.R. 쉘톤, 해롤드 윌밍턴, 밥 로스, 존 질핀, 제임스 화이트 등도 구령하지 않는다. 더그 커틸렉이 이겨온 죄인 한 명마다 1달러로 계산한다면, 그는 이미 오래전에 파산했을 것이다.

〈해석자의 헬라어 신약성경〉은 3절의 『**기만**』을 "거짓"(error)으로 바꿨으며, 이로써 바울이 "우리가 너희에게 거짓을 가르친 것이 아니다."라고 말한 것처럼 만들었다. 물론 이 구절이 말하고자 하는 것은 그것이 아니다. 『**기만**』(deceit)이라는 단어는 방법상 진실이나 거짓을 말할 수는 있지만 그 이면에 있는 동기가 누군가를 속이려 함을 의미한다.

웨이즈새커와 존 칼빈, 쿱, H.J. 깁빈즈 등은 6절에서 『**있었지만**』과 『**너희에게서나**』 사이에 (영어 본문으로는 "others"와 "we might have been"으로 시작하는 절 사이에) 마침표가 있어야 한다고 주장한다. 또한 9절에서 『**밤낮**』이라는 표현은 "바울이 해 뜨기 전에 일어나 일하기 시작했다"는 것을 의미한다고 한다(ibid, p.28). 아무 짝에도 쓸모없는 주석이다.

고린도후서 11:27을 보면 헬라어의 도움 없이도 본문의 의미를 알 수 있다. 바울이 『**자주 깨어**』 있었던 것은 일찍 일어나 일하러 갔다는 의미가 아니다. 이는 그가 밤이 깊도록 기도에 힘쓰며 깨어 있었던 것(p.84)과 해가 진 이후에도 몇 시간 동안 일하였음을 의미한다.

마침내 학자들은 15,16절에서는 정신을 차리지 못하고 엉터리 주석을 늘어놓는다. 그들은 16절의 바울의 교리적인 진술을 단지 바울이 유대인들이 그를 박해한 것에 대해 화가 나 있는 정도로 설명한다. 그들은 또한 바울이 로마서 11:26-30에서 교리적인 예언을 말할 때도 이 말씀이 단지 바울이 그때 기분이 좋아서 그렇게 기록한 것뿐이라고 얼버무린다(ibid, p.29). 즉 〈해석자의 헬라어 신약성경〉에 따르면, 하나님께서는 유대인들에게 어떤 부분에 있어서도 진노하신 것이 아니라는 것이다. 단지 바울이 그들에게 화가 났을 뿐이며, 그가 잠시 동안 격렬한 분노를 표출한 것뿐이라고 주장한다.

그리고 이 주석에는 학자들이 줄 수 있는 전형적인 "새로운 조명"이 어떤 것인가를 보여 주는 예가 있다. "16절의 끝맺는 문장은 확실히 난외의 필사상의 오류로 보인다." 즉 바울이 죽은 후 20년 정도 후에 누군가가 기록했다는 것이다. 『**성경**』(롬 1:2) 대신 있지도 않는 "헬라어 원본"을 공부하면 이렇게 되는 것이다.

NIV는 12절에서 『**행하게**』(walk)라는 단어를 제거함으로써 갈라디아서 5:16, 에베소서 5:15, 아모스 3:3의 평행 구절을 찾지 못하게 만들었다. NIV는 다른 변개된 성경들처럼 13절을 기록된 성경과 연관이 없는 것처럼 만들어 놓았다. 왜냐하면 이 구절이 기록된 말씀인 성경을 믿지 않는 변개된 성경의 번역자들을 겨냥하여 기록된 구절이기 때문이다. (롬 1:18,21,28과 그 주석을 참조하라.) 오늘날의 모든 배교자들은 구원받았든 받지 않았든 상관없이 거룩한 성경을 변개시키느라 정신이 없기 때문에(고후 2:17), 바울의 회심자들 안에서 역사했던 것처럼 하나님의 말씀이 그들 안에서 결코 『**효과적으로**』 역사할 수 없다. 이 구절은 "말씀은 믿는 사람들 안에서 효과적으로 역사한다"는 신약성경의 위대한 교리적 진리를 말하고 있으며, 그 이면에는 "그 말씀이 믿지 않는 자들 안에서는 역사할 수 없다"라는 뜻이 내재되어 있다(막 7:13). 그래서 NIV를 번역한 우매한 번역자들이 이 구절에서 『**효과적으로**』라는 단어를 삭제한 것이다. RSV, NRSV, NASV 등의 변개된 성경들도 번역자들의 추하고 타락하고 사악한 만행을 감추기 위해 이 단어를 삭제한 것이다. 하나님의 말씀을 변개시키는 번역자들은 하나님의 말씀을 믿는 자와 믿지 않는 자의 대조를 제시하기 꺼려한다. 그들 모두가 성경을 믿는 척하지만 하나님의 말씀을 믿지 않는 자들이기 때문이다.

NIV와 NRSV보다 한층 더 변개된 NASV는 데살로니가인들이 바울이 그들에게 전파한 "말씀"을 믿은 것이 아니라고 말한다. 왜냐하면 그가 그들에게 전한 것이 하나님의 말씀이 아니기 때문이다. 이 변개된 성경에 따르면 그는 단지 그들에게 하나님의 "메시지"를 전달했을 뿐이다. "너희는 우리로부터 하나님의 메시지의 말씀을 받았다."라고 매우 교묘하게 번역해 놓았다.

〈주의 칼〉의 초대 편집장이었던 존 R. 라이스 박사 또한 헐버트 에반스와 서신 논쟁에서 "성경"을 "메시지"와 "무오한 말씀" 등과 같은 용어와 혼동하여 번갈아 쓰며 교묘하게 빠져 나가려 했다.

무지에 혼란을 가중시키려는 듯, NASV는 구령을 말하는 본문에서 『**자랑**』(rejoicing)을 삭제하고, 『**자랑의 면류관**』이라는 표현을 "환희"(exultation)라는 단어로 대체시켰다(19절).

변개된 영어 성경들이 범해 놓은 오류들은 일일이 지적하자면 한이 없을 것이다. 테네시 템플, 밥 존스 대학, 펜사콜라 기독대학, 무디, 풀러, 성서침례대학, 휘튼, 스텟슨 등에서는 지금도 이런 것을 학생들에게 주입시키고 있다.

데살로니가전서 3장

3:1 그러므로 우리가 더 이상 참을 수 없어서 우리들만 아테네에 머무
는 것을 좋게 여겨
2 우리의 형제이며 하나님의 일꾼이요 그리스도의 복음 안에서 우리
의 동역자인 디모데를 보내었노니 이는 너희를 굳게 세우고 너희
의 믿음에 대하여 격려함으로
3 아무도 이러한 고난들로 인하여 요동치 않게 하려 함이니 이를 위
하여 우리가 세움을 받은 줄을 너희가 아느니라.
4 또한 우리가 너희와 함께 있을 때에 우리가 환난을 당하리라고 너
희에게 미리 말하였더니 과연 그렇게 된 것을 너희가 아느니라.
5 이로 인하여 내가 더 이상 참을 수 없어서 너희의 믿음을 알아보
려고 보냈으니 이는 시험하는 자가 너희를 시험하여 우리의 수고
를 헛되게 하지 못하게 하려는 것이니라.
6 그러나 이제 디모데가 너희에게서 우리에게로 와서 너희 믿음과

사랑의 기쁜 소식을 우리에게 전해 주었고, 또 우리가 너희를 보고 싶어함같이 너희도 우리를 몹시 보고 싶어하며 항상 우리를 잘 기억한다고 하니

7 형제들아, 이로 인하여 우리가 우리의 모든 환난과 궁핍 가운데서도 너희의 믿음으로 말미암아 위로를 받았노라.

8 너희가 주 안에 굳게 서면 이제 우리가 살리라.

이 장은 바울과 디모데의 개인적인 일과 그들이 겪고 있었던 문제들을 말하고 있으며, 데살로니가의 초신자들에 대해 언급하고 있다. 교리적인 내용은 크게 다루지 않는다.

본문 1절은 사도행전 17:15을 말하는 것이 분명하다. 아테네에 있을 때, 바울은 디모데를 다시 보냈다. 실라가 언급되지 않았지만, 바울은 실라 또한 다른 곳으로 보내어 혼자 아테네에 있었다고 성경은 말씀한다(행 17:15). 그후 실라와 디모데가 다시 바울과 합류하게 된다(행 18:5). 다시 바울은 디모데를 "사기를 북돋는 자"로 보낸다.

『**하나님의 은혜의 복음**』(행 20:24)을 칭하는 다른 두 개의 용어를 주목할 필요가 있다. 2절은 『**그리스도의 복음**』이라고 말하고 있다. 이는 그리스도께서 전한 복음을 의미하는 것이 아니라, 바울이 그리스도에 관해서(about Christ) 전한 복음이란 뜻이다. 또한 2:9은 『**하나님의 복음**』이라고 말한다. 이는 하나님에 관한 복음을 뜻하는 것이 아니라, 하나님으로부터(from God) 온 복음이란 뜻이다. (갈 1:8-12과 그 주석을 참조하라.) 로마카톨릭과 그리스도의 교회 회원들은 이러한 용어들을 혼동하여, 사도행전 2장, 마가복음 16장, 산상설교(마 5-7장) 등에 엉터리로 적용한다.

데살로니가의 회심자들은 힘을 얻는 것이 필요했다. 왜냐하면 그들은 박해를 받고 있었기 때문이다(『**고난들**』, 3절; 『**환난**』, 4절). 『**대환란**』과 『**환난**』의 차이를 유념하라. 마태복음 24장의 대환란은 『**야곱의 고난의 때**』이며(렘 30:7), 교회의 환난 곧 그리스도인 개개인이 겪는 환난을 의미하는 것이 아니다. 데살로니가후서 1:6과 사도행전 14:22은 대환란이 아닌 다른 두 개의 환난을 보여 준다. 하나는 이 시대의 모든 그리스도인들이 겪는 환난인데, 이에 대해서는 예수님께서 이미 예언하신 바 있으며(요 16:33) 사도 바울이 사도행전 14:22에서 다시 확증했다. 다른 하나는 그리스도인들에게 『**고난들**』을 가져온 죄인들 각자에게 내리시는 하나님의 보응(報應)이다. 하나님의 백성의 삶에 찾아오는 고난들과 어려움들과 시험들과 고통들에 관한 깊고 면밀한 주해를 원한다면, 욥기 1,2장과 베드로전서 1-4장과 로마서 8:28,29과 그 주석들을 꼼꼼히 공부하라.

바울은 여기서 자신의 회심자들이 열정적으로 복음을 증거하며 하나님을 위해 살고 있는지 아니면 데마처럼 "광신자" 혹은 "별종"으로(5절) 조롱당하는 것이 싫어서 세상 제도로 다시 돌아갔는지 확인하고자 한 것이다(딤후 4:10). 그들이 친지와 고용주들과 동료들과 정부 등으로부터 받는 불 같은 시련은 바울과도 관련이 있었다. 따라서 그들이 그에 대해서 어떤 태도를 견지하고 있는가를 보면 그들의 상태를 확인할 수 있었던 것이다. 바울이 궁금했던 것은 그들이 그와 연관되는 것을 두려워하고, 그의 사역과 결부되는 것을 부끄러워하지는 않을까 하는 것이었다. 이는 바울이 6,7절을 기록했을 때 어떤 심정이었는지 잘 설명해 준다.

그들은 분명 확고하게 서 있었다. 그들 자신의 믿음과 자신의 구주를 위해서 뿐만 아니라, 그들을 그리스도께로 이끌어 준 그리스도인 사역자들을 위해서 요동 없이 서 있었다.

이제 독자들도 이 데살로니가전후서 주석의 「들어가는 말」에서 왜 우리가 데살로니가전서가 갓 회심한 성도가 읽고 공부해야 할 첫 번째 서신이라고 확언했는지 그 이유를 알 것이다. 바울의 적들은 소아시아 전역에서 바울을 비방하고 돌아다녔으나(행 21:27,28), 데살로니가인들이 가지고 있는 성경교사와 지도자로서의 바울에 대한 신뢰를 흔들 수는 없었다. 그들은 바울을 따르고 있었다.

『**형제들아, 이로 인하여 우리가 우리의 모든 환난과 궁핍 가운데서도 너희의 믿음으로 말미암아 위로를 받았노라**』(7절).

그리고 고린도후서에서도 읽을 수 있는 유사한 내용이 이어진다. (고린도후서 주석서를 참조하라.)

『**너희가 주 안에 굳게 서면 이제 우리가 살리라**』(8절).

물론 이 말씀은 데살로니가인들이 굳게 서지 못하면 바울과 실라와 디모데가 모두 실제로 죽게 된다는 말씀이 아니다. 이런 수사법은 여러 언어에서 흔히 쓰는 것이다. 독일인들은 "리베 우흘!"(Lebe wohl)이라고 말한다. 오스트리아인들도 "리벤 운드 라스 리벤"(Leben und lass leben)이라는 표현을 쓴다. "리베 우흘"이라는 표현은 물리적으로 "숨쉬기 시작하라"는 말이 아니다. "여보게, 제대로 살게나!"라는 의미다. 즉 단지 목숨만 연명하지 말고, 똑바로 살라는 뜻이다. 위의 오스트리아 표현도 "네가 제대로 살고, 우리도 좀 살자!"는 뜻이다("Live and let live").

바울에게는 『**사는 것**』이 『**그리스도**』였다. (빌 1:21과 갈 2:20과 그 주석들을 공부하라.) 그래서 그는 그의 회심자들에게 “너희가 시험을 통과하고 베테랑 군인들처럼 꿋꿋하게 그것을 이겨낸다면, 이제 내가 그것으로 만족하고 또한 기뻐할 것이다.”라고 말하고 있는 것이다.

필자는 거리 설교자로서 “원저자의 의도”가 무엇이었는지 제시한 것뿐이다. 바울처럼 필자도 회심한 후에 거리에서 복음을 전하며 살았기 때문이다. 학자들은 신경 쓰지 말라. 그들은 이 부분에 대해서 조금의 도움도 줄 수 없다.

『**굳게 서면**』(stand fast)이라는 말씀을 보았는가? 고린도전서 16:13에서도 볼 수 있는 표현이며, 바울이 그의 서신에서 자주 쓰는 표현이다. 사실 이 표현은 바울이 즐겨 쓰는 것이다. 『**굳게 서서**』(갈 5:1). 『**굳게 서서**』(빌 1:27). 『**굳게 서라**』(빌 4:1). 『**굳게 서서**』(살후 2:15). 굳게 설 뿐 아니라 지속적으로 서 있으라는 본문도 있다(엡 6:11,13,14).

제리 팔웰의 교수진을 구성하는 배교한 근본주의자들은 모두 여기서도 그들의 전형적인 행동 방식에 따라 딴소리를 한다. “『**굳게 서면**』(stand fast)이라는 단어는 ‘서다’라는 뜻으로 적합하지 않고, 그것이 의미하는 바는 ‘일어나다’ 혹은 ‘입장을 취하다’(take a stand)이다.”(p.33) 우리가 “원본 헬라어 원문에서 얻은 금덩어리”를 어떻게 처리하는지 아는가? 쓰레기통에 던져 버리라! 데살로니가인들은 바울이 그들에게 서신을 보낼 때 이미 일어나 서 있었다. 그들 중 누구도 일어날 필요가 없었다. 이것이 리버티 대학의 현주소이다.

다니엘 또한 왕의 칙령이 공포되었을 때 일어날 (혹은 입장을 고수할) 필요가 없었다(단 6:9,10). 그는 그 칙령이 반포되기 이전에도(단 6:10), 굳게 서서 자신이 하던 일을 계속하고 있었기 때문이다. 그는 이미 서 있었던 것이다.

동일한 방식으로 필자는 빌리 그래함의 사역(1960-2000)이나 제2차 바티칸회의에 반대해서 일어날 필요가 없다. 이미 필자가 회심한 1949년 3월에 분명하게 입장을 취한 것이다. 그 후부터 줄곧 성경으로부터 주시는 하나님의 명령들에 따라 계속해서 굳게 서 있어 왔다(엡 6장). 독자도 필자와 같은 입장을 취한다면, 마틴 루터가 서 있었던 곳에서 그리 멀지 않은 곳에 자신이 서 있음을 알게 될 것이며, 레스터 롤로프, 밥 그레이, 잭 하일스, 윌리엄 부스 장군, 빌리 선데이, 드와이트 무디, 존 번연 등이 당신을 둘러싸고 있음을 또한 알게 될 것이다.

독자가 만약 거룩한 성경을 반석 삼고 그 위에 선다면, 1880년 이후로 쏟아져 나온 배교한 학자들의 비난과 맹공격을 받게 될 것이다. 어리석은 채프만 박사처럼 믿음을 내주고 쓰러져 다시 일어나야 하는 일이 없도록 하라. 당신의 믿음을 전복시키려는 학자들의 공격을 정면으로 받아 맞서 싸우고 힘을 꺾어 놓아라. 그렇게 하면 본문이 말하는 것처럼 스스로를 굳게 세우는 것이다.

1인치도 움직이지 말라. 흔들리지 말라. 휘청거리지 말라. 확고하게 서라. 거대한 바위처럼 굳게 서라. 길을 내주지 말라. 굴복하지 말라. 절대 진리에 관한 한 고집스럽고 완고해야 한다. 결코 흔들리지 말라. 이리저리 왔다 갔다 하지도 말라. 콘크리트 바닥에 단단히 설치해 놓은 강철 선로처럼 확고하게 자신을 정착시키고, 굳건하게 서라!

3:9 우리가 우리의 하나님 앞에서 너희로 인하여 모든 기쁨으로 기뻐

하노니, 너희로 인하여 어떤 감사를 하나님께 돌려 드릴 수 있으리요?

10 우리가 밤낮으로 열심히 기도함은 너희의 얼굴을 보고 너희의 믿음에서 부족한 것을 온전케 하려는 것이라.

11 이제 하나님이신 우리 아버지와 우리 주 예수 그리스도께서 우리의 길을 너희에게로 인도하시기를 바라노라.

12 또 주께서 우리가 너희를 사랑함과 같이 너희도 서로와 모든 사람에게 대한 사랑이 더욱 많아지고 넘치게 하여 주시며

13 우리 주 예수 그리스도께서 그의 모든 성도들과 함께 오실 때에 하나님, 곧 우리 아버지 앞에서 거룩함에 흠 없도록 너희 마음을 견고케 하시기를 바라노라.

바울은 그들로 인하여 하나님께 감사를 돌렸고, 지금도 데살로니가인들로 인하여 그의 기쁨이 온전해졌기 때문에(『**너희로 인하여 모든 기쁨으로 기뻐하노니**』, 9절), 이에 더할 것이 없다는 말씀이다. (가능한 다른 해석은 2장 19,20절과 그 주석을 참조하라.)

83년을 지상에서 살면서 필자는 무엇과도 바꿀 수 없는 기쁨이 무엇인지 알고 있다. 바로 성인 남녀를 그리스도께 인도하여 그들이 은혜 안에서 하루가 다르게 자라나고(벧전 2:1-4, 행 20:32), 그들의 옛 친구들을 버리고, 말투도 바뀌며, 나쁜 습관들을 버리고, 신실하게 예배를 드리며, 성인들에게 담대하게 복음을 전하고, 늘 성경에 대한 믿음이 굳건한 것을 보는 것이다. 필자는 정말 이보다 더 큰 기쁨이 없다고 믿는다. 물론 그럴 사람은 없겠지만, 온갖 종류의 마약을 한꺼번에 복용한다 하더라도 이런 기쁨을 얻을 수 없다. 즉 당신이 설교할 때 한 젊은이가 구원받아 설교자로서의 부르심에 순종하여 밖으로 나가 양로원이든 거리든 대형상점에서든 복음을 전파하더니, 그 다음에는 500명에서 1,200명이 되는 교회를 목회하고 성도 모두가 〈킹제임스성경〉이 처음부터 끝까지 한 단어도 빠짐없이 하나님의 말씀이요 하나님의 말씀들임을 믿도록 양육하는 것을 보는 것보다 더 큰 기쁨은 없다.

이런 기쁨을 어디에 비할 수 있겠는가? 만약 독자에게 어느 날 갑자기 익명의 누군가가 10,000달러나 20,000달러의 지원금을 보내 주었다고 치자. 그리고 그 지원금을 한 푼도 남기지 않고 하이티나 인도 혹은 필리핀에 있는 굶어 죽어가고 있는 고아들이나 가족과 함께 멕시코와 인도 등지에서 한 달에 40달러도 얻지 못하며 사역하는 신실한 목사들에게 준다면 이 기쁨과 비길 수 있을지도 모르겠다.

하나님 앞에서 거리낌 없이 말할 수 있는 것은 전 생애를 통해 이룩한 그 어떤 성공보다도 원주민 목사들을 재정적으로 지원했을 때 나는 더 큰 기쁨을 얻었다는 것이다. 그들은 그 돈으로 가족을 위해 물소를 사서 아이들에게 우유를 먹이기도 하고, 샘을 파서 가족들이 탈수로 인해 병에 걸리는 것을 면하기도 한다. 알다시피 아프리카나 인도에서는 탈수로 인해 사람들이 죽거나 섭씨 51도가 넘는 온도로 인해 일사병에 걸려 죽는 일이 비일비재하다.

『**주는 것이 받는 것보다 복이 있다**』(행 20:35).

『**너희의 믿음에서 부족한 것을 온전케 하려는 것이라**』(10절).

필자는 솔직히 바울이 어떻게 데살로니가인들의 믿음을 온전케 했는지 모른다(롬 1:11을 보라). 44년간 목사로 섬기면서 나 또한 나의 양무리의 믿음을 온전케 할 수 있기를 바라왔다. 만약 내가 젊은 사람들을 영적으로 만들 수 있는 방법을 찾는다면, 나는 그것을 3년 6학기 전 과정에 걸쳐서 필수 과목으로 채택하여 가르칠 것이다. 규범들과 교칙 같은 것은 사람을 영적으로 만들 수 없다. 이런 것들은 오직 문제의 소지가 있는 것을 억제할 뿐이다.

기독교 교육자들의 잘못된 이론, 곧 "이차적 성별," "복장 규정," "벌점 제도" 등이 영적인 그리스도인을 만들어낼 수 있다는 생각은 몽상에 불과하다. 이런 것들로는 영적인 그리스도인을 양산할 수 없다. 이런 규정들과 제도는 단지 규율을 가르치고, 자기 부인을 실행하도록 도울 수 있으며, 나쁜 무리와 어울리지 않게 할 수 있는 등 긍정적인 면들이 있다. 하지만 최고의 성별을 자랑하는 사람들은 힌두교 요가 수도자들과 그리스도를 거부한 바리새인들, 하마스 테러분자들, 카톨릭 수녀들과 사제들이다. 그들 중 15%도 영적이지 않다. 세상에서 규율에 있어 가장 엄격한 이들은 사무라이, SS 부대, 네이비씰, 그린베레, 레인저, 자살폭격대, 해병대, 무술 고수들이다. 그러나 이들 중 단 5%도 영적이지 않다. 골로새서 2:21-23과 해당 주석을 공부하라.

그렇다면 10절의 가능한 해석은 바울이 와서 기준에서 벗어난 것들을 똑바로 고치고(고후 12:20,21), 거짓 교리들을 바로잡고(살후 2:1-3), 그들을 권고하고 독려하여(고후 9:2,3, 히 10:24), 더 훌륭한 구령자가 되고, 더욱 담대한 증인이 되며, 더 심도 있게 성경을 공부하도록 할 것이라는 것이다(히 5:12-14과 해당 주석을 보라).

11절은 세 개의 단어로 이중 어법을 쓰고 있다(**하나님, 아버지, 주**). 앞에서 살펴보았지만 〈킹제임스성경〉의 디도서 2:13의 이중 어법은 근본주의자들이 무지막지한 비방을 일삼은 부분이기도 하다. 이 구절에서 겉으로는 세 명의 다른 존재가 있는 것처럼 보인다. 하나님 자신과, 우리 아버지와 우리 주이다. 그러나 이것은 서로 다른 세 존재나 서로 다른 세 명의 "하나님들"을 말함이 아니다. 이 구절은 신격의 서로 다른 두 인격을 언급하고 있으며, 그중 한 분이 사람들과 같이 되셨다(빌 2:7,8). 이 구절에서 두 분 중에 한 분은 『**아버지**』라는 칭호를 쓰시며, 다른 한 분은 『**주**』라는 칭호를 쓰신 것이다. 중요한 것은 바로 『**주**』께서 『**나를 본 자는 아버지를 보았느니라.**』(요 24:9)고 말씀하셨다는 점이다. 두 분은 서로 다른 존재가 아니다.

12절은 설명이 필요 없다. (이 주제에 대해서는 요일 2:8,9; 3:12-18; 4:7-12과 해당 주석들을 찾아 공부하라.)

『**거룩함에 흠 없도록 너희 마음을 견고케 하시기를 바라노라**』(13절).

바울은 이 서신에서 『**마음**』에 『**몸**』과 『**혼**』과 『**영**』을 더하여 똑같은 기도를 반복해서 기록해 놓았다. 이 말씀의 의미는 간단하다. 하나님께서 당신을 구원하신 목적은 당신을 그분의 아들처럼 죄없게 만드시기 위함이다(롬 8:29). 당신은 그리스도의 가족이 될 것이다(요 1:12,13, 히 2:11,12). 당신의 만형은 당신이 통과하는 모든 것을 이미 경험하셨다. 곧 출생과 성장, 시험, 가르침, 기도, 유혹, 상처, 피흘림, 울음, 죽음 등이다. 그리고 그분은 부활하셨고 당신도 그렇게 될 것이다(요 14:19).

마호메트의 "알라"는 죄인들을 위한 이러한 위대한 계획을 세운 적이 없다. 그는 어떤 것도 계획할 수 없다. 인간의 본성에 대해서 아무것도 모르고, 경험한 적도 없기 때문에, "알라"는 죄인들을 중보하고 그들을 온전케 할 능력이 전혀 없다.

우리의 『**대장**』(히 2:10)께서는 우리를 위해 전쟁에서 승리하셨으며(골 2:14,15, 빌 2:8-11, 딛 3:5,6), "군사"로서 사셨고 또한 죽으셨다. 아무도 본 적도 없고 말하는 것을 들을 수도 없으며 볼 수도 없는 달신(moon-god, 즉 알라)과는 비할 바가 아니다. "알라"는 A.D. 600년 이후의 그 어떤 미래 사건도 예언하지 못했다. 그가 예언한 것이 있다면 구약성경에서 베낀 것일 뿐이다.

13절은 재림을 말한다. 재림은 어떤 성경, 어떤 번역, 어떤 판으로든지 사람들이 성경 전체에서 가장 많이 언급하고 논의하는 성경 교리이다.

예수 그리스도의 재림은 그리스도의 심판석 이후에 있을 일이다. (엡 5:27, 고전 3:10-16과 그 주석들을 보라.) 당신이 구원받았다면 당신 또한 죄 없는 마음과 죄 없는 혼과 죄 없는 영과 죄 없는 몸을 가지고 나타나게 될 것이다(살전 5:23).

만약 우리에게 이런 일이 일어날 것이라면, 이보다 더 좋은 것이 무엇이 있겠는가?

세상의 철학과 종교와 과학 등의 허구를 들이밀면서 내 시간을 낭비하지 말라. 고통 없이 슬픔 없이 눈물과 죽음도 없이 살며, 결코 늙거나 병들지 않는 완전한 몸과 죄짓기 원하지 않는 혼과 죄로부터 성별된 영을 가지고 영원히 산다면, 과연 이보다 좋은 것이 무엇이 있겠는가? 있다면 지금 당장 말해 보라.

이보다 더 좋은 것을 찾아냈다면 나에게 편지를 써서 알려 주기 바란다.

나는 지구상에서 이보다 더 좋은 것을 제시할 수 있는 사람을 전혀 알지 못한다. 어떤 인종, 피부색, 신장, 몸무게, 성별, 나이, 직업, 환경의 사람이든 이보다 나은 것을 제시할 수 있는 사람을 알지 못한다. 이것이 바로 하나님의 아들을 믿는 죄인 각인을 향한 하나님의 계획이다(롬 8:29). 이것이 우리의 구원의 『**결과**』이다. 곧 혼의 구원만이 아니라(벧전 1:9), 몸의 구원을 포함하는 것이다(롬 8:23,24과 그 주석을 보라).

여기서 잠시 20세기 성경학자들의 실력을 성경으로 가늠해 보는 시간을 갖도록 하자.

학자들이 이 장에서 많이 칼질을 하지 않은 이유는 1절에서 13절까지는 교리적인 주제들을 다루지 않기 때문이다.

〈해설자의 헬라어 신약성경〉은 10절을 주석할 때 갑자기 스스로의 2:9 주석을 잊고 말았다(44,45페이지를 보라). 여기서 말하는 수고는 『**밤낮**』 계속된 기도의 수고를 말하며, "아침 일찍 일어나 일하러 가는 것"과는 전혀 다른 것이다. 독자들이 올바른 의미를 알지 못하고 곁길로 가도록 〈EGT〉는 "밤낮"이라는 표현은 이교도의 파피루스에서 왔으며 "인종적인 표현법을 수용한" 것이라고 한다. 물론 얼토당토않은 해석이다.

실제적인 무신론자 중에서 가장 권위가 있는 자들은 13절의 『**성도들**』은 본문이 말하는 그대로 성도들이거나 "천사들"이라고 한다. 이것이 바로 훈, 바이스, 쉬레이더, 티투스, 쉬미델, 루켄 등의 주장이다. 벵겔, 알포드, 울, 아스퀴스, 엘리콧, 라이풋, 밀리간은 둘 다를 의미한다고 주장한다.

필자가 위에 나열한 학자들 중 『**성도들**』이라는 성경 용어를 해석하기 위해 성경을 한 구절이라도 인용하는 사람은 없다. 그들은 단지 인간의 의

견을 인간의 의견과 비교하는 데만 열중할 따름이다.

이 표현을 해석하기 위해 필요한 구절들은 1611년 영어 종교개혁 원문에서 찾을 수 있다. 이 구절들은 다음과 같다: 마태복음 22:30, 신명기 33:2, 유다서 1:14, 스가랴 14:5, 다니엘 8:13; 7:21-25, 요한계시록 8:3, 히브리서 13:24, 에베소서 2:19.

마태복음 22:30이 그 핵심 구절이며, 스코필드는 창세기 6:1-3을 주석할 때 모든 주석을 망쳐 버렸고(필자의 창 6장 주석 참조), 로젠달(Rosenthal)은 구약 "성도들," 곧 하나님의 택함받은 자들을(마 24:22,24, 단 7:21, 사 42:1) 신약의 "택함받은 자들"과 혼동했다(딛 1:1, 롬 8:30). 1880년부터 2004년에 이르기까지 모든 학자들은 이런 거짓 교리들을 지지해 왔다.

『**그의 모든 성도들**』은 부활 때 나타나게 될 구원받은 사람들 전체를 가리킨다(마 22:30). 이들은 모두 33세의 남성으로 변화될 것이다. 성경이 말하는 모든 천사는 날개 없는 남성이다. 성경 어디에도 무성(無性)의 천사는 없다(창 19:1,5,10, 판 13:3,6,8,10,11, 계 21:17, 눅 24:4,23, 행 1:10).

예수 그리스도께서 『**수만 성도들과 함께**』 오실 때(유 1:14), 주님은 신명기 33:2의 모세의 예언을 성취하실 것이다.

『**그가 말하기를 "주께서 시내에서 오시어 세일에서 일어나시고 파란 산에서 비치시며, 그가 수만 성도들과 함께 오셨으니 그분의 오른손으로부터 그들을 위한 불 같은 율법이 나갔도다**』(신 33:2).

모든 배교자들은 신명기 33:2을 재림과 함께 있을 사건으로 보지 않고(신 33:26-29), 시내 산에서 율법을 주신 사건으로 해석하기 때문에(B.C. 1500년), "성도들"과 "천사들"에 대한 논쟁 전체에 있어서 무엇이 옳은지 감을 잡지 못하는 것이다.

주 예수 그리스도의 재림 때의 "천사들"은 재림 이전에 "성도들"로 있었던 자들이 될 것이다.

그리고 그들은 모두 "남자들"이다.

구약성경에서 『**성도들**』은(단 7:22,25,27) 『**지극히 높으신 분의... 백성**』이었다(단 7:27). 물론 여기에는 단 한 명의 이방인이나 그리스도인도 없었다.

데살로니가전서 4장

4:1 그러므로 형제들아, 끝으로 우리가 주 예수 안에서 간구하고 권고
하노니 너희가 어떻게 행해야 하고 어떻게 하나님을 기쁘시게 해
야 하는가를 우리들에게서 받은 바와 같이 더욱더 넘치게 하라.
2 이는 우리가 주 예수를 통하여 너희에게 준 명령들이 무엇인지 너
희가 앎이니라.
3 하나님의 뜻은 이것이니, 곧 너희의 거룩함이니라. 너희는 음행을
삼가고
4 너희 각자가 거룩함과 존귀함으로 어떻게 자기 자신의 그릇을 소
유하는가를 알며
5 하나님을 모르는 이방인들과 같이 색욕에 빠지지 말고
6 어떤 문제에 있어서도 정도를 지나쳐 자기 형제를 속이지 말라.
이는 우리가 미리 경고하였고 증거한 바와 같이 주께서는 이러한
사람들에 대하여 벌을 주시는 분이시기 때문이니라.

7 하나님께서 우리를 부르신 것은 부정함에 이르게 하려는 것이 아니라 거룩함에 이르게 하려 하심이니라.
8 그러므로 경시하는 자는 사람을 경시하는 것이 아니라 우리에게 그의 거룩한 영을 주신 하나님을 경시하는 것이니라.

1절의 "행(行)하다"(walk)라는 동사를 주목하라. 우리는 변개된 NIV와 NASV가 데살로니가전서 2:12을 오역하여 삭제해 버린 평행관주를 여기서 접하게 된다. 헬라어 "페리파테인"(peripatein)은 "걷다"는 의미이지, "삶을 살다"라는 뜻이 아니다. 예를 들어 다음과 같은 구절들을 통해 그것을 알 수 있다. 『**두 사람이 동의하지 않고 함께 걸을**[walk] **수 있겠느냐?**』(암 3:3), 또한 『**이것이 노아의 내력이라. 노아는 의인이요 그 당대에 완전한 사람이었으며 하나님과 동행하였더라**[walked with]』(창 6:9).

20세기의 한 찬송가 작사가도 〈킹제임스성경〉의 고어 "walk"를 아무런 거리낌 없이 사용했다.

"오, 그대의 행함의 소리가 너무 커서,
세상은 그대의 말은 듣지 못하네!
사람들은 그대의 행함(walk)을 보고 있네,
그대의 말은 듣지 않는다네,
그대의 행동으로 사람들은 매일 그대를 판단한다네."

〈킹제임스성경〉을 비평하는 종교적인 위선자들은 거짓말을 하면서 그 본문을 부정하고 〈킹제임스성경〉의 번역자들이 헬라어 단어를 오역했다고 주장한다. 예를 들자면 〈킹제임스성경〉의 번역자들이 헬라어 "안타포도우나

이"(antapodounai)를 "되돌려서"(in return)나 "응답하여"(in response to)로 번역하지 않고 『**다시**』(again)로 번역한 경우다. 그러나 비평자들은 동일 단어가 나오는 신약성경의 다른 본문에서 〈킹제임스성경〉의 표현과 똑같이 번역하는 모순을 범한다. 그들은 자신들의 "번역상의 오류"에 대해 항상 이런 식으로 변명한다. "아, 저희는 형식적 대응(formal correspondence) 대신 역동적 일치(the dynamic equivalent)의 원리로 성경 독자에게 의미를 더 쉽게 전달하려고 그렇게 한 것일 뿐입니다."라고 말한다.

성경은 자신이 정죄한 일을 행하는 이런 자들에게 그 입을 다물라고 말씀한다(롬 2:21; 2:1-3).

거짓말을 하려면 기억력이 좋아야 한다. "행하다"(walk)를 걸고넘어진 모든 현대 영어성경 편집자들은 갈라디아서 5:16에서 구렁텅이에 빠지고 만다. 그들은 거듭난 사람들이 성령 밖에 있다는 의미를 전달하는 번역을 실어놓았다. 〈킹제임스성경〉의 『**성령 안에서 행하라**』는 번역은 로마서 8:9과 교리적으로 일맥상통한다. NIV가 최소한 일관성이라도 유지하려고 했다면, "성령 안에서 살라."라고 번역했어야 한다. 그러나 이렇게 번역했다 손치더라도 별반 차이가 없는 것은 이미 그리스도인은 그리스도 안에 있고, 하나님의 영과 한 영이 되어 그분으로 살기 때문이다(고전 6:17). 이런 모순을 미리 짐작했는지 NIV는 "성령으로 살라"(Live BY the Spirit)고 번역했다.

이것은 교리적인 난센스다. 모든 그리스도인은 성령님으로부터 그의 영적인 생명을 받고, 모든 그리도인은 "성령 안에" 있으며, 이 사실은 그가 어떻게 살더라도 변치 않기 때문이다(롬 8:9). 그리스도인은 숨을 쉼으로써 "살지만" 성경이 그리스도인에게 명하는 것은 『**성령 안에서 행하라**』는 것이다. 그리스도인의 생명은 물리적으로나 영적으로나 이미 성령 안에 있다. 그리스도인은 성령께서 지시하시는 방향을 따라 행해야 한다(walk). 성령님을 도구로 삼아 그분으로 살라는 의미가 아니다.

이처럼 혹자가 성경을 망치려 들면, 하나님께서는 그의 지성을 망쳐 버리신다.

『**우리가 주 예수를 통하여 너희에게 준 명령들이**』(2절).

이 구절 다음에 이어지는 것은 성경을 직접 인용한 것은 아니다. 바울은 사복음서에 기록되지 않은 예수 그리스도의 말씀을 인용하기도 했다(행 20:35). 그는 실제로 어떤 말씀인지 말하지 않고 『**우리 주 예수 그리스도의 말씀**』(딤전 6:3)이라고 말하기도 했다. 우리가 기억해야 할 사실은 주 예수 그리스도께서 부활 이후 바울에게 여러 차례 말씀하셨다는 것이다(행 9:4-6; 18:9,10; 22:17-21; 23:11; 26:16-18; 27:23,24 등).

『**하나님의 뜻은 이것이니**』(3절).

본문의 뜻은 하나님의 허락하신 뜻이 아니라, 직접적인 뜻을 말한다. "자신의 삶을 향한 하나님의 뜻"을 찾는 그리스도인에게 성경은 충분하고도 남는 답을 제시한다. 먼저 성경에는 세 가지 뜻이 있다고 말씀한다. 그 중 두 가지가 바로 허락하시는 뜻과 직접적인 뜻이다. 이 부분에 관해서는 로마서 12:2에 기록되어 있다. (이 주제에 관해서는 〈로마서 주석〉 해당 구절에서 면밀히 다루었다.)

바울의 간절한 바람은 그의 회심자들이 『**하나님의 모든 뜻 안에서 완전하고 온전하게**』 서는 것이었으며(골 4:12), 또한 그는 모든 그리스도인에게 『**주의 뜻이 무엇인지 이해하라.**』고 명령한다(엡 5:17). 그리스도인은 『**그분의 뜻을 아는 지식으로 충만케**』 되어(골 1:9), 『**마음으로부터 하나님의 뜻을**』 행할 수 있어야 한다(엡 6:6). 하나님의 『**모든 뜻**』 안에서 행하려면 먼저 다음 열거된 사항들이 선결되어야 한다. 이 중 어떤 것도 그리스도인에게 "애매한" 것은 없으며, 이 모든 것이 하나님의 직접적인 뜻이다.

1. 본문에 명시된 대로, 하나님의 뜻은 당신이 성결하고 깨끗하게 되고, 음행을 피하는 것이다.

2. 하나님의 뜻은 모든 일에 감사를 드리는 것이다(살전 5:18).

3. 하나님의 뜻은 선으로 악을 이기는 것이다(벧전 2:15).

4. 하나님의 뜻은 또한 고난을 받아야 한다면, 악이 아니라 선을 행하는 것으로 고난을 받는 것이다(벧전 3:17).

"영원한 판결들"(eternal decrees)에 대한 존 칼빈의 비성경적인 교리와 달리, 하나님의 직접적인 뜻은 모든 사람이 그분의 아들을 자신의 구주로 영접하는 것이다. (벧후 3:9, 딤전 2:4과 그 주석을 참조하라.)

질병 치유나 결혼, 물건 사고 파는 일, 이사, 직업을 바꾸는 일, 학교 진학, 사역을 지원하는 일, 사람과 매일의 업무를 다루는 것과 같은 영역들에 있어서 기도가 필요하다. 그리고 이 모든 일에 있어서 하나님의 뜻을 구해야 한다. 그리스도인은 마땅히 『**모든 일에 기도와 간구로 너희의 구하는 것들을 감사함으로 하나님께 알려지게**』 해야 한다(빌 4:6). 어떤 일이나 어떤 사람에 대해서 결정을 내려야 할 때, 특히 어떤 성경을 읽을 것인가와 어떤 교회에 등록할 것인가 하는 문제에 있어서는 기도가 필요하다.

고린도전서 6:18에서 『**음행**』에 대해서 주의를 주었듯이, 바울은 3절에서도 다시 경고를 준다. 성령님은 성경 말씀으로(요 17:17) 우리를 거룩케 하신다(요 15:3). 보혈 또한 우리를 정결케 한다. 히브리서 9:14과 그 주석을 보라.

RSV, NIV 등은 『**음행**』이라는 단어를 삭제함으로써 음행이 다른 죄와 달리 심각한 죄라는 것을 보여 주는 평행관주인 고린도전서 6:18을 찾지 못하게 만들었다. RSV는 고린도전서 6:18에서는 『**음행**』이라고 기록했지만, 데살로니가전서 4:3에서 이 단어를 대체했다. 특별한 죄인 음행을 삭제한 후, NIV는 고린도전서 6:18에서 그 대신 "성적 부도덕"(sexual immorality)이라는 단어를 삽입했고, 누구든지 "성적으로 죄지으면"(sins sexually) "음행"을 저지른 것이라는 특이한 번역을 고안해 냈다.

문맥이 말하는 바는 두 육체가 성교를 가져서 하나로 합치는 것을 말하고 있다(고전 6:16,17). 결과적으로 NIV는 문맥에서 어긋났을 뿐만 아니라 평행관주 또한 없애 버린 격이 되었다. 이런 번역은 "경건한" 학자가 무지로 인해 저지르는 전형적인 만행이다.

배교한 RSV, NRSV, NIV와 같은 성서들과 나란히, 제리 팔웰의 주석서는 『**음행**』이 전혀 피해야 할 특별한 죄가 아니라고 설명한다. (고전 6:18에서 그의 주석을 보라.) 단지 "어떤 종류든 불법적인 성관계를 일컫는 일반적인 용어"일 뿐이라고 한다. 팔웰 밑에 있었기 때문에, 채프만은 이 단어를 "관계"(intercourse)로 한정해야만 했고, "더 명확하고, 더 우수하고 더 오래된 사본들에서 번역된" NIV는 이 단어를 "성적 부도덕"이라고 한정했다.

『**색욕**』(the lust of concupiscence, 5절)은 "고어"지만, 현대의 성경 편집자들도 본문에 손을 대지 않고 "열광적인 욕정"(passionate lusts)이라고 난외주를 달아 놓았어도 되는 부분이다. 지금까지 나온 224개의 성서들의 편집자들은 본문을 훼손시키지 않고 향상된 표현들을 난외주에 넣을 생각은 왜 하지 못했는지 모르겠다. 모든 현대 성서들은, 특히 밥 존스 대학이 지난 30년 동안 입에 침이 마르도록 추천해온 NASV는 난외주와 각주 투성이다. NASV는 432페이지를 각 페이지마다 약 5개의 주를 달아 놓았다.

"파테이"(pathei, 5절)는 "타락한 정욕"(depraved passions)을 의미한다. 이 단어를 정말 현대 용어로 향상시키려면, "선택적인 생활방식(alternative lifestyles)의 욕정" 혹은 "포용가능한 성생활(permissive sexuality)의 욕정" 정도로 번역해야 할 것이다. 뉴스 미디어와 오늘날의 미국 대학들은 색욕을 이렇게 부른다.

『**어떤 문제에 있어서도 정도를 지나쳐 자기 형제를 속이지 말라**』(6절).

성적인 문제에 대해서 말하는 문맥에서 보자면 이 구절은 고린도전서 7:5과 맥락을 같이한다. 누군가를 "속인다"(defraud)는 것은 그 사람이 받아야 하는 마땅한 관심이나 존경이나 보상이나 돈을 주지 않는 것을 의미한다. 마가복음 10:19과 사무엘상 12:3은 이 단어의 의미를 보여 주는 좋은 예다. 만약 성적인 문제를 염두에 두고 기록한 것이라면, 이 구절의 의미는 당신이 당신의 이웃의 아내와 음행함으로 간음을 범하면 당신은 그 이웃을(그 남자를) 속여 빼앗는 것이라는 뜻이 된다. 히브리서 13:4는 이에 대해 미리 경고했으며, 6절에서는 이에 대한 "보복"을 언급하고 있다.

『**혼인은 모든 면에서 귀한 것이니 침상을 더럽히지 않게 하라. 음행하는 자들과 간음하는 자들을 하나님께서 심판하시리라**』(히 13:4).

7절은 별다른 설명이 필요 없다. 『**내가 거룩하니, 너희도 거룩하라**』(벧전 1:16, 레 19:2).

8절은 만약 혹자가 6절의 경고를 경시하면(히 13:4), 그는 자신이 속여 빼앗는 그 남자를 모욕하는 것이 아니라 하나님을 모독하는 것이라고 말한다. 왜냐하면 『**네 이웃을 네 자신과 같이 사랑하라**』고 명령하신 분은 하나님이시기 때문이다. (9절을 읽어 보라. 하나님께서는 "네 이웃의 아내를 사랑하라"고 말씀하지 않으셨다.)

4:9 형제 사랑에 관해서는 너희에게 쓸 필요가 없으니 이는 너희가 하나님께 몸소 배워 서로 사랑하고 있음이라.

10 너희가 온 마케도니아에 있는 모든 형제들에게 실로 이것을 행하는도다. 그러나 형제들아, 우리가 너희에게 권고하노니 너희는 더욱더 많이 하고

11 또 우리가 너희에게 명한 것같이, 너희는 조용히 하고 너희 자신의 일을 행하며 너희 손수 일하도록 힘쓰라.

12 이는 외부 사람들에게 단정히 행하고 또한 아무것도 궁핍함이 없게 하려 함이라.

9절은 그 의미가 명확하다. 로마서 13:8-10과 요한일서 4:7,21을 보라.

10절도 분명하며, 주석이 필요 없다. 11절도 마찬가지다. 바울은 그가 말씀을 전하는 동안, 그의 손으로 일하여(행 18:3), 그 이익으로 다른 이들을 돕는 데 썼다(12절). "조용히 하는 것"은 『**일에는 게으르지**』 않는 것을 의미할 뿐만 아니라(롬 12:11), 자신의 일을 부지런히 행하며 회사나 일터나 사무실과 교회를 돌아다니면서 이 말 저 말을 마구 퍼뜨리지 말라는 의미이다.

『**우리가 들으니 너희 가운데서 무질서하게 행하여 전혀 일하지 아니하고 참견 잘하는 자들이 있다 하니 이제 우리가 우리 주 예수 그리스도를 통하여 이런 자들에게 명하고 권하노니 조용히 일하고 자기 양식을 먹으라**』(살후 3:11,12).

12절에는 또다시 논란이 많았던 "행하다"(walk)라는 표현이 등장한다. 이 표현은 항상 "행보"(行步)를 의미할 뿐이다. 현대 성서들은 그리스도인이 어떻게 살아야 하는가를 다루는 신약의 모든 본문에서 이 단어를 완전히 삭제했다. 본문은 그리스도인이 단정히(端整, honestly) 행해야 한다고 말한다. 거짓말로 먹고 사는 자들이 이 구절을 보면 어떻게 하겠는가? 이들은 정직함을 다루는 로마서 1:18과 갈라디아서 3:1에서도 동일한 짓을 했다. 그들은 당신이 정직하지 않아도 된다고 생각하는 것이다. RV, RSV, NRSV, ASV, NASV, NIV는 모두 『**너는 거짓 증거하지 말지니라**』는 신약의 명령을 저버리고(롬 13:9), 『**진리에 순종**』하라는 말씀 또한 도외시한 것이다(갈 3:1).

라오디케아 교회 시대의 학자들은 모두 천편일률적으로 이렇게 행해 왔다(1900년에서 2005년).

어떤 데살로니가인도 구원받지 않은 사람들 앞에서 단정히 곧 정직하게 행해야 할 필요가 없었다. NRSV와 NIV에 따르면 그렇다는 것이다. NIV에 따르면 단지 "존경을 얻거나," "적절하게 행하기"만 하면 되는 것이다. 그러니까 어떤 상황도 침착하게 거짓말을 하면서 요리조리 비켜 가면 된다는 것이다. 머피의 법칙 : "만약 진실함을 모방할 수 있다면, 당신은 누구든지 등쳐먹을 수 있다."

4:13 형제들아, 잠든 자들에 관해서는 너희가 모르게 되는 것을 원치 아니하노니 이는 너희가 소망이 없는 다른 사람들과 같이 슬퍼하지 않게 하려는 것이라.

14 예수께서 죽었다가 다시 살아나신 것을 우리가 믿는다면 그와 같이 하나님께서는 예수 안에서 잠든 자들도 그와 함께 데리고 오시리라.

15 우리가 주의 말씀으로 너희에게 이것을 말하노니 주께서 오실 때까지 살아남아 있는 우리가 잠들어 있는 자들보다 결코 앞서지 못하리라.

16 주께서 호령과 천사장의 음성과 하나님의 나팔 소리와 함께 하늘로부터 친히 내려오시리니 그러면 그리스도 안에서 죽은 자들이 먼저 일어나고

17 그리고 나서 살아남아 있는 우리도 공중에서 주와 만나기 위하여 그들과 함께 구름 속으로 끌려 올라가리니, 그리하여 우리가 영원히 주와 함께 있으리라.

18 그러므로 이러한 말로 서로 위로하라.

위의 본문은 휴거의 교리에 관한 한 신약성경에서 두 번째로 위대한 본문이다. 가장 위대한 본문은 단연 고린도전서 15:51-54이다. 또한 요한일서 3:1-3, 빌립보서 3:20,21, 로마서 8:21-24, 요한복음 11:24-26, 요한계시록 4:1,2 등도 휴거에 대해 말하는 본문이다. (각 본문의 주석을 공부하라.)

휴거(Rapture)는 영어 성경에 나오지 않는 단어이다. 이 용어의 사전적인 정의는 솔로몬의 노래가 봄에 일어날 것이라고 예언한 이 사건을 잘 설명해 준다(솔 2:8-12). 이 단어는 "무엇을 멀리 옮기거나 재빨리 옮겨 버린 상태"를 의미한다. 바로 이것이 정확하게 앞으로 일어날 일이다(17절).

이 교리는 그리스도의 재림과 관련 있기 때문에, 몸의 부활의 교리와 더불어 믿음의 "근본사항"에 포함된다. 재림이 일어날 때 모든 죽은 그리스도인들은 부활하게 된다. A.D. 400년 이래로 모든 카톨릭교도는 (곧 평신도나 신부나 교황이나 대사나 비서나 수도승이나 추기경이나 주교나 대주교도) 이 주제에 대해서는 전적으로 무지하다. 왜냐하면 지상에 살았던 그 어떤 카톨릭교도도 구원의 영원한 보장이나 전가된 의나 휴거에 대해서 아는 바가 없었기 때문이다.

여기서 칼빈과 낙스와 루터와 역대 교황들과 오리겐과 제롬과 클레멘트와 기타 모든 카톨릭 추기경들과 대주교들이 놓쳐 버린 휴거에 대한 "기초적인" 진리들을 복습해 보자.

1. 성경에서 죽은 자들의 부활과 지상 재림은 "신비"가 아니다. 이 사건들은 그리스도께서 태어나시기 수세기 전에 이미 분명하게 기록되어 있었다(욥 19:25-27, 겔 37장, 전 12:14).

2. 그러나 휴거는 오순절 사건이 일어나기 전까지 계시되지 않은 『**신비**』였다(고전 15:51).

3. 휴거가 일어나기 전 교회 시대 끝 무렵에, 지역 교회들과 그리스도의 몸은 미지근하게 된다. 대환란의 끝에 그렇게 된다는 말씀이 아니다. 그리스도의 몸은 대환란 시대에 지상에 존재하지도 않을 것이다(계 7:9과 그 주석을 보라).

4. 지상 재림에서 그리스도께서는 땅으로 내려오실 것이지만(욜 2장, 사 2장, 계 5:10; 14,19장), 휴거가 일어날 때에는 공중에 내려오실 것이며(16절) 땅을 밟지는 않으실 것이다(17절).

5. 휴거가 일어날 때 예수 그리스도께서는 사탄을 다루시지 않을 것이다. 그러나 재림하실 때는 사탄을 끝없이 깊은 구렁에 가두실 것이다. 그리고 휴거에서는 자연의 변화가 없다. 재림이 일어날 쯤에는 세상의 육지와 바다 중 약 삼분의 이가 파괴되어 있을 것이다(계 6-18장).

6. 휴거로 오실 때 그리스도께서는 유대인들과 이방 민족들을 심판치 않으신다(욜 2장, 호 2장, 렘 25장, 마 25장). 재림 때 주님은 온 세상을 심판하실 것이다(마 25:31,32, 시 47:8; 96:10-13, 사 60:12). 주 예수님은 휴거로 오실 때 그분의 원수들을 죽이지 않으신다. 그러나 재림으로 오실 때 그분은 2억이 넘는 사람들을 죽이실 것이다(사 63장, 계 9장, 눅 19:27).

로마카톨릭, 그리스정교, 프로테스탄트, 정통 유대인 등은 성경을 20구절 이상 찾아도 이러한 차이를 깨닫지 못한다. 사실 그들은 성경을 찾아보지도 않는다. 그들은 어둠을 더 사랑하는 것이다(요 1:4-9; 3:19-21과 그 주석을 보라).

휴거(Rapture)는 라틴어 랍토(Rapto)에서 왔으며, 이 단어의 의미는 "강력한 힘으로 붙잡다"이다. (마 11:12과 그 주석을 참조하라.)

그리스도의 몸의 휴거는 1,500년 전에도 가르쳐졌는데, 시리아인 에프라임의 저작에 이 교리가 나온다. "하나님의 모든 성도들과 택함받은 자들이 장차 다가올 대환란 전에 모아져서 주께로 취해질 것이며, 우리의 죄들로 말미암아 세상을 휩쓸게 될 혼란을 보지 않게 될 것이다."

즉 6세기경에도 전천년 환란 전 휴거를 믿은 침례교인이 있었다는 말이 된다. 이 글을 기록한 사람은 에프라임 사이러스(Ephraem Syrus, A.D. 306-373)라고 추정된다. 이 글귀는 "마지막 때, 적그리스도, 세상의 끝"이라는 설교에서 발췌한 것으로, 〈알렉산더의 비잔틴 전통, Alexander's Byzantine Tradition〉(1985, p.210)이라는 책의 각주에 인용되어 있다.

신약성경의 휴거의 교리는,

첫째, 신실해야 함을 권면한다(눅 12:42).

둘째, 경건하게 살아야 함을 권면한다(딛 2:11-13).

셋째, 근심을 제거한다(빌 4:5,6).

넷째, 형제 사랑을 독려한다(살전 3:12,13).

다섯째, 사별한 성도들을 위로한다(살전 4:18).

여섯째, 내면세계를 정결케 한다(요일 3:1-3).

일곱째, 상급을 가져다준다(딤후 4:8).

여덟째, 인내를 길러낸다(약 5:7).

카톨릭교도들은 휴거의 교리가 주는 이러한 영향력 때문에 더욱 이 교리를 멀리한다. 성경적인 휴거의 교리는 로마카톨릭 사제나 지난 1,880년간의 로마카톨릭의 "전통"의 도움 없이도 각 그리스도인의 삶에 더 많은 "은혜"를 주고 그로 더 온전한 "경건"을 이르게 할 수 있다.

만약 그리스도인들이 짐승의 표를 받을지도 모르며(계 13장), "끝까지 견뎌야" 할 수도 있고(마 24:13), 그들의 행위로 자신의 구원이 결정된다거나(마 25장), 자신이 제4차 세계대전을 경험해야 한다는 말씀을 듣는다면(계 9:16; 6:8, 욜 2장, 사 63장), 그것이 과연 위로가 되겠는가? 그것이 위로를 주는 성경 교리이겠는가?

만약 당신이 어떤 그리스도인이라도 『**야곱의 고난의 때**』를 통과해야 한다고 생각했다면(렘 30:7), 위로의 말씀이 여기 있다. 사실 어떤 그리스도인도 그것을 통과하지 않기 때문이다. 휴거는 요한계시록 6,7,8,9,10,11, 12,13,14,15,16,17,18장에 기록된 일들이 있기 전에 일어나기 때문에, 어떤 그리스도인도 대환란을 겪지 않을 것이다. (그리스도인이 과연 무엇을 기다리고 있는지 살전 1:10에서 확인하라.)

『**이는 너희가 소망이 없는 다른 사람들과 같이 슬퍼하지 않게 하려는 것이라**』(13절).

단테는 그의 작품 〈신곡〉 지옥편에서는 지옥의 문기둥에 이런 표가 붙어 있다고 썼다. "이곳으로 들어가는 자들이여, 모든 희망을 포기하라!" 비극적이지만 구원받지 않은 자들은 모두 이 점에 있어서 일치한다. 그들에게는 소망이 없다. 『**그 때에 너희는 그리스도로부터 분리되어 있었고 이스라엘 나라에 속하지 않는 타국인이요, 약속의 언약들로부터는 생소한 사람이었으며 소망도 없고 세상에서 하나님도 없었느니라**』(엡 2:12).

사실 이것이 고등교육을 받은 모든 구원받지 않은 자들이 "긍정적으로 생각"하는 이유이다. 절망적인 상황에서 근거 없는 희망을 고안해 낸 것이다. 그런 후 이들은 다른 죄인들에게도 이것이 진정한 소망인 양 그것을 제시한다. 물론 이것은 거짓 희망일 뿐이다.

『**그들에게 자유를 약속하나 자기들 자신은 타락의 종들이니, 누구든지 정복을 당하면 그는 정복한 자의 종이 되는 것이라**』(벧후 2:19).

성령께서는 다윈의 진화론을 추종하는 모든 자들을 『**잔인한 짐승**』이라고 부르시며(벧후 2:12), 『**점**』이요 『**흠**』이며, 『**저주받은 자식들**』, 『**대범하고**』 "돼지들"이며 "개들"이라고 말씀하신다(벧후 2장).

이들은 세상의 종교적 과학적 지도자들이며(1800-2005), 잘 알지도 못하는 구원을 스스로 받았다고 착각한다. 그들 자신이 구원을 획득하였으므로, 당신도 할 수 있다고 말하는 자들이다. 그저 그들이 하는 말대로 하기만 한다면 된다고 한다. (벧후 2:3, 유 1:16과 그 주석을 보라.)

13절은 먼저 사랑하는 성도들의 죽음이라는 주제를 다룬다. 우리는 장례식장과 묘지에서 이들의 죽음으로 눈물을 흘리게 된다. 물론 우리는 울음을 억제할 수 없을 때도 있겠지만(롬 12:15), 구원받지 않은 자들처럼 과도하게 반응하지 않아도 된다. 우리가 1:3에서 살펴본 『**소망**』을 잊지 말라. 이 소망은 또한 디도서 2:13의 『**복된 소망**』이다. 하나님께서 거짓말을 써 놓으신 것이 아니라면, 당신은 먼저 간 성도들 모두를 다시 보게 될 것이다. "나는 그대를 그 아침에 다시 만날 것이오, 저기 저 너머 동쪽 문 안에서!"

뉴스 미디어가 엘비스 프레슬리, 요한 바오로 2세, 마틴 루터 킹 주니어 등의 사망에 대해 무슨 대단한 일이 일어난 것인 양 떠벌리는 바람에 아프리카 토인이나 힌두교 수도승도 이런 기사들을 접하게 되었다. 아마 그들은 서양인들의 미래에 종말이라도 닥쳤는 줄 알았을 것이다. 그러나 이 세 사람 중 그 누구도 하인히리 히믈러만큼이나 구원의 보장을 받지 못한 자들이며, 예수 그리스도를 위해 살았다는 간증이 전혀 없는 자들이다.

대학교육을 받은 어느 어리석은 기자는 AP 연합통신을 통해 500여 개의 일간지에 "이 일은 우리에게 일어날 수 있는 최악의 일이다."라고 보도했다. 그는 성경을 배격하며 살았던 카톨릭교도의 죽음을 기리며 한 말이다. 그런데 이 카톨릭교도로 말하자면 그는 미국인들을 피그만 침공(Bay of Pigs)에서 살해당하게 하였고, 미국인들을 베트남 전쟁에 밀어 넣었으며, 원하는 때면 언제나 자신이 우리의 재산, 은행 구좌, 저축, 자가용, 오토바이, 식품과 음료의 공급과 우리의 집까지 압류할 수 있는 권한을 주는 법안들을 통과시키게 한 자이다. (저자의 〈UFO를 둘러싼 음모〉를 읽어 보라.)

당신은 왜 의사들이 사람들이 병들어 "코마"나 "식물인간" 상태가 되어도 그들을 기어이 생명을 부지하도록 하는 줄 아는가? 왜냐하면 그들에게는 단지 숨만 쉬고 있는 것일지라도 『**몸에서 떠나 주와 함께 있는 것**』보다 낫기 때문이다(고후 5:1-8). 그들 중 90%는 성경 말씀대로 『**죽는 것도 유익함이라.**』고 말할 수 없는 자들이다(빌 1:21). 그들은 신약성경이 사후의 생에 대해서 말하는 모든 본문을 던져 버렸기 때문에(요일 3:1-3, 빌 3:21, 롬 8:29; 14:8-11), 그들은 모든 인간의 목숨을 유지하는 데 혈안이 되어 있는 것이다. 그들에게는 소망이 없다. 그러나 우리는 있다.

성경을 보라! 죽은 그리스도인은 휴거가 일어날 때 그리스도와 함께 올 것이다. 『**하나님께서는 예수 안에서 잠든 자들도 그와 함께 데리고 오시리**

라』(14절). 이것은 그들의 몸을 말하는 것이 아니다. 그들의 몸은 무덤에서 썩어 버렸다. 성도들의 혼들이 그때 내려와서 영광스러운 몸을 입을 것이라는 말씀이다. (고후 12:1-5과 그 주석을 보라.) 곧 살아 있는 우리가 영광스러운 몸으로 옷 입는 것처럼 그들도 그렇게 될 것이다(15절의 『**살아남아 있는 우리가**』라는 표현을 보라). 사도 바울은 일어날 일들에 대해서 구체적으로 기술하고 있다. 이 말씀은 요한복음 11:25,26과 고린도전서 15:51-55과 더불어 숙고하고 공부해야 한다.

제리 팔웰의 리버티 대학은 14절에 대해서 의심을 품는다. 그들이 의심의 근거는 〈해석자의 헬라어 신약 성경〉과 같은 저작이다. 즉 그것은 "하나님께서 성도들을 그분과 함께 파루시아로 지상으로 데려오실 것을 의미할 수도 있으나, 이런 해석은 문맥에 부합하는 것으로 여겨지지 않는다."고 주석한다.

"하나님께서 그들을 예수님과 함께 그분이 오실 때 데려오신다고 한다면, '데리고 오다'라는 단어는 부활을 의미함이 틀림없다."

1. 본문은 주께서 지상으로 돌아오시는 사건을 말하는 것이 아니다(살전 4:17).

2. 주께서 데려오실 성도들은 지상에 발을 대지 않을 것이다(슥 2:10).

3. 죽은 성도들은 부활이 있기 전에 주와 함께 있게 된다(살전 5:10).

4. 모든 성도들은 죽은 후에 주와 함께 있게 된다(빌 1:21,23).

5. 주와 함께 있기 위하여 그들의 몸이 부활해야 할 필요는 없다(고후 5:8).

무슨 리버티 "대학"이 어떻고, 무슨 "성경신학원"이 어떻고, 어떤 "신학

대학원"이 어떻고 그들이 하는 말에 신경 쓰지 말라. 미국에 있는 유수한 기독교 대학과 신학대학원들은 하나같이 이 모양이다. 이런 학교들의 교수진들은 자신의 모국어로 기록된 초등학교 3학년 수준의 영어 본문도 제대로 읽어내지 못한다. (이 부분에 대해서 분명히 확인하고자 한다면, 필자의 창세기, 출애굽기, 호세아, 요엘, 아모스, 마태복음, 요한복음, 사도행전, 로마서, 오바댜, 에스더, 요나, 미가, 에스라, 느헤미야, 나훔, 욥기, 갈라디아서, 에베소서, 시편, 디모데전후서, 디도서, 전도서, 요한일이삼서, 히브리서, 야고보서, 유다서, 베드로전후서, 잠언, 고린도전후서, 골로새서, 빌립보서, 요한계시록 등의 주석서들에서 이미 200개 이상의 사례를 통해서 학자들의 무지를 지적한 바 있으니 찾아보라.)

이러한 무지를 보여 주는 좋은 예가 여기 있다. 리버티 대학의 종교학부 교수인 채프만 박사는 "더 좋은 사본들"에 따라서 데살로니가후서 2:8 본문에는 "예수"(Jesus)가 추가되어야 한다고 말한다. (〈킹제임스성경〉에서는 『주』라고만 되어 있다.) 그러나 그가 언급한 "더 좋은 사본들"은 알렉산드리아의 변개의 산물들로서(알렙과 A), 그 중 하나는 오리겐이 만들어낸 전형적인 쓰레기로 실제로 쓰레기통에서 발견되었다("알렙"-시내사본). 또 하나는 6세기경에 기록된 사본이다("D" - 클라로몬타누스).

평균적인 성경 독자들은 이런 주석가들이 그들의 주석을 집필하기 전부터 얼마나 깊은 타락에 빠져있었는지 알지 못한다. 예를 들어 보자. 사람들은 RV, ASV, NRSV, NASV, NIV 등이 모두 홀트의 "바티칸 사본"(Vaticanus) 본문과 전적으로 일치한다고 생각한다. 그리고 네슬과 홀트와 알란드와 메츠거 등은 그들의 원문들의 모든 판본에서 이 사본에 최상의 권위를 부여하고 있다. 그래서 사람들은 이들이 최고로 추앙하는 바티칸 사본을 따라 데살로니가후서 2:8에 "예수"를 추가했다고 생각한다. 그러나 실제로 이 구절에서 바티칸에서 발견된 바티칸 사본은 〈킹제임스성경〉과 같이 "주 예수"가 아닌 『주』라고 기록하고 있다.

그래서 제리 팔웰의 교수진처럼 이들도 바티칸 사본이〈킹제임스성경〉과 일치한다는 이유로 그 증거를 폐기하고 코덱스 D와 시내 사본을 "더 좋은" 사본이라 부른다.

이들의 동기와 의도가 무엇인지 궁금한가? 정말 그것을 모르겠는가?

지금쯤이면 누구라도 이 "경건한" 위선자들이 과연 어떤 자들인지 알아차렸을 것이다. 이들은 모두 한 가지 일에 몰두하고 있다. 그것은 한 권의 책 곧 〈킹제임스성경〉을 제거하는 것이다. 어떤 헬라어 사본이나 헬라어 신약성경이 문제가 되는 것이 아니다.

시내 사본과 바티칸 사본이 〈킹제임스성경〉의 본문에서 "예수"라는 이름을 삭제한 횟수를 헤아려 본 적이 있는가? 무려 11회나 삭제했다. 그러면 왜 갑자기 여기서는 이 이름을 넣으려는 것인가? 간단하다. 그들은 〈킹제임스성경〉의 어휘를 제거하기 위해서라면 어떤 시도도 감행할 수 있다. 성경의 각각의 말씀을 변개할 수만 있다면, 그들은 "비평의 잣대들"(canons of criticism)이나 "정확한 증거"나 "다수본문"이나 "개인적인 확신"이나 "이전의 번역 방식"이나 "저자의 의도 파악하기" 등은 전혀 개의치 않고, 곧바로 그것을 실행에 옮긴다.

오리겐이 처음으로 데살로니가후서 2:8에 손을 대기 시작했고, 이러한 변개는 오늘에까지 이른다.

『**주의 말씀**』(15절)이라고 한 것은 하나님께서 자신의 말씀들로 바울에게 필요한 정보를 주셨다는 의미이다. 우리가 본문을 통해서 얻을 수 있는 정보는 다음과 같다.

1. 잠든 성도들의 몸이 무덤에서 (혹은 전쟁터나, 심해나, 지진과 홍수의 잔해로부터) 나오고 나서야(15절), 살아남아 있는 우리는 공중으로 올라가 주님을 만날 수 있다(17절). "앞서다"(prevent)라는 〈킹제임스성경〉의 어휘는 "pre"+"event"의 뜻이다. 곧 어떤 일이 일어나는 것을 "막다"라는 의미일 뿐만 아니라 "어떤 일(event)이 일어나기 전에(before)"라는 뜻이다. 비평자들의 눈에 "고어"라고 판단받는 어휘가 가끔은 현대 영어보다 더 정확한 의미를 전달한다. (〈킹제임스성경〉의 정확하고 아름다운 언어에 관한 최고의 작품으로는 게일 립링거의 〈In Awe of Thy Word〉를 추천한다.)

2. 『**주께서... 친히**』라고 말씀하셨다. 성령님을 말하는 것이 아니다. 바로 사도행전에서 하늘로 올라가신 바로 그 주님이시다. 『**호령과 천사장의 음성과 하나님의 나팔 소리와 함께 하늘로부터 친히 내려오시리니**』(16절).

그분이 오실 때 우리는 세 가지 소리를 들을 것이다.

곧 『**호령**』과 『**음성**』과 『**나팔 소리**』이다. 이 『**나팔 소리**』(trump)는 나팔이 내는 소리를 말하며, 정확한 관련 구절은 고린도전서 15:52이다. 그러나 계시록 8:6에 나오는 천사의 나팔과 같은 『**나팔**』(trumpet)과는 다른 단어임을 유념해야 한다. 요한계시록 11:15은 대환란의 끝에 일어날 일이다. 본문은 어떤 천사가 나팔을 불어 소리를 낼 것이라는 말이 아니다(살전 4:16). 본문이 말하는 것은 『**하나님의 나팔 소리**』이다. 모든 환란 후 휴거(Post-Tribulation) 이단자들과 진노 전 휴거(Pre-wrath) 이단자들은 이 부분에서 요한계시록 11:15과 마태복음 24:31의 나팔을 고린도전서 15:52

의 나팔과 혼동함으로써 성경을 완전히 엉망으로 만든다. 고린도전서 15:52의 그 나팔(THE trumpet)은 일곱 나팔 중의 한 나팔이 아니다(계 8:6).

본문에서 『**하나님의 나팔 소리**』는 하나님께서 친히 말씀하시는 음성을 가리킨다. (『**천사장의 음성**』처럼 말이다.) 요한이 이 부분에 대해 무엇이라고 기록했는지 기억나는가? 다음 구절들을 읽어 보라.

『**이 일 후에 내가 쳐다보니, 보라, 하늘에 한 문이 열려 있는데 내가 들은 첫 음성은 나팔 소리 같았으며, 내게 말하여 이르기를 "이리 올라오라. 내가 이후에 마땅히 일어나야 할 일들을 네게 보여 주리라." 하더라**』(계 4:1).

『**내가 주의 날에 성령 안에 있었으며 나팔 소리 같은 큰 음성을 내 뒤에서 들었는데**』(계 1:10).

곧 그 음성이 마치 나팔이 말하는 것처럼 들리는 것이다. 그렇다면 하나님께서 무슨 말씀을 하실지 아는가? 바로 『**이리 올라오라.**』이다. (필자의 〈요한계시록 주석서〉의 3장에서 이 표현이 쓰여지는 세 가지 용례를 공부해 보라.) 휴거를 알리는 신호는 하늘에서 나는 『**호령**』(shout)이 될 것이다. 그리고 죽은 자들이 먼저 일어난다(고전 15:51-55, 요 11:25,26).

이것은 또한 교회 시대의 끝을 의미한다. 왜냐하면 미카엘은 "이스라엘을 위해 일어나는 통치자"이기 때문이다(단 12:1). 그는 또한 모세의 몸을 위한 인물이기도 하다(유 1:9과 그 주석을 보라). 왜냐하면 모세는 그리스도의 몸의 휴거 후(계 4:1,2) 즉시 지상에 다시 나타나야 하기 때문이다. 참으로 경이로운 책이 아닌가!

잠든 성도들의 몸이 들려지면, 그들의 몸은 새롭게 변화될 것이다. 그리스도의 영광스러운 몸과 똑같이 되는 것이다(빌 3:20,21, 롬 8:29). 그들의 몸이 3만에서 10만 피트 상공으로 치솟고 있을 때, 하나님께서 친히 음성을 발하실 것이다(계 4:1,2). 그분의 음성은 마치 나팔과 같을 것이다. 스카랴는 우리에게 이것이 요한계시록 11:15의 일곱 번째 나팔이 아니라는 것을 말씀해 준다. 스카랴는 천사가 아니라 『**주 하나님께서 나팔을 부시리니**』라고 말씀한다(슥 9:14). 시내 산에서 어떤 일이 일어났는지 기억해 보라!(출 19:16-19) 어떻게 모든 성경학자들이 이 부분을 놓칠 수 있었단 말인가?

구원받지 않은 죄인들은 이 음성을 들을 때 천둥 소리라고 생각할 것이다(욥 37:1-4, 요 12:28,29). 모든 학자들은 이 진리도 미처 깨닫지 못한다. (요 12:29과 그 주석을 보라.) 예를 들면 주님께서 오실 때 구원받지 않은 사람들이 "천둥 소리"를 듣게 되고, 필자는 "피터 S. 럭크만, 이리 올라오라."는 음성을 듣게 될 것이다. 어떻게 그것을 알 수 있냐면, 다음의 구절들을 보라.

『**그에게 문지기가 문을 열면 양들은 그의 음성을 듣나니, 그러면 그는 자기 자신의 양들의 이름을 불러서 이끌어 내느니라**』(요 10:3).

『**나는 선한 목자라. 나는 내 양들을 알고 내 양들도 나를 아느니라**』(요 10:14).

(제리 팔웰의 리버티 대학 성경학부 교수진은 요한복음에 대한 주석을 쓰면서도 휴거와 관련된 연관 구절들을 제대로 찾아내지 못했다. 저자의 〈요한복음〉 주석을 보라.)

『**그들과 함께 구름 속으로 끌려 올라가리니**』(17절).

물론 이 구절은 지상 재림을 말하는 것이 아니다. 왜냐하면 그리스도의 심판석과 어린양의 혼인식이 지상 재림보다 먼저 일어나기 때문이다(고후

5장, 고전 3장, 롬 14장, 계 19장). 여기 본문에서는 요한계시록 19장의 지상 재림에서와 같이, 그 누구도 지상으로 내려오지 않는다. 오히려 모든 자가 위로, 위로 올라갈 뿐이다!

따라서 이 땅 위에 있는 어떤 성경대로 믿는 그리스도인도 우둔하게 로마카톨릭 교회처럼 "왕국을 가져오기" 위한 노력은 하지 않는다. 우리 중 누구도 "그의 왕국이 임하기를" 기다리지 않는다. 우리는 예수 그리스도의 교회가 올라가기를 기다리고 있다. 우리는 어리석은 은사주의자들처럼 "표적"을 구하지 않는다. 우리는 "음성"을 듣기를 기다리고 있다(욥 37:1-4).

혹자가 이렇게 설교했다. "주께서 부르실 때, 나는 분명 어딘가에서 그것을 들을 것이오, 나는 분명 어딘가에서 귀 기울이고 있을 것이오. 그 나팔이 내 혼 안에서 울릴 때, 나는 즉시 그 음성을 들을 것이오."

『**주와 만나기 위하여**』(17절).

지상의 올리브 산이나(행 1장) 시온 산에서가 아니다(사 2장, 시 2편).

휴거는 지상 재림이 아니다. 성경 66권 어느 곳에서도 이 두 사건을 동일한 것으로 취급하지 않는다.

휴거 때, 예수 그리스도는 자신의 정혼한 신부를 불러 데려가시려고 오신다(고후 11:1-3).

『**내 사랑하는 이의 목소리로다! 보라, 그가 산들 위로 뛰며, 작은 산들 위로 가볍게 뛰며 오는도다... 나의 사랑하는 이가 내게 일러 말하기를 "나의 사랑, 나의 어여쁜 자야, 일어나 떠나자... 무화과나무는 푸른 무화과들을 내고 포도 넝쿨은 부드러운 포도로 좋은 향기를 내는도다. 나의 사랑, 나의 어여쁜 자야, 일어나 떠나자." 하였도다**』(솔 2:8,10,13).

구원의 영원한 보장은 완전하고 영원한 안전을 의미한다(롬 8:29, 빌 3:20,21, 요일 3:1-3). 어떤 것도 우리를 우리 주로부터 다시 떼어놓을 수 없다(고후 5:1-10). 데살로니가전서 4:17은 모든 몰몬교도, 카톨릭, 오순절주의자, 감리교도, 루터교도, 그리스정교도, 제칠일안식교도, 캠벨주의자, 그리스도의 교회, 여호와의 증인, 하나님의 성회, 영국국교회 등이 신약의 구원에 관한 한 철저히 오류를 범하고 있음을 보여 준다.

『**그러므로 이러한 말로 서로 위로하라**』(18절).

특히 사랑하는 사람들의 몸이 무덤에 잠들어 있을 때 더욱 그렇다. 죽은 성도들은 몸을 입고 있지 않다. 그들은 『**정녕 몸에서 떠나 주와 함께 있는**』(고후 5:8) 것이다. 데살로니가전서 5:10은 이러한 잠든 성도들이 지금 위에서 주님과 함께 살고 있다고 말한다. 『**주와 함께 살게 하시려는 것이라.**』

데살로니가전서 5장

5:1 그러나 형제들아, 그 때와 시기에 관해서는 너희에게 쓸 필요가 없
으니
2 이는 주의 날이 밤에 도둑같이 오리라는 것을 너희 자신이 정확히
알고 있기 때문이니라.
3 그들이 "평안하다, 안전하다."고 말할 때에, 아이 밴 여인에게 진
통이 오듯 갑작스런 멸망이 그들에게 임하리니, 결코 피하지 못하
리라.
4 그러나 형제들아, 너희는 어두움에 있지 아니하니 그 날이 너희를
도둑같이 덮치지 못하리라.
5 너희는 모두 빛의 자녀들이며 낮의 자녀들이라. 우리는 밤이나 어
두움에 속하지 아니하노라.
6 그러므로 우리는 다른 사람들과 같이 자지 말고 깨어 있어 정신을
차리자.

7 이는 자는 자들은 밤에 자고 술 취하는 자들은 밤에 취하기 때문이라.

5장 처음 열 구절에 나타난 모든 내용은 그리스도의 지상 재림을 다루고 있다. 이것이 성경의 주요주제이기 때문에, 데살로니가전후서를 갓 회심한 그리스도인에게 권면하는 것은 합당한 일이며, 이 두 서신은 회심자가 자신의 미래에 대해 알아야 할 가장 기본적이고 필수적인 일들을 고스란히 담고 있다.

『**그러나 형제들아, 그 때와 시기**[times and the seasons]**에 관해서는**』(1절).

이 표현은 사도행전 1:7에도 나오며, 원래 창세기 1:14에 처음 나온 것인데, 창세기 8:22의 시기들을 언급하는 것이다. (『**추위와 더위**』와 『**낮과 밤**』은 시기가 아니다.)

『**때**』(times)는 요한계시록 12:14에 따르면 "연"(years)을 가리킨다. 즉 한 때는 1년이며, 두 때는 2년이므로, 여기에 반 때를 더하면 모세와 엘리야의 때(계 11:2,3)와 적그리스도의 때가 3년 반으로 계산된다(계 13:5). (학자들과 주석가들이 뭐라고 말하든지 신경쓰지 말라. 그들의 저술 중 사분의 삼은 무슨 말을 하는지도 모르면서 쓴 것들이다. 적어도 1880년 이후로는 이것이 있는 그대로의 현실이다.)

여기까지만 보면 우리가 휴거가 있을 정확한 연도와 계절을 지정할 수 없다는 의미가 된다. 그러나 본문을 계속해서 보자. 『**그 때와 시기에 관해서는... 너희 자신이 정확히 알고 있기 때문이니라**』(1,2절). 현대 주석가들은 항상 성경은 부정적으로 접근하면서 사람들의 학자적 권위에 대해서는 긍정적으로 수용한다. 그들이 재림에 관해서 가장 선호하는 구절은 마가복음 13:32이다. 곧 "결코 알 수 없다"는 일종의 불가지론이다.

그러나 마가는 『**그 날과 시간에 관해서는 아무도 모르나니**』라고 말했지, "그 때와 시기"를 모른다고 말하지는 않았다. 그리고 그는 휴거에 관해서 말한 것이 아니다. 게다가 바울이 2-4절에서 논하는 주제는 휴거가 아니다.

그렇다면 우리가 알고 있는 사실들 혹은 알 수 있는 사실이 있다. 우리는 임신한 여자가 언제 아기를 낳을지 『**그 때와 시기**』를 안다(3절). 결혼한 남자치고 자신의 아내가 아기를 낳을 연도와 계절을 모르는 사람은 없다. (참고로 팔레스타인 어디에서나 사계절이 있으며 각 계절은 삼 개월로 이뤄져 있다.) 예수 그리스도께서는 당대의 사람들이 그 "때"를 모르는 것을 책망하신 바 있다(마 16:3).

우리는 또한 재림 곧 『**주의 날이 밤에 도둑같이 오리라는 것**』 또한 알고 있다(2절).

유대인들에게 있어 밤은 열두 시간으로 이뤄져 있으며, 그것은 일 년이 사계절로 나눠지는 것과 똑같이 사경점으로 나뉜다. (겨울, 씨뿌리는 때인 봄, 여름, "추수"의 계절인 가을이다.) 밤의 사경점은 6-9시(저녁), 9-12시(한밤중), 12-3시(닭이 울 때), 3-6시(아침)으로 이뤄져 있다(막 13:35).

여기 4절에서 우리는 그 날이 우리를 『**도둑같이 덮치지**』 못할 것임을 안다. 우리는 언제 『**도둑**』이 오는지 알고 있다!(눅 12:38,39) 그분은 아침 경점에 오신다(3-6시). 〈킹제임스성경〉의 마태복음 14:25이 주는 향상된 계시를 보라! 권위역 〈킹제임스성경〉을 비평하는 자들은 하나도 남김없이 전부 이 구절의 『**바다**』가 무엇을 의미하는지 감도 잡지 못한다.

교만하고 무지하고 미신적인 비평가들은 이 부분을 해석해 주는 하박국 3:15도 찾아내지 못한다. 헬라어, 히브리어, 기독교 대학교 교육, 학자들의 도움, 카톨릭의 전통이나 원어사전이나 사본들과 주석서들이 없이도 이 평행관주를 찾아낼 수 있음은 말할 필요도 없다.

베드로후서 3:8에 따르면, 재림은 A.D. 2000년에 일어났어야 하며, 7년의 대환란 기간이 재림에 앞서 일어난다고 하면, 교회의 휴거는 1993년에 일어났어야 한다. 그러나 휴거가 1993년에 일어나지 않았다는 것은 주지의 사실이다. 그래서 필자가 휴거에 대해 어떤 날짜를 제시할 때, 항상 조심스럽게 "만약 우리의 달력이 맞다면" 혹은 "만약 그리스도께서 B.C. 4년에 태어나셨다면" 등과 같은 단서를 붙여 온 것이다.

또 하나 염두에 두어야 할 사실이 있다. 그것은 우리의 달력이 옳다 할지라도 하나님의 시간표가 다를 수 있다는 것이다. 만약 하나님께서 열왕기상 6:1과 재판관기에서처럼 시간을 계산하시고, 마태복음 1:17에서처럼 "세대들"을 계산하신다면 그렇다는 말이다. 예를 들어 마태복음 1:17에서 하나님께서는 세 명의 왕들의 통치 기간을 계산에 넣지 않으셨다. 그러므로 하나님께서는 나름대로의 방식으로 시계를 멈추고 어떤 기간을 계산하지 않고 넘어가기도 하신다. 〈킹제임스성경〉의 본문을 비평하는 근본주의자들과 복음주의자들은 발견해 내지 못했지만, 욥은 하나님께 우리가 논의하고 있는 바로 이 일을 성취해 주시라고 기도했다. 다음 구절을 보라.

『**그 날이 캄캄하였더라면 하나님께서 위에서 그 날을 고려하지 아니하시고 빛도 그 날에 비치지 아니하였더라면... 그 밤으로 말하면 어두움이 그 밤을 엄습하여 그 해의 날들 가운데 들지 못하고 그 달들의 수에도 들**

어오지 아니하였더라면』(욥 3:4,6).

클라렌스 라킨이 지은 〈세대적 진리, Dispensational Truth〉를 구해서 pp.122-130를 공부하라. 하나님께서는 연수를 계산하실 때, 세지 않는 기간이 있다. 특정 기간들을 일부러 빠뜨리시는 것이다. 이러한 사실을 욥기에서 설명하고 있다는 것이 이상하지 않은가? "욥"이라는 이름 자체가 "박해받는 자"라는 뜻이며, 사탄이 직접 그를 박해했다(계 12:4,13). 이스라엘은 42개월 동안 박해를 당할 것이다. 욥기는 42장으로 구성되어 있다! 또한 하나님께서 욥을 치료하셨을 때, 성령께서는 『**주께서 욥의 사로잡힘을 돌이키셨고**』라고 표현하셨고(욥 42:10), 이 표현은 대환란 후의 이스라엘의 회복을 다루는 본문들에서 14번이나 쓰여졌다(신 30:3, 시 126:1,4, 렘 29:14; 33:7,11,26, 애 2:14, 습 2:7 등).

1880년부터 지금까지 성경을 약 60,000군데 변개시킨 모든 성서 번역위원회는 이 구절이 이렇게 번역되어야 한다고 생각지 않는다. 그들은 자신의 추잡하고 부패한 사고 과정을 통해 『**주께서 욥의 사로잡힘을 돌이키셨고**』라는 부분을 욥기에서 삭제했다. (ASV, NASV, RSV, NRSV, NKJV, Living Bible, NIV 등의) 모든 번역위원회가 이런 일을 자행했다.

중요한 것은 하나님께서 2000년에 "시계를 멈추셨다가" 주님께서 유대인의 일곱 번째 달에 (즉 장막절이 있는 달에) 『**만왕의 왕, 또 만주의 주**』(계 19:16)로 이 땅으로 내려오시면 그때부터 다시 그 시계를 가게 하실 수도 있다는 사실이다. (베드로후서 1:13-18과 그 주석을 참고하라.)

라오디케아 시대의 배교한 학자들은 신경 쓰지 말라. 그들은 1929년 이래로 성경을 연구하는 데 있어서 전혀 조명을 받지 못했으며, 이들의 말에 경청한다면 독자의 성경 이해도 더디게 될 것이다.

『**그들이 "평안하다, 안전하다."고 말할 때에**』(3절).

이것이 바로 UN이 유엔 빌딩 건너편에 설치해 놓은 표어다. 그러나 이들은 이 본문에서 17단어는 삭제하였다. 교황이 항상 속삭이는 말도 바로 이것이다. "압살롬"도 "화평의 아버지"가 아니었는가! 얼핏 보면 『**화평케 하는 자들**』의 평화운동이 아닌가 하고 착각하기 쉽다!(마 5:9) 그러나 이것이야말로 온 세상을 미혹하고 지금도 세상을 활보하고 돌아다니는 거짓말이다. 즉 화평이 없는 상황에서 자신이 "평화의 도구"인 양 선전하는 것이다(렘 6:14; 8:11).

UN을 평화롭게 넘겨받을 자는 바로 사탄이며(단 11:21,24), 그리하여 그는 많은 사람을 『**화평**』을 통하여 죽일 것이다(단 8:24). 그는 지성소에 앉아 자신을 『**하나님**』이라 부르며 로마카톨릭 성경을 꺼내 손에 들고 누가복음 2:14의 "땅 위에는 호의를 가진 자들에게 화평이라"는 구절을 찾아 읽어 줄 것이다.

모든 로마카톨릭 성서와 밥 존스 대학이 추천하는 NASV와 NIV는 이와 같이 이 구절을 변개시켰다. NASV는 이를 더 교묘하게 "그가 기뻐하시는 사람들에게"라고 고쳐 놓았다.

이런 표현은 거룩한 성경에서 찾아볼 수 없는 표현이며, 바티칸 사본을 따른 로마카톨릭의 변개된 본문일 뿐이다.

오리겐(A.D. 184-254)은 이 구절을 그의 저작들 중 하나에서 〈킹제임스 성경〉의 본문으로 인용해 놓았고, 다른 저작에서는 NIV의 본문처럼 인용해 놓았다. 『**두 마음을 품은 사람은 그의 모든 길에 안정이 없느니라**』(약

1:8).

『**갑작스런 멸망**』(3절)은 요엘 2장과 이사야 63장, 예레미야 25장, 마태복음 24:16-19,29, 요한계시록 14,19장에 묘사된 사건이다.

필자가 본 주석서를 집필하고 있는 이 와중에도, 191개가 넘는 국가들이 모여서 재정적, 영적, 종교적, 사회적, 물리적인 동반 자살을 하려고 준비하고 있다. 그들은 뉴욕에서 정기적으로 모이며, 그들의 미래는 1977년의 엘비스 프레슬리의 운명과 같이 될 것이다.

『**너희는 모두 빛의 자녀들이며 낮의 자녀들이라**』(5절).

만일 이 주제에 관한 자세한 설명을 원한다면, 요한복음 1:4-9, 요한일서 1:5-7과 그 주석들을 공부하라.

데살로니가인들은 "어두움 속에" 있지 아니하므로 대환란을 통과하지 않는다. (요 8:12과 그 주석을 보라.) 그들은 그리스도의 몸 안에 있으며, 밝은 대낮의 빛 가운데 거하고 있다. 『**의의 태양**』이 이미 그들 안에 밝게 비취며 나타나 있다. (고후 3:3; 4:6과 그 주석을 보라.) 말라키 4:2의 태양은 재림을 말한다. 일단 그 태양이 떠오르면 쭉정이를 태워 버릴 것이다.

『보라, 이는 화덕같이 탈 그 날이 오기 때문이니, 교만한 자와 악을 행하는 자는 정녕 다 그루터기가 되리라. 오는 그 날이 그들을 태우리니, 뿌리나 가지도 그들에게 남기지 아니하리라. 만군의 주가 말하노라. 그러나 내 이름을 두려워하는 너희에게는 의의 태양이 그의 날개에 치유를 가지고 솟아오르리니, 그리하면 너희는 나가서 외양간의 송아지들처럼 자라리

라』(말 4:1,2).

『**그리하여 그들을 불타는 용광로 속으로 던지리니, 거기서 울며 이를 갈고 있으리라. 그때에 의인들은 그들의 아버지의 왕국에서 해처럼 빛나리라. 들을 귀 있는 자는 들을지어다**』(마 13:42,43).

『**주가 말하노라. 그러므로 너희는 내가 일어나서 먹이로 삼는 날까지 나를 기다리라. 이는 내 결심이 민족들을 모으는 것임이니 내가 왕국들을 모아서 그들 위에 내 분노, 곧 나의 모든 격노를 쏟으리라. 이는 온 땅이 내 질투의 불로 삼켜질 것임이라**』(습 3:8).

『**우리는 밤이나 어두움에 속하지 아니하노라**』(5절). 왜냐하면 우리는 『**세상의 빛**』을 소유했고, 그러므로 우리도 『**그분이 빛 가운데 계신 것같이... 빛 가운데**』 행할 수 있기 때문이다(요일 1:5-7).

『**주의 말씀은 내 발에 등불이요, 내 길에 빛이니이다**』(시 119:105).

"나는 그 빛을 보았네"(I Saw the Light)를 쓴 자는 반딧불 정도의 빛도 보지 못한 자이다. 행크 윌리엄스는 평생을 한심하고 절망적이며 구제 불능의 술주정뱅이 거지로 살았다. 엘비스 프레슬리 또한 칠흑 같은 어둠 속에 살았으며, 그의 의사는 그에게 2년 반의 기간 동안 그의 목숨을 부지해 주기 위해 19,000개의 알약을 주었다. 부검 결과에 따르면 그의 피에서 열 가지의 서로 다른 약물 성분이 검출되었다고 한다.

필자는 미국의 수백 명의 십대 청소년들이 엘비스 프레슬리, 아인슈타인, 프린세스 디, 마이크 월래스, 힐러리 클린턴, 넬슨 만델라, 조 네이마스, 행크 윌리암스, 요한 바오로 2세 등이 평생 보았던 것보다 더 밝은 "빛"을 소유한 것을 본 적이 있다. 그들은 그들의 몸을 빛으로 가득 채운 것이다

(마 6:22). 그들이 빛을 발견할 만한 장소에서 빛을 찾았던 것이다(눅 2:30).

하나님의 관점에서 보자면 이 시대는 "밤"이다. 이것이 왜 필자가 마가복음 13장을 참조 구절로 제시한 이유이다. "불이 꺼졌다!" 불이 꺼지면 술 취한 자들이 거리를 활보한다. 불이 꺼져 버리자, 미국은 인류가 아는 모든 죄들을 탐닉하기 시작했으며, 그것도 국가적으로 이러한 죄들을 범해 왔다. 만약 뉴욕이나 라스베이거스나 샌프란시스코, 마이애미, 휴스턴, 디트로이트 등지에서 하룻밤을 보내면서 도대체 미국이 어떻게 돌아가는지 한번 지켜본다면, 그 누구도 더 이상 "하나님께서 미국을 축복하시길"이라 노래 부르지 못할 것이다. 미국 사람들이 하나님께 축복해 달라고 기도하는 그들의 사랑하는 조국은 주류 광고에 연간 4억 달러를 지출하며, 이 말은 운전자 열 명 중 한 명은 일 년 내내 음주상태에서 도로를 활보하고 다닌다는 의미이다. 금주법이 발효되어 시행된 전 기간 동안 사망자수를 다 합해도 현재 미국의 알코올중독자의 수의 반에도 미치지 못한다. 1938년 이래로 미국에서 술주정뱅이들이 음주 사고로 죽인 사람들의 수는 2천5백만이 넘는다. 이는 두 번의 세계대전과 한국 전쟁, 베트남 전쟁에서의 사망자의 수를 다 합해도 미치지 못하는 숫자다.

"하나님께서 미국을 축복해 달라고?"

고속도로에서의 음주사고뿐만 아니다. 미국에서는 매년 과음으로 인한 간경변(肝硬變)으로 3만 명이 유명을 달리하고, 술은 다른 요인들과 함께 살인의 65%, 익사의 65%, 자살의 30%, 강간의 35%, 강도사건의 40%의 원인이다.

이것이 금주법을 철회하고 난 후 미국이 거둔 열매다.

금주법 시행 기간 동안 지식인들은 밀주업자들과 술 관련 범죄 문제에 대해 해법을 가지고 있는 양 뉴스 미디어를 통해 목소리를 높였으나 그들이 내린 처방에 따른 결과가 지금의 현실이다. 미국민이 술을 마시는 것을 허락하게 함으로써 그들은 약 40배나 많은 사람들을 죽인 것이다. 전형적인 "진화론적 발전"이 아닐 수 없다. 『**술 취하는 자들은 밤에 취하기 때문이라**』(6절).

(참고로 필자는 마약을 합법화하면 주류를 합법화한 것과 같은 효과를 가져올 것이라고 말하지는 않았다. 헤로인, 메타돈, 코케인, 크랙, 페노바비탈, 글루테다마이드, 에도파인, 로다넘, 밸리엄, 하쉬쉬, LSD, 페요트, 메스칼라인, PCP 등을 합법화한다면 위스키, 럼주, 와인, 맥주, 진, 애일, 보드카 등을 합법화한 것보다 다섯 배 이상의 사람들의 생명을 앗아갈 것이다.)

5:8 그러나 우리는 낮에 속하니 정신을 차리고 믿음과 사랑의 흉배를 붙이고 구원의 소망인 투구를 쓰자.

9 이는 하나님께서 우리가 진노를 받도록 정해 놓으신 것이 아니라 우리 주 예수 그리스도를 통하여 구원을 받게 하셨기 때문이라.

10 주께서 우리를 위하여 죽으심은 우리가 깨든지 자든지 주와 함께 살게 하시려는 것이라.

11 그러므로 너희가 행하고 있는 것처럼 서로 위로하고 서로를 세워 주라.

12 형제들아, 우리가 너희에게 간구하노니 너희 가운데서 수고하고

주 안에서 너희를 다스리며 훈계하는 사람들을 알아서
13 그들의 하는 일로 인하여 사랑으로 그들을 극진히 존경하라. 너희
는 서로 화목하라.

『**우리는 낮에 속하니**』(8절)라는 말씀은 교리적으로 매우 중대한 의미를 갖지만, 주석가들은 모두 이를 지나친다. 대개 주석가들은 이 말씀을 영해하여 "영적인 깨우침"을 의미하는 것으로 만든다. 그러나 그들은 마태복음 13:43과 말라기 4:2, 그리고 재판관기 5:31, 시편 19:4,5 등을 간과한 것이다. 『**낮**』은 『**태양**』이 떠오르는 아침을 말하며, 성경은 이때 의인들이 해처럼 빛날 것이라고 말씀한다(마 13:43). 그 태양은(the Sun) 하나님의 아들이므로(the Son) 태양이 떠오르면, 주님과 함께한 성도들은 의롭다고 일컬음을 받을 것이다. 왜냐하면 지상 재림 때 성도들은 모두 죄 없이 완전하게 나타날 것이기 때문이다(23,24절).

8절의 『**흉배**』와 『**투구**』는 에베소서 6:10-14의 갑옷과 일치하지는 않는다. 오히려 이사야 59:17과 일치한다. 『**그는 의를 흉배로 입으시고 구원의 투구를 자기의 머리에 쓰시며**』.

본문에서는 『**믿음**』이 『**흉배**』인 반면, 에베소서에서는 『**방패**』로 제시되고, 『**투구**』는 다가오는 몸의 구원과 관련이 있는 반면, 에베소서는 완성된 구원을 『**투구**』로 묘사한다(엡 6:16,17). (살전 1:3의 『**소망**』에 대한 주석을 참조하라.)

『**우리가 진노를 받도록 정해 놓으신 것이 아니라**』(9절).

이 『**진노**』는 침례인 요한이 경고한 진노이다. 또한 이 진노는 지상 재림을 알리는 것이기도 하다. 요한의 메시지는 『**불**』을 다루고 있으며, 이는 말라키와 사도 바울의 메시지와도 일치하는 것이다(말 4:1-4, 살후 1:8,9). 유엔에 가입한 191개국 전체가 이 『**불**』을 맛볼 것이다(습 3:8). 하나님은 UN 곧 연합 국가들(United Nations)을 "한데 묶은 쭉정이들"(United Tares)이라고 부르신다(마 13:40). 하나님께서는 유엔을 『**아무것도 아닌 것, 곧 헛것보다 못하게**』 여기신다(사 40:17). 그리고 『**진노**』라는 단어의 뜻은 지상 재림보다 더 심각한 적용을 포함하고 있다는 것을 알아야 한다.

『**그러므로 이제 그의 피로 의롭게 되었으니 더욱더 우리가 그를 통하여 진노로부터 구원받게 되리라**』(롬 5:9).

지상 재림은 지옥과 불못의 전주곡일 뿐이다(계 20:11-14). 오직 그리스도의 보혈만이 죄인들을 『**영원한 불**』에 던져지는 것으로부터 구원할 수 있다(마 25:41).

『**우리가 깨든지 자든지 주와 함께 살게 하시려는 것이라**』(10절).

이 표현은 "우리가 살든지 죽든지 간에"라는 의미이다. 이 구절이 우리에게 주는 축복은 『**우리가... 주와 함께**』 산다는 것이다. 이로써 우리는 "잠들 수 있는" 몸과(행 7:60과 마 27:52) 잠들지 않는 혼의 차이를 확실히 알 수 있다. (살전 4:14절의 주석을 보라.)

우리가 죽게 된다 하더라도 성경은 우리가 그리스도와 함께 살아 있다고 말씀한다. 그리고 이 일은 혼이 몸을 떠날 때 일어난다(창 35:18, 딤후 4:6). 고린도후서 5:1-7을 보라.

교황이 자신의 로마카톨릭 교회에게 이런 주제들에 대해 설교하는 것을 들어 본 적이 있는가? 담임목사가 당신에게 이러한 진리에 관하여 마지막으로 설교한 것이 언제인가? 또 있다. PTL, 700인 클럽, 로버트 틸튼, 베니 힌, 제임스 킬패트릭, 오럴 로버츠 등은 그들의 방송 프로그램에서 왜 이러한 진리를 다루지 못하는 것인가? 그들은 지난 50년간 단 한 번도 이 진리를 전파한 적이 없다.

본문에 따르면, 그리스도인들은 이 진리로 서로 위로해야 한다(11절). 21세기의 대부분의 목사, 신학 교수, 신부, 교황, 복음전파자, "신유자," 찬양 인도자 등은 이 진리를 전파하지 않는다. 그렇다면 왜 그들은 전하지 않는가?

그 이유는 우리가 휴거 직전의 마지막 시대에 살고 있기 때문이다. 당신은 라오디케아 시대에 살고 있다. 라오디케아 교회는 예수 그리스도를 교회 밖으로 쫓아내고 문을 잠가 버려서, 혹자가 주님과 교제하려면 그 문으로 가서 교회 밖에 계신 주님께 문을 열어야만 하는 시대이다(계 3:20).

오, 킹제임스성경이 주는 헤아릴 수 없는 부요함이여! 성경은 이처럼 우리에게 충격적인 계시를 주며, 믿지도 않는 성경을 사용하는 자들에게 의로운 판단을 내린다.

12,13절은 설명이 필요 없다. 함께 공부해야 할 구절은 디모데전서 5:17, 고린도전서 9:14, 히브리서 13:17 등이다. 특히 모든 니콜라파는 그리스도의 몸을 지배하려 한다는 것을 기억하라(요삼 1:9, 벧전 5:3). 성경은 『**주 안에서 너희를 다스리며 훈계하는 사람들**』이라고 말씀한다(12절).

중요한 점은 목사들은 성도들을 지배하는 것이 아니라, 권면해야 한다는 것이다(벧전 5:3). 구원받지 않은 이방인들의 특성은 "로마"인이었던 빌라도와 헤롯의 경우에서처럼 지배하려든다는 것이다. 본문에서 "목사가 하는 일"은 디모데전서 5:17과 일치해야 하며, 그는 교회의 출석이나 수입이 아니라 성도들의 문제에 관심을 가져야 한다.

『**너희는 줄지니라.**』고 말하며 물질적인 것을 요구하기 좋아하는 "영적 지도자"들은 극도로 타락하여 1880년 이후의 모든 "새롭고 더 향상된" 성서에서 자신의 죄를 지적하는 이 두 단어를 제거했다(히 13:17, 호 4:18). RV, RSV, NRSV, ASV, NASV, NKJV, NIV와 그와 유사한 육신적이며 타락한 변질된 성서들은 모두 이 부분을 삭제했다.

5:14 형제들아, 너희에게 권고하노니, 무질서한 자들을 훈계하며 낙담한 자들을 위로하고 약한 자들을 붙들어 주며 모든 사람들에게 오래 참으라.

15 주의하여 아무에게도 악으로 악을 갚지 말고, 오히려 너희 자신들 가운데서와 모든 사람들에게 선한 것을 항상 따르라.

16 항상 기뻐하라.

17 쉬지 말고 기도하라.

18 모든 일에 감사하라. 이것은 그리스도 예수 안에서 너희에 관한 하나님의 뜻이니라.

19 성령을 소멸하지 말라.

20 예언을 멸시하지 말라.

21 모든 일을 시험하여 보고 선한 것을 붙잡으라.

22 악은 어떤 형태이든지 피하라.

23 화평의 하나님 바로 그분께서 너희를 온전히 거룩하게 하시고 너

희의 온 영과 혼과 몸이 우리 주 예수 그리스도께서 오실 때까지 책망할 것이 없게 보존되기를 하나님께 기도하노라.
24 너희를 부르시는 분은 신실하시니 그가 또한 이것을 행하시리라.

두어 번 논한 바 있지만, 데살로니가전서는 갓 회심한 성도가 배우기에 이상적인 성경이며, 모든 어린 그리스도인들이 따라야 할 기본적인 지침사항들이 나오는데, 위의 본문이 그 첫 번째 부분이다. (롬 12:8-21과 엡 4:22,23에서도 이와 유사한 지침사항들이 나온다.)

14절의 의미는 명확하다. 교회 안의 어떤 사람들은 훈계해야 하고, 또 일부는 위로해야 하지만, 모든 사람에게 오래 참아야 한다. 『**약한 자들**』은 몸의 질병이 있는 사람들뿐만 아니라, 로마서 14:1,15의 의미에서 믿음이 연약한 사람을 말하는 것이기도 하다. 필자는 지금까지 300명도 넘는 성경을 수정하는 자아중독자들을 다룰 때, 『**낙담한 자들을 위로하고**』(Comfort the feebleminded)라는 말씀과 『**네 몸을 해치지 말라. 우리가 다 여기 있노라.**』(행 16:28)는 말씀에 유념한다. 필자가 이런 자들을 다루는 방식을 조금 익살스럽게 말하자면 그렇다는 것이다. 19,20,21세기의 최고의 기독교 지성들의 저작을 비평할 때마다, 필자는 그들 각자가 뿌리까지 썩어 있거나 속이 단단히 꼬여 있거나 아니면 정신이 나간 자라고 결론을 내릴 수밖에 없었다. 필자도 이런 자들을 "거짓말쟁이"라고 부르는 것을 좋아하지 않는다. 그러나 그들은 시도 때도 없이 거짓말을 밥 먹듯이 하기 때문에 그렇게 부르지 않을 수가 없다. 또한 필자는 그들이 써놓은 주석으로 볼 때 그럴 만한 충분한 성경적인 조건을 갖추고 있음에도 불구하고

(욥 11:12) 그들을 "멍청이"라고 부르고 싶지 않다. 그들의 저술로 볼 때 그들이 어떠한 자인지 정의내리는 정확한 표현이라 할지라도, 필자는 그들을 "조작된 로봇"이라고 칭하는 것이 사실 전혀 달갑지 않다.

그래서 필자가 이들이 아무래도 모자라는 구석이 있다고 여기며 나름대로 가장 은혜로운 방식으로 다루려고 애쓴다. 사실 이들에게 『**낙담한 자들을 위로하고**』라는 말씀을 적용하는 것은 성경을 더할 나위 없이 은혜롭게 적용한 경우이다.

224개의 영어 성서들이 『**낙담한 자들을**』(feebleminded)이라는 표현을 제거했다는 것은 성령께서 욥기 12:20에서 하신 말씀에 비춰 볼 때, 매우 괄목할 만한 것이라 하겠다. 이 단어를 대체하고자 하는 노력은 "박해 강박관념"에서 나온 것이다. 모든 주립 대학과 일반 대학과 심지어 법정까지도 이 단어를 "부정적이고" "심기를 불편하게 하는" 어휘 중 하나로 취급하고 사용하지 않는다. 그러나 『**낙담한**』이라는 어휘는 올바른 본문으로, 1525년 틴데일성경에서도, 1539년 그레이트성경에서도, 1560년 제네바성경과 1568년 비숍성경에서도 똑같이 번역되어 있다. 낙담한 그리스도인들 곧 비정상적인 지성을 가진 그리스도인들에게 (곧 학자들에게) 관용을 베풀기로 처음 결정한 성서는 영국의 RV(1884)와 미국의 ASV(1901)이다.

필자는 밥 존스 시니어에 대한 기억들을 자주 더듬어 본다. 특히 그가 죽기 전 몇 년간을 말이다. (밥 존스 시니어는 1961년에 주님의 부름을 받았다.) 그는 여러 차례 학교의 병원에 갇혀 지내야 했는데, 우리 교회의 회원 중 한 명이 일종의 남자 간호사로 밥 존스 시니어를 돌보고 있었다. 그의 이름은 테디 루드였다. 존스 시니어는 테디를 불러다 놓고는 이렇게 꾸짖곤 했다. "이봐 자네, 그거 아나? 내가 평생토록 비열하고 사악한 죄인들을 수없이 봐 왔지만, 자네야말로 가장 저급하고 가장 비열한 죄인이란 말일세!" 테디가 그 이유를 묻자, 노년의 밥 존스 시니어는 "자네가 자꾸 내가 집회에 설교하러 가는 것을 막으니까 그렇잖아!"라고 했다.

그는 과거 자신의 전성기였던 1930년대, 40년대, 50년대에 살고 있었던 것이다. 가끔 그가 병원 밖으로 빠져 나오는 경우가 있었다. 그러다가 학교 직원 중 한 명이 대학 행정관 앞에서 여행용 가방을 맨발로 들고 나가는 그를 붙잡은 적이 있었다. 어디를 가시냐고 묻자, 안경을 낀 눈으로 캠퍼스 너머를 바라보면서 "기차를 타야 해, 기차를 타야 해. 집회에 설교하러 가야 해!"라고 중얼거리곤 했다. 그는 과거 속에 살고 있었다.

필자가 타종교, 하나님, 설교자들, 성경, 로마카톨릭, 예술, 지역 교회, 음모, 음악, 교회사, 구령, 이단들, 복음전파자들, 그리스도인들, 가짜 그리스도인들에 관해서 아는 거의 모든 것을 글로 옮겨 기록을 남기는 이유 중 하나가 이것이다. 나는 밥 존스 시니어가 설교하는 것을 적어도 80회 정도는 직접 들었는데, 내가 본 바로는 그는 한 번도 설교단 위나 손에 설교 원고를 갖고 있지 않았었다. 내가 그가 설교하는 것을 마지막으로 들었을 때, 그는 똑같은 예화를 40분짜리 설교에서 다섯 번이나 반복했다.

필자는 스스로에게 말했다. "피터, 너도 언제가 칠십, 팔십이 되는 때가 올 꺼야. 너의 머리는 지금 돌아가는 것처럼 제대로 돌아가지 않을 거야. 그때가 오기 전에 네가 생각한 모든 것을 정자로 종이에 기록해 놓는 게 좋을 거야. 다시 볼 수 있게 말이야." 어쩌면 이것이 왜 필자가 90여 권의 책들과 30개의 소책자들을 기록했으며, 800시간 이상의 강의와 설교를 녹음했는지 설명해 주는지도 모른다.

언젠가 주께서 지체하시면 나 또한 정신이 박약해지는("feebleminded")

때가 올 것이다(욥 12:20).

15절은 명확하다. 마호메트와 그의 추종자들은 "선으로 악을 이기는 것"이 아무 소용이 없다고 생각한다. 그래서 코란은 악은 자신이 원하는 그 어떤 방식으로 처리해도 된다고 말한다. 코란의 수라 23:96에 따르면 "복수는" 그러니까 개인적으로 복수하는 행위는 "탁월한 것이다."라고 말한다. 마호메트가 진짜 하고 싶은 말은 "내가 그 사람을 죽이지 않고는 그의 반대를 제거할 수 없고, 그의 돈과 아내들과 아이들을 빼앗을 수 없다."이다. (주석 1727, 수라 23:96)

『**너희 자신들 가운데서와**』(15절)는 다른 그리스도인들 즉 그리스도 안에 있는 형제들과 자매들을 말한다. 『**모든 사람들**』은 그야말로 구원받았든 받지 않았든 『**모든 사람들**』을 의미한다. 1장 6절의 주석에서 "사람을 따르는 것"에 대한 설명을 보라. 구원받았든 받지 않았든 어떤 사람에게도 악을 행해서는 안 된다. 구원받았든 받지 않았든 모든 사람 가운데서 오직 선한 것만 따라야 한다. 마지막 때인 현재 미국 내의 모든 뉴스 미디어 언론사들과 방송국들은 선과 악의 개념이 없는 실용적이고 인본주의적인 "상대주의자들"이 점령했다. 그들은 자신의 철학대로 모든 뉴스 기사를 작성하고 보도하며 자료 사진을 내보낸다. 초등학교 1학년부터 대학원까지의 전 교육과정에 걸쳐 선과 악의 개념은 사라지고 없다.

CBS, NBC, ABC, CNN 등의 방송매체와 〈라이프〉, 〈타임〉, 〈뉴스위크〉 등의 언론매체가 규정하는 『**악**』은 변태성욕자, 낙태론자, 교황, 모슬렘, 록 가수, 흑인범죄자, 진화론자, 정부권력 강화, 영화배우, 변개된 성서들,

로마카톨릭, 이슬람교 등에 대해 이의를 제기하는 것이다.

필자는 뉴욕의 UN에서 일하는 전형적인 현대인의 관조를 대변하는 문구를 소개하려 한다. 이 문구는 이사야 5:20에서 아이디어를 얻은 한 어리석은 여류 예술가가 쓴 것이다.

"틀린 것이 옳은 것이며, 옳은 것이 틀린 것이다. 만약 그대가 일관성 있게 틀린 것을 고수한다면, 그대는 아름답고 정확하게 옳게 되는 것이다."

"당신이 틀리다는 것, 바로 그것이 중대한 것이다. 일단 당신이 틀리다는 것이 자신의 가치라는 사실을 안다면, 당신은 무한한 자유를 만끽할 것이다!"(〈Water Color Magazine〉, 춘계판, 1991년, p.126) 미국의 모든 흑인 모슬렘들, 변태성욕자들, 범죄자들이 갖고 있는 신념이 바로 이것이다. 앨리스터 크롤리는 자신을 "짐승"(the beast)이라 불렀고, 그가 따른 "교리" 또한 이것이다. 그는 섹스에 미친 영국인 양성애자로 살았다.

『**아무에게도 악으로 악을 갚지 말고, 오히려 ... 선한 것을 항상 따르라**』(15절).

16,17절 또한 설명이 필요 없다. 헬라어 원문으로 따지자면 16절은 신약에서 가장 짧은 구절이다. 우리가 4:3을 다룰 때 18절에 대해 설명하였다. 19절은 성령께서 당신 안에서 일하실 때 혹은 교회의 회중이나 다른 사람들 가운데서 일하실 때, 성령의 역사에 찬물을 끼얹지 말라는 말씀이다. 20절로 미루어 보건대, "성령을 소멸하는 행위"는 다른 사람들 특히 지역 교회 내에서의 성령의 역사를 중단시키는 언행을 하는 것과 관련이 있다. (성령을 소멸하는 행위에 대한 세 가지 예가 고린도전서 14장에 나와 있다. 7,11,16,19,23,28,33,39절)

『**모든 일을 시험하여 보고**』(21절).

성경 논쟁에 있어서도 이 명령에 순종해야 할 것이다. 현대 성서들을 구할 수 있다면, 다음 성경 구절들을 〈킹제임스성경〉과 비교해 보라. 이 구절들을 비교해 보면 어떤 성경이 과연 "건전한 말씀"인지 어떤 것이 변개된 성서인지 쉽게 구별할 수 있다. 누가복음 2:14; 2:33, 마태복음 1:25; 6:13; 5:22, 요한복음 3:16; 3:13; 5:39; 9:35; 18:36, 사도행전 1:3; 4:13; 8:37; 3:19; 17:22, 로마서 1:18,25; 13:9; 16:18, 고린도후서 2:17; 2:10; 11:4,5; 12:11, 골로새서 1:14; 2:8, 디모데전서 3:16; 6:3,10, 히브리서 1:3; 9:28, 야고보서 5:16, 베드로전서 2:2, 요한계시록 22:14 등이다.

반드시 위의 본문들을 시험해 보아야 한다. 성경은 『**모든 일을 시험하여 보고**』라고 말씀하신다. 누구라도 검증해 보지 않고 뭔가를 믿어서는 안 될 것이다.

이 세대에서 가장 해괴한 일은 학자들이 지금까지 224종의 현대어 성서들을 출간해 놓고도, 영어가 급속도로 바뀌기 때문에 여전히 매 6개월마다 1권의 새로운 성서가 나와야 한다고 주장한다는 것이며, 더군다나 아무도 이들의 저의를 의심하지 않는다는 사실이다. 출간되는 성서마다 바로 전에 출간된 성서보다 "더 새롭다"고 속이면서도, 그들은 자신의 성서를 1611년에 출간된 오직 하나의 성경과 비교한다. 사실은 1886년부터 2003년 현재까지 출간된 224종의 성서는 단지 224번의 한심한 성경 왜곡이 있어 왔다는 의미일 뿐이다. 계산해 보면 매 6개월마다 바로 직전에 출간된 성서를 다시 수정해야 했다는 뜻이다. 그리고 이러한 성서들 모두가 한결같이 우리가 성경을 더 잘 이해하도록 돕는다니 기가 찰 노릇이다.

변개된 성서들을 만들어내는 자들보다 더 위선적인 자는 지상에 없다!

『**선한 것을 붙잡으라.**』는 말씀에도 불구하고(21절), 미국의 그리스도인들은 자신의 조국을 지상에서 가장 강력한 국가로 육성시킨 성경을 저버리고, 224개의 종교적인 쓰레기를 만들어내는 데 혈안이 되었고, 그 결과로 50%에 육박하는 이혼율과 210만 명에 달하는 만성 알코올중독자들과 900만 건의 낙태와 2차례에 걸친 세계대전과 베트남전과 한국전, 음행하는 대통령들, 대공황, 7조 7천9백5십만 달러의 부채를 낳았다. 또한 이로 인해 연방준비은행은 25센트의 가치도 없는 지폐들을 찍어 내고 있으며, 폭동이 일어났고, 러시아와 중국보다 많은 250만 명의 죄수들을 수용하고 있다. 또한 이러한 전반적인 퇴보뿐만 아니라, 교육에 있어서도 자격 없는 학교 교사들과 대학 졸업자들이 학교들을 무법천지로 만들었다. 이들은 실제적으로는 문맹자에 가까운 지각을 가진 자들이며, AIDS라고 순화해서 부르는 GRID(동성애와 관련된 면역부전증)에 걸린 사람들도 적지 않다. 성경의 내용에 대한 그들의 무지는 스페인, 이탈리아, 프랑스, 크로아티아, 폴란드, 멕시코, 중앙아프리카와 필리핀 등지의 로마카톨릭과 맞먹는다.

그리스도인들은 데살로니가전서 5:21의 명령에 불순종한다.

새로운 성서가 나올 때마다 잠시 비교해 보기만 해도 알 수 있는데 그렇게 하지 않는다. 변개된 성서를 검증해 내는 것은 마치 가짜 달러 지폐를 진짜 달러와 비교해 보는 것과 같다. 진짜 달러를 세밀하게 공부하면 위조 달러 지폐를 단박에 알아낼 수 있는 것이다.

21절의 말씀에 순종하지 않으면 필연적으로 발생하는 일이 있다. 22절을 보라.

『**악은 어떤 형태이든지 피하라**[Abstain from all appearance of evil]』(22절).

1880년 이후의 성서들은 이 구절을 발견하자마자 그들의 성서에서 삭제해 버린다. RV, 머독, 벵겔, 가일즈, 영, ASV, 로더햄, 웨이마우스, 팬톤, 몰튼, 발렌타인, 몽고메리, NASV, RSV, 굿스피드, 웨이드, 버클리, NRSV, 마틴, 윌리암스, 스펜서, 밸로우, 리빙 바이블, 낙스, 필립스, NEB, NWT, 웨스트, 테일러, NJV, NAB, CEV, TEV, NIV, NKJV, 등이다.

데살로니가전서 5:22은 면도날같이 날카롭고, 양날을 가진 대검과 같은 하나님의 말씀의 예리함을 보여 주는 예라고 할 수 있다(판 3:21,22, 삼하 20:10, 시 149:6). 〈킹제임스성경〉의 본문은 성경을 변개하는 모든 비평자들과 성서 번역자들의 창자를 찔러 가른다. 그들은 이 칼에 베어서 피를 흘리고 있다.

배교자들은 창자까지 깊숙이 베인 상처를 한 손으로 간신히 가리며, 기어이 『**형태**』(appearance)를 "종류"(kind)나 "형체"(form) 등으로 바꾼다. 그렇게 함으로써 그리스도인의 행동에 대한 가장 위대한 진리들 중의 하나를 은폐하려고 하는 것이다. 이들은 데살로니가전서 2:12에서도 이러한 짓을 자행해 놓았다. 성경이 『**악**』을 피하는 것에 대해서 말할 때, 단지 악의 어떤 형체나 종류에 대해서만 말하는 것이 아니다. 더 나아가 악처럼 보이는 것 혹은 악을 행하는 것처럼 보이는 것조차 피하지 않으면 악의 종류나 형체를 피하는 것만으로는 아무 소용이 없다고 말하는 것이다.

모든 현대 성서 번역자들은 이 진리에 걸려 넘어져 이 구절을 올바로 번역하지 못했다.

1881년 웨스트코트와 홀트가 그들의 번역 성경 RV에서 처음 이 진리를 왜곡하려 했으며, 이제 이러한 변개는 모든 성서들 안에 스며들었다. 〈킹제임스성경〉이 출간되기 21년에서 9년 전에 출간된 필라델피아 교회 시대의 세 개의 영어 성경은 모두 똑같이 『**악은 어떤 형태이든지 피하라.**』고 번역했다. 바로 그레이트성경, 제네바성경, 비숍성경이다. 1611년 킹제임스성경이 출간되기 80년 전에 나온 틴데일성경은, RV, RSV, NRSV, NKJV, ASV, NASV, NIV, NKJV(1982) 등의 배교한 성서들보다 훨씬 더 정확한 번역을 담고 있다.

〈킹제임스성경〉이 사용한 어휘를 정확히 사용하지는 않았지만, 틴데일성경은 동일한 교리적인 의미를 전달한다. 틴데일은 우리에게 "모든 의심스러운 것들을 피하라"(Abstain from all SUSPICIOUS things)고 말한다. 이것이 바로 "원저자의 의도"이다. 새로운 성서들은 정확하게 『**악**』이 아닌 이상 어떤 것이든 범해 보고자 하는 타락하고 육신적인 그리스도인의 마음을 반영한 것일 뿐이다.

한 흑인설교자는 이렇게 설교했다. "당신의 이웃의 수박밭을 지나갈 때, 신발끈을 바로 매려고 몸을 숙이지 마시오."

이것이 알렉산드리아 이단의 전문용어를 빌려 말하자면 진짜 "원저자의 의도"이다. 학자적 자질이 탁월하고 경건하며 인정받고 자격 있는 현대 성서들의 번역자들이 얼마나 영적 수준이 낮은지 알겠는가? 그들은 〈킹제임스성경〉을 6만 군데 수정할 정도로 영리하다고 자부하면서도, 평생을 이런 영적 수준에 머물러 있다.

이런 자들의 기준에 따르면, 그리스도인 남자아이가 머리를 어깨까지 길게 기르고, 귀고리를 달고, 헐렁한 바지를 걸쳐 입고 세속적인 문구가 인쇄된 T셔츠를 입고 다녀도, 분명하게 그것을 "악"이라 할 수 없으므로 괜찮다는 것이다.

그것이 RV, RSV, ASV, NIV의 번역위원회의 진정한 영적 수준이다. "원본의 축자 영감"을 믿는다고 떠벌리지만, 하나님의 말씀의 명령에 대한 그들의 자세는 성경을 변질시키는 그들이 얼마나 타락했는지를 적나라하게 보여 준다.

1611년에 "왕의 영어"로 기록된 성경 뒤로, 쏟아져 나온 200개 이상의 변개된 성서들과 보조를 같이 하려는듯, 제리 팔웰의 〈리버티 성경 주석〉은 권위역 성경이 22절에서 오류를 범했다고 주장한다. 그들에 따르면, "가능한 모든 종류의 악"이라 번역했어야 된다는 것이다. 물론 이런 비평 자체가 오류이며, 22절은 〈킹제임스성경〉에 있는 그대로 읽혀져야 옳다.

바른 성경만을 붙들라!

"그런데 헬라어 원본은 어떡하고요?"라고 말하는 사람도 있을 것이다.

필자가 해주고 싶은 말은 종교적인 위선자들과 시간 낭비하지 말라는 것이다. 현존하는 모든 사본에 따르면 본문에 해당하는 헬라어 어휘는 "에이도스"(eidous, ei+dov)이다. 이 단어는 "형체"(form)나 "종류"(kind)를 의미할 때도 있지만, 명백하게 "외적인 모습"을 의미한다. 고린도후서 5:7에서 이 단어는 "보이는 것"과 "인지할 수 있는 것"의 의미에서 "형체"로 쓰인다. 즉 눈으로 볼 수 있는 것을 말한다(〈Analytical Greek Lexicon〉, Zondervan, 1970, p.117).

의심스러울 때는 언제나 라오디케아 시대의 학자들을 창문 밖으로 던져 버려라!

우리는 23절에 대해서 설명하였으며, 『**혼**』과 『**영**』의 차이를 알 수 있게 하는 성경 자체의 평행관주들을 독자들에게 제시한 바 있다(2:8 주석을 보라).

24절은 영원한 보장에 대한 또 하나의 약속이며(4:17의 주석을 보라), 이 시대에 구원의 영원한 보장은 여하한 행위가 뒷받침되지 않는다 하여도(딛 3:5, 엡 2:8,9, 롬 5:6-10), 선물로 주어진다(롬 5:15).

그러나 제리 팔웰이 출간한 〈리버티 "성경" 주석〉(p.616)에 따르면, 누구도 『**몸**』과 『**혼**』과 『**영**』을 가지고 있지 않다. 『**혼**』과 『**영**』이 둘 다 몸과 분리되어 있다는 사실을 듣고도(히 4:12,13), 채프만 박사는 그의 어리석은 동료들의 본을 따른다. 그는 "바울은 여기서 인간의 분리 가능한 구성요소들을 나열한 것이 아니라, 단지 온전한 사람으로 안전하게 보존되기를 하나님께 구하고 있는 것이다."라고 주석했다.

즉 리버티의 주석가들은 『**하나님의 모든 말씀은 순수**』(잠 30:5)하다는 진리와 『**하늘과 땅은 없어져도 내 말들은 결코 없어지지 아니하리라.**』(마 24:35)는 진리를 믿지 않는다고 할 수 있다. 채프만 박사는 인간이 하나님의 형상을 따라 지음받았음에도 불구하고, 삼분적인 존재가 아니라는 것이며, 따라서 당신의 몸이 무덤으로 들어갈 때 당신의 영과 혼도 같이 들어간다는 것이다.

채프만과 그의 동료들의 의견은 러더포드 판사와 러셀 목사의 이단 교리와 일치한다. NASV도 요한복음 1:18에서 여호와의 증인과 같은 입장을 취했다.

5장의 나머지 본문을 주석하기 전에(5:25-28), 권위역 성경을 대적하는 자들이 무수하게 범한 신학적인 오류들 중 일부를 살펴보자.

〈해석자의 헬라어 신약 성경〉은 필로와 그롯, 이왈드, 그로티우스, 조웻, 스콧, 핀들레이, 라흐만, 드웻, 짐머, 라이트풋, 엘리콧, 밀리간, 모울튼, 버튼, 반센, 캘빈, 벵겔, 블레이스, 힐젠필드, 보렌만 등의 철학과 사상들로 가득 차 있다. 그들은 1절의 『**때와 시기**』를 다룰 때 이렇게 주석할 뿐이다.

"이 표현들은 시간의 긴 기간을 말하는 것이 아니다. 헬라어 용법상 '크로노스'보다는 시간의 한 부분으로 이해하는 것이 더 명확하다. 곧 순간들의 연속이 확장되었다는 의미에서의 시간을 의미하는 '카이로스'이다. 이 단어는 어떤 다른 언어에도 정확한 대응어가 없으며 우리가 현재 살고 있는 즉각적인 현재를 말한다."

이 주석을 필자가 성경과 성경을 비교하면서 설명한 주석과 비교해 보라. 아무도 헬라어 학자들의 주석이 1611년판 〈킹제임스성경〉이 그것 자체를 해석한 주석보다 한 수 위라고 말할 수 없을 것이다. 당신의 양심이 성령 안에서 증거한다면 그렇게 말하지 못할 것이다.

이 자들은 "밤의 사경점"과 "밤 기간"에 관한 성경 자체의 주해는 조금도 제시하지 못하고, 대신 랍비들의 의견과 딱딱하고 말도 되지 않는 주석을 달아 놓았다. "현 시대는 오늘날의 랍비들이 가르친 바와 같이 칠흑 같은 밤이다." 랍비들이 그렇게 가르쳤다 해도 그것이 뭐가 중요한가? 신약성경이 없다면 "밤"이라는 용어의 중요성을 알 수 없다. 또한 현 시대의 길이와 어떻게 교회 시대가 나눠지는지(막 13장, 벧후 3장), 그리고 무엇이 이 밤을 끝낼 것인지도 알지 못할 것이다(마 14:25).

〈해석자의 헬라어 신약성경〉의 해석자들은 『**밤**』이라는 단어를 읽어도 성경적으로 주석할 수 있는 지식이 없다. 그들이 한 일이라고는 구원받지 않은 유대인이 현 시대에 대해서 어떻게 생각하는지 그 의견을 제시하는 것이 고작이다!

〈리버티 성경 주석〉도 살펴보자!

믿기지 않겠지만 『**밤에 도둑**』이라는 말씀에 대한 그들의 주석은 다음이 전부다. "차이점은 초점에 있다. 곧 믿는 자들에 관한 것인가 아니면 믿지 않는 자들에 관한 것인가에 달려 있는 것이다." 이렇게 주석하고 마침표를 찍었다! "밤의 사경점"도 설명하지 않았다(막 13:35). 『**파수꾼아, 밤이 어떻게 되었느냐?**』(사 21:11)라는 이사야의 말씀도 언급하지 않았다. 그리스도께서 『**밤 제사경에**』 오셨다(마 14:25)는 말씀도 설명하지 않았다. 또한 그리스도께서 도둑같이 오실 때(눅 12:39) 마귀를 결박한 후(계 20:1-3, 마 12:29) 그의 집에서 가장 값진 것을 훔쳐 가신다(마 12:29)는 사실도 알지 못한다. 주께서 미카엘을 시키셔서 모세의 몸을 훔치게 하신 적이 있지 않은가?

리버티 대학의 교수진들의 성경 실력이 이것밖에 되지 않는 것이다.

이것이 미국에 있는 가장 큰 기독교 고등교육기관 중 하나인 리버티 대학의 가장 훌륭한 학자가 우리에게 줄 수 있는 모든 것이다.

이 한심한 소경들이 11절에 관해 독자에게 설명해 줄 수 있는 말은 "파루시아(재림)가 곧 일어날지 후에 일어날지의 문제는 더 이상 크게 중요하지 않다."이다.

사도 바울이 데살로니가전서 5:11을 기록한 후에도 빌립보서 3:20,21과 디도서 2:11-13을 기록했는데도 이따위 주석을 하고 있는 것이다.

또한 이들은 데살로니가전서 5:22에 대해서도 다음과 같이 주석한다.

"악의 포네로우(ponnerou)인 카테체테(katechete)의 부정적인 의미를 가져오기 위해서 일반적인 개념을 추가한 것이다... 아마도 그릇된 일을 할 수 있는 여러 가지 방법들을 암시하는 것일 것이다"(p.42). 참을 수 없을 정도로 한심한 주석이다.

이런 자들은 "혼"이 몸의 형태를 가진 것이 아니라, 단지 "개개인의 생명"을 의미할 뿐이라고 생각한다. 그렇다면 어떻게 형태가 없는 죽은 사람의 "생명"이 흰 옷을 입을 수 있겠는가?

『**그러자 그들 각자에게 긴 흰 옷을 주시면서, 그들의 동료 종과 형제도 그들처럼 죽임을 당하여** *그 수가* **가득 채워질 때까지 잠시만 더 쉬라고 말씀하시더라**』(계 6:11).

또한 혼이 "개개인의 생명"일 뿐이라면 왜 혼이 지옥에서 그 혀에 물을 적시기를 바라겠는가?(눅 16:24)

〈위클리크 성경 주석〉의 저자는 "헬라어의 구조는(19절) 성령을 소멸시키는 일을 중단한다는 의미를 제시한다."고 말한다. 정확한 영어본문으로 변개된 헬라어 본문을 바로잡아 보자! 우리는 성경이 제시하는 바가 아니라 있는 그대로 성경이 무엇이라 말하는가에 초점을 맞춰야 한다. 이들은 틀에 박힌 주석을 재탕하면서 1800년에서 1880년까지의 배교한 학자들의 본을 따른다(p.1358). "바울의 부정적인 명령은(22절) 실제로는 '모든 종류의 악을 피하라'는 뜻이다." 물론 우리가 살펴봤듯이 이것은 22절이 말한 바가 아니며, 그 의도하는 바도 아니다.

죄인들의 허물을 가려 주는 데 이들이 써먹는 알리바이는, 헬라어 "에이도스"(eidos)가 자주 헬라-로마시대에 "종류"나 "분류"의 의미로 쓰여졌기 때문이라고 한다. (실제로 이런 주장은 아무것도 증명하지 못한다. 예를 들어 영어단어 "port"가 미국영어에서는 "항구"(sea port), "배의 하역구"(porthole, 荷役口)뿐만 아니라 "배의 좌현"을 의미하기도 한다. 그렇다고 그 핵심적인 뜻이 바뀌지는 않는다.)

사후의 생에 관한 위대한 진리들을 완전히 놓치면서 〈위클리프 성경 주석〉의 주석가는 다음과 같은 엄청난 해설을 해준다. "그리스도의 승리의 죽음은 삶과 죽음의 한때 굵었던 경계를 관통한다"(p.1357). 도대체 이게 무슨 뜻인지 누가 알겠는가!

필자가 위에 예로 든 것은 시중에 나와 있는 20여종의 현대 주석서들에서 나타난 셀 수 없이 많은 오류들 중 하나에 불과하다. 그중 하나가 제리 팔웰의 리버티 대학이 1980년대에 출간한 주석서 시리즈다. 이 시리즈는 본문과 전혀 상관도 없고 말도 안 되는 뻔한 "묵상용 훈화"에 불과한 내용으로 가득 차 있다. 필자는 지난 50여 년 동안 "축자 전문 영감받은 원본"을 믿는 보수주의 주석가들의 주석에서 이와 같은 공백을 주목해 왔다.

마치 절름발이들이 절뚝거리면서 길 위를 활보하다가, 100미터 깊이의 맨홀에 발을 헛디뎌 머리부터 거꾸로 떨어지는 장면을 보는 기분이다. 그런 후 이들은 간신히 맨홀에서 나와 아무 일도 없었다는 듯이 계속 가는 것이다.

예를 들어 도날드 거쓰리 박사가 추천하는 〈NEW 성경 주석서〉를 한번 살펴보도록 하자.

1. 『**그와 함께 데리고 오시리라.**』는 성도들이 지금 주님과 함께 있다는 의미가 아니다(4:14). 단지 "그리스도께서 죽은 사람들을 다시 살리실 것이라는 의미"일 뿐이다(p.1159).

2. 4:17에서 중요한 것은 "재림과 함께 나타나는 구름들은 신적 현현

(theophany)을 상징한다..."는 것이다. 즉 거쓰리 박사에 따르면 이 구절은 주님께서 내려오실 때 우리는 그분과 만나기 위해서 위로 올라가고, 그때 우리 모두가 주님과 함께 지상으로 내려온다는 것이다(p.1159). 곧 휴거를 재림과 동일하게 만드는 것이다.

3. 1160페이지에서 우리는 몸, 혼, 영이 사람이 삼중적인 존재인 것을 증명하는 것은 아니라는 설명을 볼 수 있다. (사탄이 누가복음 4:10,11에서 그렇게 했듯이) 거쓰리 박사는 거짓을 증명하기 위해 성경을 인용하며, 마가복음 12:30이 인간이 4중적인 존재임을 말하는 것이 아닌 것처럼 데살로니가전서 5:23도 반드시 인간이 삼중적인 존재임을 말하는 구절이 아니라고 한다.

이런 종류의 어리석고 사람들을 오도하는 "증명구절대기" 수법은 오늘날의 주석가들이 너무 흔하게 쓰는 방식이라 다 다루기가 벅찰 정도다. IQ 90 이상의 정상적인 사람들은 누구나 마가복음 12장의 이 구절이 창세기 2:7에 대한 주석이 아님을 알 것이다. 창세기 2:7은 창조주께서 그분의 형상을 따라 인간을 만드셔서 몸과 혼과 영이 있게 되었음을 말해 준다. (창 2:7, 롬 1:20, 고후 12:1-4과 해당 주석들을 참조하라.) 마가복음 12:30에는 "영"과 "몸"이 언급되지 않는다. 이 구절은 우리의 생각과 애정을 어느 정도 들여서 하나님을 사랑해야 하는가를 다루고 있다. 데살로니가전서 5:23은 교리적인 진술로써, 주께서 나타나실 때 우리의 세 가지 구성 요소가 어떤 상태로 발견될 것인가에 대한 것이다.

배교한 보수주의, 근본주의 학교들에서 수학한 어리석은 주석가들 외에 이 진리를 깨닫지 못할 자가 누가 있겠는가? 이들은 정신적으로 또한 영적으로 고장 난 자들이며, 또한 이들은 신구약성경에서 그들이 특정 구절을 이해하지 못하거나 그 구절이 말하는 것을 있는 그대로 받아들이길 원치 않을 때마다 성경 말씀들을 바꾸거나 무시한다.

헬라어나 히브리어 원문을 의지하는 이런 자들의 저작에서 성경의 새로운 교리적인 진리를 발견하기란 하늘의 별따기이다. 사실 그들이 아는 지식은 그들이 저술활동을 펼치기 300년 전부터 널리 알려진 것들로 이미 출간된 책들 속에 고스란히 다 담겨져 있었다.

하나님께서는 성경을 변개시키는 죄인들에게 성경 어떤 구절에서도 조명을 주시지 않는다. 하나님께서는 그들에게 진리를 깨닫는 조명의 문을 닫으셨다. 하나님은 진리의 빛(light)을 거절하는 자들에게는 번개(lightning)를 주실 뿐이다. (요 3:19-21의 주석을 공부하라.)

존 R. 라이스, 찰스 스탠리, 커티스 헛슨, 빌리 그래함, 잭 하일스, 쉘튼 스미스 등이 전한 성경의 진리들은 그들이 사역에 입문하기 전부터 인쇄된 활자의 형태로 존재하고 있었다. 그리고 하나님의 사람들은 〈킹제임스 성경〉에서 이러한 진리들을 발견했다.

이러한 진리를 깨닫고 찾기 위해 그 어떤 헬라어 원문이나 헬라어 렉시콘이나 헬라어 문법서나 〈해석자의 헬라어 신약성경〉이나 〈신약 신학 사전〉 등이 전혀 필요하지 않다.

5:25 형제들아, 우리를 위하여 기도하라.

26 거룩한 입맞춤으로 모든 형제들에게 문안하라.

27 내가 주를 힘입어 너희에게 부탁하노니 이 편지가 모든 거룩한
형제들에게 읽혀지게 하라.

28 우리 주 예수 그리스도의 은혜가 너희와 함께 있을지어다. 아멘.

25절은 별다른 설명이 필요 없다. 26절도 마찬가지이며, 부패한 로마카톨릭은 『**거룩한**』 입맞춤을 "화평의 입맞춤"이라고 대체했다. "화평의 아비"인 압살롬이 바로 이런 입맞춤을 한 자이다. 적그리스도는 "평화롭게" 와서 "화평"으로 세상 사람들을 멸망시키는 사람이기 때문에, 그도 사람들에게 유다 이스카리옷의 입맞춤으로 입맞출 것이다. (요 17:12, 계 9:11과 그 주석을 보라.)

"화평의 입맞춤"은 터툴리안으로부터 왔으며(A.D. 160-220), NEB에 다시 등장한다. 알렉산드리아의 클레멘트는 그것을 "신비한 입맞춤"이라고 불렀고, 소위 "축자 전문 영감"을 믿는 소위 최초의 그리스도인 학자라 불리는 오리겐(A.D. 184-254)은 이것을 "화평의 신비한 입맞춤"이라 불렀고, 이것이 구원을 얻기 위한 행위들 중의 하나라고 믿었다. (필자의 〈신약교회사〉를 참조하라.)

오리겐은 유세비우스와 팜필루스가 시내 사본과 바티칸 사본을 제작할 수 있는 재료를 제공한 자다. 이 부분에 관해서는 밀러, 호스키어, 힐스, 버간 등의 학자들의 저술을 보라.

시몬 베드로는 이 입맞춤을 『**사랑의 입맞춤**』이라고 부른다(벧전 5:14). 이 입맞춤은 대개 볼과 볼을 맞대는 것이며, 남자 대 남자, 여자 대 여자로 하는 동성 간의 입맞춤이다.

미국에서 회중예배나 모임에서 26절을 실행하는 사람은 아무도 없다. 다음에 그리스도의 교회의 캠벨주의자를 만나면, 그들에게 말해 주라. 그들은 자신의 교회만이 성경적인 신약 교회라고 주장하며, "성경이 말하는 곳에서 말하며" "성경이 침묵하는 곳에서 침묵하기" 때문에 그렇다고 한다. 그들에게 데살로니가전서 5:26을 보여 주라. 그들은 1800년 이후로 한 번도 이 구절을 실행한 적이 없다.

27절은 『**형제들**』이 『**거룩**』하다고 말하고 있다. 여기서 신약성경이 거룩하다고 말하지 않는 것들이 무엇인지 주목하라.

1. 성사들
2. "거룩한" 교황청
3. 교황
4. 로사리오
5. 성수
6. 성체
7. 모든 종류의 의복
8. 마리아
9. 코란
10. 모든 절기
11. 라마단, 메카, 메디나
12. 로마
13. 순례행렬
14. 무덤과 묘지
15. 향이나 성배
16. 초와 성무

다음은 성경이 거룩하다고 부르는 것들이다.

1. 성경
2. 하나님의 영(성령)
3. 모든 믿는 자들의 제사장직
4. 변형산
5. 우리의 손과 우리의 믿음
6. 구약의 언약과 선지자들
7. 구약의 시내 산(행 7:33)
8. 하나님의 아들(행 4:27)
9. 사도들
10. 계명(벧후 2:21)
11. 하나님의 천사(행 10:22)
12. 하나님 자신(계 4:8)

성경은 단 한 번도 『**거룩**』이라는 말을 카톨릭 신부나 교황이나 동정녀 마리아에게 붙여 준 적이 없다. 어떤 카톨릭 예식이나 성사나 로마의 교황청을 성경은 거룩하다 칭한 적이 없다. 로마, 루르드, 과들루프, 메디나, 메카, 라마단, 부활절, 크리스마스 등과 관련하여 "거룩"한 것은 전혀 없다. 또한 카톨릭 촛불이나 잔, 성배, 제복, 관습, 성당건물, 제단, 제단 난간, 카톨릭 전통 등 또한 전혀 거룩할 것이 없다. 『**거룩한**』 것들의 목록에서 하나님께서는 이런 것들은 모두 배제하셨다.

데살로니가전서는 사도 바울이 기록한 첫 번째 서신일 가능성이 크기 때문에, 그는 즉시 이 서신을 데살로니가인들이 접촉 가능한 모든 그리스도인들에게 읽게 하라고 권면한다. 이것은 왜 초신자가 읽어야 할 첫 번째 성경이 데살로니가전서인가 하는 또 다른 이유를 제공한다.

『**우리 주 예수 그리스도의 은혜가 너희와 함께 있을지어다. 아멘**』(28절).

이 『**은혜**』가 무엇인지는 고린도후서 8:9이 정의내리고 있다. 그래서 이 은혜는 로마서(롬 16:24), 고린도전후서, 갈라디아서, 에베소서, 빌립보서, 골로새서, 디모데전후서, 디도서, 빌레몬서 등의 서신 마지막을 장식한다. 히브리서의 마지막 구절에도 이 은혜가 등장한다는 사실을 알아 두라.

데살로니가후서

데살로니가후서 서문

독자가 데살로니가후서에 관해 알아야 하는 필수적인 정보들은 본서의 「들어가는 말」과 「데살로니가전서 서문」에서 이미 언급했다. 데살로니가후서는 3장, 47절, 그리고 영어 〈킹제임스성경〉의 경우 1,042단어로 구성되어 있다. 물론 우리는 단 일점 일획도 바꾸지 않고 〈킹제임스성경〉의 본문을 사용할 것이다. 이 서신은 약 A.D. 52년 혹은 53년경 기록되었다. 정확한 기록연대에 관해서는 학자들이 갑론을박하지만, 큰 의미는 없다.

대필자를 사용했을 가능성이 없지 않지만, 우리는 본 서신의 저자가 사도 바울임을 안다. 예를 들어 고린도전후서, 빌립보서, 골로새서의 본문 끝부분에 덧붙인 주석들을 보면 대필자들이 기록했지만 서신의 말씀 자체는 분명 사도 바울의 것임을 알 수 있다.

똑똑하다고 하는 학자들은 그들의 머리를 서로 맞대자마자, 서신의 저자와 기록시기에 대해서 의문을 던지기 시작한다. 맨슨(T. W. Manson)이라는 자는 데살로니가후서가 데살로니가전서보다 먼저 기록되었다고 주장하기까지 한다!

이렇게 주장하는 근거는 "바울의 다른 서신들은 연대기적 순서로 기록되지 않았기" 때문이라는 것인데, 무오한 〈킹제임스성경〉의 고린도전서 5,6장, 고린도후서 2:1-10 등을 고려해 볼 때, 고린도전서 다음에 고린도후서가 오는 것이 연대기적 순서가 아니라고 하는 것들은 억지 주장임을 알 수 있다. 디모데전서, 디모데후서, 디도서 등의 세 개의 목회서신은 모두 데살로니가전후서 및 로마서, 고린도전후서 후에 기록되었다.

〈새성경주석〉은 "데살로니가전서와 후서 사이에는 매우 큰 난제들"이 있다고 말함으로써 독자들을 우롱한다. 그러면서도 이렇게 말하는 이유가 무엇인지는 밝히지 않는다. 〈킹제임스성경〉 본문을 비평하는 자들은 "난제를 잘 해결"하여 "두 서신 간의 문제점을 설명해 내야" 한다고 말할 뿐이다(p.1161).

눈멀고 자아중독적이며 혼미하고 파괴적인 비평가들로 이뤄진 또 다른 무리는 데살로니가전서는 그 교회의 이방인 구성원들에게 쓰여진 것이고 데살로니가후서는 교회의 유대인 무리를 대상으로 기록된 것이라고 말한다. 이렇게 주장하는 이유는 바울이 3:2에서는 『**악한 사람들**』을, 1:10에서 『**그의 성도들**』을 언급했기 때문이라고 한다.

F. C. 벌킷은 독자들이 성경에 대해 "보다 깊은 지식"을 갖게 하기 위해 그의 "소견"을 내놓는다. 그의 "소견"은 글자 그대로 보잘것없는 것이다. 그는 "두 서신 모두 실라에 의해 기록되었다. 그리고 이 서신들을 바울에게 읽어 주었고, 바울은 두 서신을 확인하고 난 뒤 데살로니가후서 2:18과 3:17을 그 자신의 손으로 기록했다."고 주장한다(p.1161).

미안하지만 데살로니가후서 2장에는 18절이 없다.

벌킷이 데살로니가후서 2:18이라고 기록했을 때 그는 반쯤 잠든 것이 아니라 아예 완전히 곯아떨어져 있었던 것이다. 전형적인 〈킹제임스성경〉 비평자들의 모습이다!

데살로니가후서 1장

1:1 바울과 실루아노와 디모데는 하나님 우리 아버지와 주 예수 그리스
도 안에 있는 데살로니가인들의 교회에 *편지하노니,*
2 하나님 우리 아버지와 주 예수 그리스도로부터 은혜와 평강이 너희
에게 있을지어다.
3 형제들아, 우리가 너희를 위하여 항상 하나님께 감사드리는 것이
마땅하고 합당하니, 이는 너희 믿음이 크게 자라고 또 너희 모두
가 각기 서로 사랑하는 것이 풍성함이라.
4 그리하여 너희가 견디는 모든 박해와 환난 가운데서 너희의 인내
와 믿음에 대하여 하나님의 교회들 안에서 우리 스스로 너희를 자
랑하느니라.
5 그것은 하나님의 의로우신 심판의 표요, 너희로 하나님의 나라에
합당하게 여겨지게 함이니, 이를 위하여 너희가 또한 고난을 받고
있느니라.

6 하나님께서 함께하시는 의로운 일은 이것이니, 너희에게 고통을 주는 자들에게는 환난으로 갚으시고

1,2절은 별다른 주석이 필요 없다.

3절의 짝은 데살로니가전서 3:12이다.

데살로니가전서 1:3처럼 본문 4절에도 『**인내**』와 『**믿음**』이 등장한다. 『**박해**』는 그들의 동족이 데살로니가인들에게 가한 실제적인 공격들을 말한다(고후 11:23-25). 본문 4절의 『**환난**』은 데살로니가전서 3:4과 유사하며, 그리고 이 환난은 구속, 투옥, 채찍질, 매 맞음, 위협 등을 포함한다. 또한 질병과 상처로 인한 장애, 영양실조, 응급약의 부족, 재정적인 어려움, 일자리와 수입을 잃어버리는 것, 강경한 법률 조치, 사회적 따돌림 등도 포함된다(롬 8:35-37). 현대인들은 박해나 환난에 대해 무지하다. 필자 또한 56년간 주님을 섬겨왔지만, 이 둘 중 하나를 경험해 보았다고 말하지는 못하겠다. 다만 이런 일들을 경험한 "그리스도 안에 있는 형제들"을 개인적으로 몇 명 알 뿐이다. 그들을 거명하자면 레스터 롤로프, 하랄란 포포브, 리차드 움브란트, J. 해롤드 스미스, J. 프랭크 노리스, 밥 존스 시니어, 칼 맥킨타이어, 알렉스 던랩, 잭 칙 등이다.

중세시대 말기(1600년대) 이래로 그리스도인들에게 가해진 가장 혹독한 박해는 "국가교회들"에 의해서 이뤄졌으며, 서방국가에서는 무신론자들과 명목뿐인 기독교인들 곧 공산주의자들과 로마카톨릭에 의해서 자행되었다. 동구권에서는 일종의 국가교회라 할 수 있는 이슬람에 소속된 모슬렘들이 동일한 역할을 했다. 공산주의는 국가교회가 아니라, 진화론처럼 일종의 "종교"라 할 수 있다. 마오쩌둥, 스탈린, 레닌 등은 지구상에서 약

7,000만 정도의 죄인들을 제거했다. 히틀러도 감히 이 숫자에는 근접하지 못했다. 히틀러가 살해한 슬라브인, 러시아인, 프랑스인, 폴란드인, 독일인의 전체 숫자는 대략 800만이었고, 그 중 약 600만이 유대인이었으며 100만 명 정도는 루터교, 그리스정교, 카톨릭 등의 국가교회 소속의 명목상의 기독교인들이었다.

러시아와 중국의 공산주의자들이 살해한 약 7,000만 명 중, 러시아의 공산주의자들은 3,000만을 중국은 약 4,000만 명을 각각 죽였다. 이 7,000만 명 중에서 200만 혹은 300만 명의 그리스도인들이 있었을 수도 있다. 현재 모슬렘들은 아프리카, 아시아, 인도네시아, 필리핀 등지에서 거의 매일 그리스도인들을 죽이고 있으며, 그들의 교회와 성경을 불태우고 있다. 1970년 이래로 이런 일은 정기적으로 계속되고 있으며, 부시 정부가 이민자들에 대해서 "오픈 도어" 정책을 시행하고 난 이후로, 2004년 3월부터 매월 1,000명 정도의 모슬렘들이 미국에 입국하고 있는 실정이다.

적게 잡아도 미국의 국경 내에 오늘날 약 15,000명의 모슬렘들이 있으며, 그들은 테러가 "알라를 옹호하는 일"이며 무장하지 않은 남자들과 여자들과 아이들을 죽이는 것이 "알라의 뜻"이라고 믿는 자들이다. 그리고 점점 더 많은 모슬렘들이 들어오고 있다.

그들 대부분이 운전면허증을 소지하고 있으며, 의료혜택과 사회보장을 받을 수 있는 상태이다. 그리고 순진한 미국민들은 이들에게 혜택을 베푸는 데 쓰이는 비용을 세금으로 내고 있다.

『**그것은 하나님의 의로우신 심판의 표요**』(5절).

그리스도의 박해와(사 53장) 사도 바울의 박해(행 16:9,22,23)에 있어서 박해를 주신 분은 하나님이셨다. 하나님께서는 사탄이 성도들을 박해하는 것을 허락하기도 하신다(롬 8:30-37). 사실 데살로니가인들이 따라야 했으며(빌 4:9, 고전 11:1), 실제로 그들이 따랐던(살전 1:6) 사람은 주 예수의 이름을 위하여 "큰 일들로 고통을 받도록" 부르심을 받은 사람이었다(행 9:16). 즉 바울은 박해를 받는 것에 있어서 성도들의 『**본**』이었다(딤전 1:15,16).

그러나 막대기를 대시고(시 23:4) 채찍을 드시는(히 12:6) 분이 바로 우리 주이시므로, 그분은 단순히 그분의 자녀들을 징계하는 것으로 끝내지 않으신다(히 12:11과 그 주석). 주님은 또한 그분이 막대기와 채찍으로 쓰시는 자들에게도 보응하신다. 『**하나님께서 함께하시는 의로운 일은 이것이니, 너희에게 고통을 주는 자들에게는 환난으로 갚으시고**』(6절).

이 원리는 누가복음 17:1에도 해당되는 것이다.

또한 십자가 사건에 있어서도 이 원리는 유효하다(행 2:23).

하나님께서는 이 원리를 구약에서 두 번에 걸쳐 명확하게 설명하셨다. 예레미야애가에 나오는 하나님의 선택된 백성에게 주어진 참혹한 심판을 살펴보라. 또한 그 심판에 사용된 도구였던 바빌론과 바빌론인들에게 그러한 일을 자행함으로 그들이 치른 대가가 어떤 것이었는가 보라. 성경은 이사야서의 한 장 전체와 예레미야서의 두 장 전체를 이들에 대한 하나님의 심판에 할애하고 있다(사 47장, 렘 50,51장).

또 하나는 이스라엘을 침입한 산헤립으로 인해 하나님께서 앗시리아에게 어떻게 갚으셨는가이다(왕하 18장). 성경은 앗시리아에 대한 하나님의 심판에 대하여 나훔서에서 세 장, 이사야서에서 두 장을 할애한다(사 10, 37장).

미래의 보응은 재림 때 있을 것이다. 7-9절을 보라. 데살로니가인들을 박해했던 당대의 사람들은 물론 재림을 보지 못하고 죽었다. 그러나 그들의 미래는 요한복음 3:36, 로마서 2:8,9; 3:4,19,20, 히브리서 12:29, 빌립보서 2:10,11 등에서 살펴볼 수 있듯이 이미 정해져 있다(해당 주석을 참조하라).

1:7 고통을 받는 너희에게는 우리와 함께 안식으로 갚아 주시는 것이라. 주 예수께서 그의 능력의 천사들과 함께 하늘로부터 나타나실 때에

8 하나님을 알지 못하는 자들과 우리 주 예수 그리스도의 복음에 순종치 아니하는 자들을 불길 가운데서 벌하시리니

9 이런 자들은 주의 임재와 그의 능력의 영광으로부터 떠나 영원한 멸망의 형벌을 받게 될 것이라.

10 그 날에 주께서 오시면 그의 성도들에게서 영광을 받으시고 또 믿는 모든 사람들에게서 기이히 여김을 받으시리라. (이는 우리의 증거가 너희 가운데서 믿어졌기 때문이라.)

11 이러므로 우리가 너희를 위하여 항상 기도하는 것도 우리 하나님께서 너희를 그의 부르심에 합당하게 여기시고, 그의 온갖 기뻐하시는 선하신 뜻과 믿음의 역사를 능력으로 이루시사,

12 우리 하나님과 주 예수 그리스도의 은혜를 따라, 우리 주 예수 그리스도의 이름이 너희 가운데서 영광을 받으시고, 너희도 그 안에서 영광을 받게 하려 함이니라.

7절을 얼핏 보면 데살로니가인들이 대환란을 통과하면서 재림까지 안식을 누릴 것이라는 식으로 이해할 수도 있지만, 올바른 해석이 아니다. 그들의 안식은 주께서 다시 나타나실 때 온다. 〈킹제임스성경〉 본문은 『**그 날에 주께서 오시면 그의 성도들에게서 영광을 받으시고**』라고 기록함으로써 올바로 해석할 수 있게 해준다(10절).

7절부터 10절까지의 말씀은 반드시 기억하고 있어야 하는 부분이다. 왜냐하면 〈킹제임스성경〉을 비평하는 자들에 대해 많은 것을 시사하는 구절들이기 때문이다. 비평가들은 하나같이 자신이 원문을 번역한 것이 〈킹제임스성경〉의 언어보다 "더 명확하다"고 주장하며, 그래서 이러한 부분들은 수정되어야만 하며 그렇지 않으면 성경독자들이 오도하게 될 것이라고 주장한다. 필자는 이미 출간된 주석서들을 통하여 이러한 본문들을 하나씩 철저히 다루어 놓았다(히 9:28; 3:14; 10:26, 행 19:2; 3:19; 5:30 등).

그들은 『**성경**』에 관한 가장 위대하고 근본적인 진리들을 간과한다. 즉 성경은 양 날이 선 칼이라는 사실이다(히 4:12,13, 시 149:6). 이 칼은 양편 모두로 다 자를 수 있다. 치료를 목적으로 베어낼 수도 있고, 자르고 찌름으로써 당신을 살해할 수도 있는 것이다. 성경에는 죄인들을 오도하기 위한 목적으로 쓰여진 구절들이 많다. 가장 확실한 증거로는 말라키 4:1, 이사야 5:3, 욥기 12:6, 마태복음 10:23, 사도행전 2:38 등이 있다. 역사적으로도 기독교와 관련된 모든 이단들은 언제나 한두 개의 성경 구절을 오용하여 거짓 교리들을 뒷받침해 왔다.

칼 마르크스는 사도행전 2:44,45을 이용했다. 빌 클린턴은 갈라디아서 3:28을 써먹었다. 모든 제칠일안식교도들은 마태복음 5:19을 이용하고, 모든 구원받지 못한 자유주의자들은 요한일서 4:8을 기반으로 삼았고, 동성

연애자들도 마찬가지이다. 마호메트는 신명기 17:1-7; 20:9-14, 여호수아 11:11-19, 출애굽기 23:22-30, 마태복음 21:43에서 아이디어를 얻었다. 모든 여호와의 증인은 전도서 9:10과 요한복음 14:28을 쓴다. 로마카톨릭은 마태복음 16:1, 고린도전서 3:13,15, 요한복음 6:54-56; 21:25을 이용한다. 또한 캠벨주의자들은 모두 마가복음 16:16, 사도행전 22:16을 근거로 삼으면서, 지옥의 불길 속으로 다이빙한다.

성경을 읽고 공부하며 설교하는 그 동기가 올바르지 않다면, 하나님께서는 당신이 거짓말을 믿는 것을 허락하실 것이다(겔 14:9). 하나님께서는 고의적으로 이런 방식으로 성경을 기록하신 것이다.

예를 들어서 데살로니가후서 2장을 보라(살후 2:11,12).

하나님께서는 종교적인 위선자들에게 그들을 저주할 목적으로 거짓 선지자들을 주시겠다고 말씀하고 계신다(미 2:11).

필자가 설명하는 내용을 곧이곧대로 믿지 말고 성경을 찾아 확인해 보라. 아래의 구절을 주목하라.

『**너희 딸들이 행음하거나 너희 아내들이 간음해도 내가 그들을 벌하지 아니하리니, 이는 그들 자신이 음녀들과 함께 분류되며 창녀들과 함께 희생제를 드림이라. 그러므로 깨닫지 못하는 백성은 패망하리라**』(호 4:14).

신약성경의 저자이신 성령님께서는 하나님께서 남녀노소를 불문하고 오늘날의 죄인들이 음행이나 간음의 죄를 짓는 것을 허락하시고, 그들에게 벌주지 않으실 것이라고 말씀하고 계시다. 게다가 하나님께서는 하나님의 성전인 『**벧엘로 와서 범죄하며**』(암 4:4)라고 말씀하셨고, 이 말씀을 표면적으로만 본다면 당신이 마호메트보다 더 사악한 행음자가 되어도 괜찮다는 뜻이다. 마호메트는 열네 명의 "아내들"과 동시에 놀아났으며, 그

중 하나는 아홉 살짜리 어린애였고 또 하나는 자신의 며느리였다. 그뿐 아니라 열한 명의 여자 노예들과도 음행을 저질렀다. 하나님께서는 결코 그를 벌하지 않으셨다. 오히려 그가 그렇게 하도록 내버려 두셨다. 하나님께서는 마호메트가 죽는 날까지 진리를 찾거나 자신의 오류를 깨닫는 것을 허락하지 않으셨으며, 그는 이제 하나님의 아들을 대면해야 한다(빌 2장).

『**불길 가운데서 벌하시리니**』(8절). 곧 불가지론자들을 벌하는 것이다. 주께서 불태워 버리실 사람들은 바로 불가지론자들(agnostics)이다. 이 명칭은 "알지 못하는 자"라는 뜻이다. (이에 해당하는 라틴어는 "ignoramus"이다.) 불가지론자의 특징이 무엇인지 아는가? 그가 하는 말을 들어보라. "저는 하나님께서 계시다는 사실을 부인하지는 않습니다. 그럴 수도 있겠죠. 하여튼 저는 잘 모르겠습니다."

불가지론자는 정중한 무신론자라고 정의내릴 수 있다. 불가지론자의 말을 마태복음 21:26,27과 비교하여 보라. 예수 그리스도를 알 수도 없고 믿을 수도 없다고 말하는 불가지론자들은 사실 정직하지 못할 뿐이다.

모든 불가지론자는 실제로는 지식적으로 부정직한 자들이다. 로마서 1:18-20은 그들이 하나님께서 계시다는 사실을 알 뿐만 아니라, 그분이 창조주시며 태양처럼 삼위일체라는 사실을 알고 있다고 말씀한다. 태양은 보이지 않지만 느낄 수 있는 열선과(성령님), 보이지만 느낄 수 없는 광선과(하나님의 몸, 예수 그리스도), 볼 수도 느낄 수도 없는 화학선(하나님의 혼, 아버지)을 가지고 있다.

『**하나님의 진노가 불의 가운데서 진리를 붙잡는 사람들의 모든 불경건과 불의에 대하여 하늘로부터 계시되거니와 이는 하나님을 알 만한 것이 그들 속에 나타나 있기 때문이니 하나님께서 그것을 그들에게 보이셨음이**

라. 세상의 창조 때부터 그분에 속한 보이지 않는 것들이 분명히 보여졌고 심지어는 그분의 영원한 능력과 신격까지도 만들어진 것들에 의해 알려졌으므로 그들이 변명하지 못하느니라』(롬 1:18-20).

『**하나님을 알지 못하는 자들과 우리 주 예수 그리스도의 복음에 순종치 아니하는 자들을 불길 가운데서 벌하시리니**』(8절).

불가지론자들과 영지주의자들과 하나님이 있다고 믿는 이신론자들은 모두 마태복음 27,28장, 마가복음 15,16장, 누가복음 23,24장, 요한복음 19-21장을 믿지 않는다. 그들에게 필요한 것은 『**믿음으로 순종**』하는 것이다(롬 16:26). 하나님은 불가지론자들과 영지주의자들을 포함하여 누구에게나 그분의 아들을 믿을 수 있는 충분한 믿음을 주신다(엡 2:8,9, 롬 10:8). 예수 그리스도께 순종한다는 것은 다른 것이 아니라, 그분을 믿는 것을 말한다(히 5:9, 롬 10:14과 그 주석). 물로 세례를 받거나 침례를 받는 행위가 아니다. 이단들과 우매한 사람들이 이 부분을 마가복음 16:16과 사도행전 5:32과 함께 마구 섞어 놓아서, 심지어 침례교인까지도 이러한 오류를 어느 정도 수용하고 말았다. "우리는 침례가 어떤 사람을 구원할 수 있다고 믿지 않습니다. 그러나 그것은 단지 순종의 행위입니다." 이와 같은 입장은 캠벨주의자와 한패거리가 될 수 있는 근거를 제공한다. 왜냐하면 로마서 10:16,17에서 언급하는 『**순종**』은 로마서 16:26이 그 뜻을 정의하고 있기 때문이다. 사도행전에서 정의 내려진 것이 아니다.

이제 독자들도 성경이 양날이 섰고, 양편을 모두 자르는 칼임을 알았을 것이다.

사도행전 8장 이후로 물침례를 통하여 성령을 받은 그리스도인은 없다. A.D. 36년 이래로 오직 믿음으로 성령을 받아왔다(갈 3:14 주석).

『이런 자들은... 형벌을 받게 될 것이라』(9절).

무엇으로 형벌을 받게 될 것이라고 말씀하는가? 요한 바오로 2세나 빌리 그래함에 따르면 죄인들이 받는 형벌은 단지 "하나님께로부터 분리"되는 것이라고 한다. (계 20:15과 마 25:41을 혼동하여 이런 오류를 범한 것이다. 성령의 칼이 이들의 배를 가른 것이다.) 성경적인 심판은 다음과 같다.

『불길 가운데서 벌하시리니... 영원한 멸망의 형벌을 받게 될 것이라』(8,9절).

『영원한 불』(마 18:8; 13:42).

『그 고통의 연기』(계 14:11).

『지옥불의 위험』(산상설교, 마 5:22).

『내가 이 불꽃 가운데서 고통을 받고 있나이다』(눅 16:24).

『우리 하나님은 **소멸케 하시는 불이심이라』**(히 12:29).

『그 이름이 질투인 주는 질투하는 하나님**임이니라』**(출 34:14).

『질투는 음부처럼 잔인하니, 그곳의 숯은 불타는 숯, 곧 심히 맹렬한 불길을 가진 것이라』(솔 8:6).

빌리 그래함이 교황과 손잡고 뭐라고 말했건 아무 상관이 없다. 성경은 **『실로,** 하나님은 **참되시나 사람은 모두 거짓말쟁이라.』**(롬 3:4)고 하셨다. 이 말씀은 정확하게 교황 요한 바오로 2세에게 해당되는 말씀이다.

주의 임재로부터 떠나는 것은 재림 때 즉시 일어날 일이다(마 25장). 죄인들을 불로 태우는 형벌은 영원하며 주의 임재로부터 떠나 일어날 것이며, 또한 그들은 **『거룩한 천사들의 면전과** 어린양**의 면전에서』** 영원히 불

탈 것이다(계 14:10). 어린양이신 예수님께서 구약 전체에서 가장 빈번하게 인용하셨던 구절이 바로 이 진리를 다루는 구절이다.

『**그들이 나가서 나를 거역하여 범법했던 사람들의 시체들을 볼 것이라. 이는 그들의 벌레가 죽지 아니하며 그들의 불도 꺼지지 아니할 것임이니 그들은 모든 육체에게 가증함이 되리라**』(사 66:24).

예수님은 이 구절을 신약에서 부분적으로 세 번 인용하셨다. NIV의 번역위원회가 이 구절들을 어떻게 처리했는지 아는가? ASV, NASV, RSV, NRSV 등도 똑같은 일을 저질렀다. "존경받는 성경학자들"은 예수 그리스도께서 이와 같이 비뚤어지고 편견에 사로잡힌 관점에서 성경 구절을 인용했을 리 없다고 믿는다. 말하자면 예수 그리스도는 그들처럼 경건하고 거룩하고 존경받을 만하며 자격 있고 사람을 따르고 사람을 기쁘게 하는 인본주의자여야 한다는 것이다. 긍정적인 사고방식의 예수 그리스도여야만 하는 것이다. 그러므로 주님께서 복음서에서 이사야 66:24을 인용하신 구절들은 제거되어야 마땅하다는 것이다. 이와 같은 이유 때문에 마가복음 9:44-50의 본문에서 변개된 성서들은 두 번이나 예수 그리스도께서 말씀하신 구절 전체를 삭제했다. 직접 찾아보라!

이것이 라오디케아 시대의 전형적인 모습이다. 즉 그리스도께서 교회 건물 밖에 계시는 시대인 것이다(계 3장).

11,12절은 특별한 설명이 필요 없다. 다만 그분의 부르심에 합당하게 되기 위해서, 그리스도인 각인은 그분을 위해서 뭔가를 겪어야 한다. 오직 주님만을 위해서 말이다. 곧 주께서 그 그리스도인이 그 일을 하기 원하신다는 그 이유 하나만으로 그 일을 감당하는 것이다. 그리스도의 심판석에

서는 그리스도인의 섬김의 동기들이 밝혀질 것이며(고전 4:5), 그리스도인들이 행한 많은 일들이 연기 속에 사라지고 말 것이다(고전 3:14,15).

오래된 시 중에 이런 시구가 있다.

"오직 한 번뿐인 인생,
그것은 곧 지나가 버릴 것이다.
오직 그리스도를 위해서 행한 일만 남을 것이다."

우리가 행한 일들은 불을 통과할 것이다(고전 3:13). 이 말씀은 또한 오늘날 설교자들이 전파하는 설교의 약 89%가 아마추어 심리치료와 인본주의적인 수작에 불과함을 시사한다. 만약 미국의 모든 그리스도인들이 차분하게 테이블에 앉아 펜을 들고 자신이 구원받고 행한 일들 중에 오직 그리스도를 위해서 행한 일, 곧 자아가 전혀 개입되지 않은 일을 정직하게 나열해 본다면, 대다수가 십 년에 단 한 가지 일도 나열할 수 없음을 알고 놀라게 될 것이다.

성경 말씀은 오늘날 전파되는 성경공부나 설교와 전혀 일치하지 않는다.

당신은 어떻게 『**그의 온갖 기뻐하시는 선하신 뜻과 믿음의 역사를 능력으로**』(11절)이룰 것인가? 당신이 설교하기를 좋아하기 때문에 설교함으로써 그렇게 할 것인가? 단순히 해야 하기 때문에 기도할 것인가? 단지 하나님께로부터 받기 위해 헌금을 드릴 것인가? 사람들이 당신을 영적이라고 생각해 주기를 원하기 때문에 자녀들을 올바로 기를 것인가? 또한 다른 사람들이 그렇게 하니까, 교회에 출석하는 것은 어떤가? 또한 구령한 숫자를 쓰기 위해, 당신의 사역이 영적인 능력으로 하는 것이라는 것을 증명하기 위해 구령하는 것은 어떤가? 성경에서 오류를 찾아내기 위해서 성경을 공부하는 것은 어떤가? 성결한 삶을 사는 것이 자신이 "죄인들과 세리들"보다 우월하게 만든다고 생각한다면 거룩하게 살려고 하는 것은 어떤가? 혹 아내가 떠날까봐 두려워서 아내와 화목하게 지내는 것은 어떠한가?

제1차 세계대전 이래로 이것이 바로 미국 기독교의 모습이다.

자기 기만적이고, 자기 의로 가득 차 있으며, 육신적인 수백만의 그리스도인들이다.

하나님의 부르심에 합당하게 된 사람들의 무리를 찾고자 한다면, 사도행전 13,14,16,19장과 히브리서 11장과 고린도후서 11장을 보라.

나는 1901년부터 2005년까지 미국의 모든 성경교사, 성경번역자, 성경출판사, 성경학자들 중 성경의 성도들과 어울릴 만한 인물은 열두 명도 채 되지 않는다고 단언할 수 있다. 이들은 성경 속의 성도들과 철저히 다르기 때문에 결코 그들과 동행할 수 없다.

데살로니가후서 2장

2:1 형제들아, 우리 주 예수 그리스도의 오심과, 그 앞에 우리가 함께
모이는 일에 관하여 이제 너희에게 간구하노니,
2 영으로나 말로나 또는 우리에게서 받았다고 하는 편지로나 그리스
도의 날이 가까웠다고 마음이 쉽게 흔들리거나 두려워해서는 안
될 것이라.
3 아무도 어떤 모양으로든지 너희를 미혹하지 못하게 하라. 이는 먼
저 배교하는 일이 이르지 않고, 또 그 죄의 사람 곧 멸망의 아들
이 나타나지 않고서는 그 날이 오지 아니함이라.
4 그는 대적하는 자며, 또 하나님이라고 불리는 모든 것과 숭배받는
대상 위에 자신을 높여 하나님의 성전에 앉아 하나님처럼 보여 자
신을 하나님이라고 하느니라.

본문에는 재림에 관한 두 가지 표현이 쓰였다. 로마카톨릭은 이 사실을 알아차리지도 분별하지도 못한다.

1. 『**우리 주 예수 그리스도의 오심과**』

2. 『**그 앞에 우리가 함께 모이는 일**』

이 두 가지 일이 쉼표 하나로 나눠져 있다.

이미 논의한 바와 같이 이는 성경의 고의적인 기만이다. 〈킹제임스성경〉의 비평가들과 환란후휴거론자들은 "왜 바울은 '함께 모이는 일'을 '오심' 앞에 놓지 않았는가?"라고 말하며 자신의 입장을 정당화하려 한다.

같은 이유로 하나님께서는 두 번의 재림을 순서를 바꿔서 나열해 놓으셨다(시 89편).

시편 89:19-37의 모든 내용은 재림에 관한 구절들이다. 그러나 그 다음에는 초림에 관한 내용이 이어진다(시 89:38-45).

또한 하나님께서는 베드로가 다음과 같이 베드로전서 1:11을 기록하게 하셨다.

『**그들 안에 계셨던 그리스도의 영이 그리스도의 고난과 다가올 영광을 미리 증거하실 때, 그 영이 무엇을, 또 어떤 시기를 지시하시는지 탐구하던 것이니라**』(벧전 1:11).

사람들이 하나님을 "괴상하다"고 말하지 않겠는가?

변개된 성서들의 번역자들은 감히 그렇게 말하지 못하고, 이와 같이 상치되는 본문들에 대한 분노를 다른 형태로 표출한다. 그들은 사람들이 하나님을 이상하다고 여길 만한 본문마다 여지없이 하나님의 말씀을 수정한다.

양날이 선 칼인 성경은 또한 사람들이 모든 유대인들이 구원받았고 침례인 요한이 등장했을 때 영속적인 평화가 지상에 임했다고 믿게 만든다(사 40:1-4). 물론 이 두 가지 일은 침례인 요한이 오기 전이나 후에도 이뤄지지 않았다. 또한 성경은 사람들이 누가복음 1:31-33에서 가브리엘이 언급한 『**다윗의 보좌**』가 사도행전 2:33,34과 같은 것이라고 생각하게 만든다.

물론 『**다윗의 보좌**』는 천상이나 셋째 하늘에 있는 것이 아니다(렘 3:17; 14:21, 슥 9:10).

성경은 면도날처럼 예리하고 양날을 가진 다마스커스 강철로 만들어진 칼과 같기 때문에, 신중하게 사용하지 않으면 다치게 된다.

『**마음이 쉽게 흔들리거나 두려워해서는 안 될 것이라**』(2절).

이렇게 권고를 주는 이유는 혹자가 데살로니가인들에게 첫 번째 부활은 영적인 것이며, 그러므로 그들은 부활을 놓친 것이라고 가르쳤기 때문이다. 이들이 바로 디모데전서 1:20의 『**후메내오와 알렉산더**』이며, 그들의 이단 교리가 바로 이것이었다(딤후 2:17). 1600년부터 1950년까지 칼빈주의 5대강령을 신봉하는 자들도 모두 이렇게 가르쳤다. 그들 중 대부분이 아직도 이렇게 가르치고 있다. 우리는 이런 이단자들을 "무천년주의자들"이라고 부른다. 무천년주의는 "그리스도께서 지상에서 1,000년간 통치하시는 기간이 없다"는 뜻이다. 물론 성경은 이 진리를 한 장에 여섯 번이나 언급하며 강조한다(계 20장).

즉 이들은 요한계시록 20:1-7이 문자적인 말씀이 아니라고 생각한다. 그러므로 보좌들에 앉아 통치하는 것 또한 문자적인 의미가 아니라고 주장한다. 무천년주의자들은 "첫째 부활"은 에베소서 2:5,6에서 말하는 부활로서, 영적인 것이라고 말한다.

이런 이단 교리가 있는가 하면 지상 재림이 곧 일어날 것이기 때문에, 우리는 데살로니가전서 4:13-18의 휴거를 놓쳤다고 설파하는 자들도 있다.

우리는 이 이단 교리를 "환란후휴거론"이라 부른다. 이 교리에 동조하는 자들은 마태복음 24:31, 시편 50:2-5, 이사야 26:19-21에 묘사된 환란 성도들의 휴거를 데살로니가전서 4장과 고린도전서 15장에 있는 그리스도의 몸의 휴거와 혼동한다. 로젠달(Rosenthal)은 이 교리로 사람들을 속여서, 그리스도의 몸이 대환란을 통과하지만, 그 전체 기간이 아니라 단지 42개월만 대환란을 겪고 나머지 42개월은 통과하지 않는다고 말한다. 그는 자신의 엉터리 교리를 "진노전(嗔怒前)휴거"(Pre-Wrath Rapture)라고 부른다. 로젠달의 교리가 사실이라면, 그리스도의 심판석과 어린양의 혼인식이 일어날 수 있는 기간은 없다는 것이며, 결국 요한계시록 20장의 천년기간 전체를 제거하는 결과를 가져온다. 왜냐하면 그는 베드로후서 3:10의 『**주의 날**』을 천년왕국 이후에 있을 백보좌 심판과 연결시키는 대신 재림(곧 아마겟돈 전쟁)과 연결시키기 때문이다.

성경이 어떤 책인지 알겠는가? 성경은 거룩한 책이다. 성경을 가지고 함부로 장난을 치면 그 칼날에 뼛속까지 베이게 된다.

모든 혼란의 핵심은 바로 『**그리스도의 날**』(the Day of Christ)이라는 표현이다. 이 표현 때문에 수백 년간 수많은 기독교 학자들이 곁길로 빗나가게 되었고, 본문을 올바로 해석하지 못하게 되었다.

그러므로 『**배교하는 일**』과 『**죄의 사람**』의 정체와 그가 언제 나타날지를 해석하기 전에, 다른 학자들이 전혀 시도하지 않는 획기적인 방법으로 접근하자. 곧 이 본문을 〈킹제임스성경〉에 있는 그대로 읽고 해석하는 것이다.

학자들이 발견하지 못한 첫 번째 열쇠가 여기 있다.

사도 바울은 『**주의 날**』을 다른 곳에서는 『**그 날**』(딤후 4:8; 1:18)이라고 부르며, 이는 구약의 서로 다른 일곱 가지 기간들에 대한 표현이며, 그 기간은 약 3,800년에 달한다. 학자들이 이런 것을 어떻게 찾아내겠는가? 자신의 지성과 능력이 하나님께서 번역케 하신 〈킹제임스성경〉보다 우월하다는 것을 증명하려 하면서, 1800년 이후 약 300명 이상의 학자들은 성경이 성경에 대해서 무엇이라 말하는가를 경시해 왔다.

구약에서 『**주의 날**』은 다음의 사건들을 가리킨다.

1. 앗시리아의 북왕국 열 지파에 대한 침입 : 사 10:5-16,20,21,24,27,32; 7:17,20, 암 5:18-20; 6:9,11,14.

2. 느부캇넷살의 예루살렘 파괴 : 욜 1:6-15, 사 2:12,20; 3:7,16,25,26; 5:25-30, 미 3:1,2, 렘 17:18,19,27.

3. 그리스도의 동정녀 탄생과 B.C. 4년의 초림 : 사 7:14-16; 61:1,2, 슥 9:9,10,14,16.

4. 미래의 그리스도의 천년왕국 통치 : 사 19:18-25; 24:21-23; 26:1-4, 호 2:18,19, 슥 13:1-6; 14:8-21.

5. 재림 때의 아마겟돈 전쟁 : 욜 2:1-11; 3:9-18, 미 5장, 사 25:7-11, 말 4:1-3, 슥 14:1-6, 겔 38:19.

6. 천년왕국 끝의 마지막 심판 : 벧후 3:10, 사 66:22-24, 단 7:9-11.

7. 메데-페르시아의 바빌론 파괴 : 사 13:6,9,17,19.

이제 로젠달이 이 용어를 재림에만 배타적으로 적용하려고 시도한 것이 얼마나 멍청한 짓이었는지 생각해 보라. 그는 어떻게 이런 해석을 도출하게 되었는가? 이는 그가 원본 "히브리어"를 운운하며 수차례 〈킹제임스성경〉을 고쳤기 때문이다. 고등교육을 받은 라오디케아 시대의 모든 배교자들 또한 이런 짓을 한다. 그들이 이런 짓을 해야만 하는 이유는 그래야 서로를 성경의 진리로부터 지켜 줄 수 있기 때문이다.

학자들이 구원받지 않았든 구원받았든, 또한 그들이 헌신된 학자들이든 아니든, 영국국교회 학자든 장로교 학자든, 침례교 학자든 극단적 세대주의 학자든, 이러한 구분은 그들의 행동과 목적에 아무런 영향을 미치지 못한다. 기독교 학자들의 의도는 절대 진리의 문제에 있어서 〈킹제임스성경〉이 최종권위가 되지 못하게 하고, 그대신 자신들의 의견을 제시하는 것이다.

라오디케아의 니콜라파 학자들이 간과한 또 하나의 잃어버린 열쇠가 있다. 그것은 사도행전 21:11의 『**성령께서 이렇게 말씀하시기를**』이라는 특이한 표현이다.

어떻게 고명하신 300명 이상의 학자님들이 『**주가 이같이 말하노라.**』는 표현이 2,000년 동안 나오다가 갑자기 바뀐 것을 알아차리지 못했을까? 이 표현은 사도행전에 나타나기 전에 이미 구약에서 약 100회 이상 등장했다. 왜 신약성경에서 갑자기 바뀐 것일까?

이러한 변화는 사도행전 21:11 당시에 바울과 함께 있던 사람들에게 삼위일체의 세 번째 위이신 성령님의 신성을 계시하기 위함이다. 데살로니가후서 2장에서의 이러한 단어 처리에서의 변화 또한 동일한 목적에서 이루어졌다. 그러나 이번에는 삼위일체의 두 번째 위이신 예수 그리스도의 신성을 강조하기 위함이다. 하나님께서는 구약에서 빈번히 상용구처럼 쓰이는 두 가지 표현을 취하셔서 (곧 『**주**가 이같이 말하노라』와 『**주**의 날』) 하나님의 삼위일체 되심을 이와 같이 확증하신 것이다. 곧 이 표현들을 『**그리스도**의 날』과 『**성령**께서 이렇게 말씀하시기를』로 바꾸신 것이다.

이러한 변화의 이유를 알지 못한 오리겐과 모든 알렉산드리아 계열의 사본들은 이런 변화를 고의적으로 제거하고 다시 "주"라는 단어를 끼워 넣었다.

현대의 모든 파괴적인 비평가들 또한 "주"라고 대체시킨 것을 수용했다. 그들 또한 오리겐만큼이나 그 지성이 엉망이 되어 버렸기 때문이다. 3, 5,6세기의 어거스틴과 제롬도 마찬가지다. 그들은 성령께서 이렇게 성경을 수정하신다는 사실을 믿을 수 없었다. 그러나 성령께서는 종종 그렇게 행하신다. 성령께서 이 용어를 바꾸셔서 『**주의 날**』을 포괄할 뿐만 아니라, 구약에서는 찾아볼 수 없는 주의 날의 국면을 강조하신 것이다.

『...**않고서는 그 날이 오지 아니함이라**』(for *that day shall not come, except*)(3절).

여기서 『**그 날**』은 다른 네 가지의 "날"들과 연결된다. 즉 그리스도의 심판석(고전 3장), 아마겟돈 전쟁(살후 1:5 주석), 천년왕국, 초림이다.

이와 같이 『**그리스도의 날**』이라는 용어는 『**주의 날**』이 교회 시대의 끝과 천년왕국의 시작과 천년왕국의 끝(벧후 3:10)을 포함한다는 사실을 보여 준다.

또한 이는 『**주의 날**』의 여덟 번째 적용이 된다. 『**그리스도의 날**』은 휴거와 그리스도의 심판석과 예수 그리스도의 혼인식을 포함한다. (ASV, NASV, NIV 등은 그리스도의 심판석을 "하나님"의 심판석이라고 변개시켰다. 롬 14:10) 중요한 것은 이 용어가 대환란 때에 땅에서 일어나는 일과 하늘에서 일어나는 일을 동시에 가리킨다는 사실이다.

이 모든 것을 종합해 보자면 이렇다. 1. 아마겟돈에 적용되는 『**주의 날**』은 적그리스도가 『**멸망의 아들**』로 나타나기까지 오지 않는다. 2. 휴거와 그리스도의 심판석은 『**먼저 배교하는 일**』이 일어나지 않고는 오지 않는다. 배교는 일어나고 있다. 1880년부터 1980년까지 배교는 급속도로 진행되고 있다. 『**배교하는 일**』과 『**멸망의 아들**』 사이의 간격은 십 일이 될 수도 있고 천 년이 될 수도 있다. 배교자들은 전부 콤마나 세미콜론 (혹은 "And"와 같은 단어) 등이 사건들을 2,000년 간격으로 갈라놓을 수 있다는 진리를 모른다. (창 49:11과 그 주석을 보라.)

클라렌스 라킨의 〈세대적 진리〉를 보라. 『**그 날**』이 천년왕국과 재림을 포함할 뿐만 아니라 그리스도의 심판석 또한 포함한다는 사실을 보라(딤후 1:18; 4:8, 고후 1:14, 고전 5:5). 이것이 성령께서 큰 백보좌 심판까지 포함하는 『**주의 날**』(벧후 3:10-12)의 시작을 『**그리스도의 날**』이라고 부르신 이유이다. 만약 데살로니가후서 2:2에서 "주의 날"이라고 말하는 헬라어 필사본을 찾는다면, 쓰레기통에 던져 버리라.

라킨의 〈세대적 진리〉 80,81페이지에는 "성경의 예언의 날들"이라는 도표가 있다. 여기서 라킨은 "적그리스도의 날, 인간의 날, 주의 날은 서로 겹친다. 그러나 명확성을 위하여 겹치는 부분은 표시하지 않았다."라고 주석을 달아 놓았다. 즉 라킨 형제는 그의 저서를 읽는 독자가 성경을 찾도록 하였던 것이다. 라킨의 저서가 기록된 1929년 이래로, 그 어떤 "주석성경" 편찬자나 출판사도 라킨처럼 성경을 열심히 연구하지 않았다.

라킨은 분명하게 하늘에서 일어나는 일들을 데살로니가후서 2장처럼 "그리스도의 날"이라고 명명했다. "구원의 날"은 분명히 그 도표에서 재림이 아니라 휴거로 끝이 난다. 그리고 『**죄의 사람**』 또한 인간이기 때문에 "인간의 날"은 대환란을 포함한다. 라킨은 겹치는 부분을 그리지 않았을 뿐이다. 복잡하게 그리지 않아도 성경 구절들을 살펴보면 이 날들이 서로 겹친다는 것을 알 수 있다. 라킨이 놓친 것은 하나뿐이다. 그것은 『**주의 날**』과 "백보좌 심판"이 서로 겹친다는 사실이다. 그는 백보좌 심판을 『**주의 날**』로부터 분리시켜 "심판의 날"이라고 이름 붙였다. 물론 정확한 명칭이지만(마 12:36, 벧후 2:4), 『**주의 날**』과 겹치는 부분이 있음을 간과한 것이 문제가 될 뿐이다.

하나님께서는 이렇게 중첩되는 사건들로 극단적 세대주의자들을 혼란스럽게 하셨다. 벌링거, 오헤어, 스템, 베이커, 무어, 왓킨스, 샤프 등이 이런 경우인데, 이들은 『**진리의 말씀을 올바로 나누**』는(딤후 2:15) 일에 너무 혈안이 된 나머지, 성경의 모든 언약들과 소위 "세대들"을 무 자르듯이 잘라 버렸다. 엄청난 실수를 한 것이다. 예를 들어서 창세기 3장의 언약은 잇따라 오는 5개의 시대들에도 적용되며, 노아의 대홍수(B.C. 2400년) 이전의 사람들에게 적용되는 것처럼 교회 시대(A.D. 33 - A.D. 2005)의 구원받은 사람들에게도 똑같이 적용된다.

이만하면 〈킹제임스성경〉에 대해 불신과 무지로 일관하는 라오디케아 교회 시대의 배교한 근본주의 학자들의 사적인 해석은 충분히 다뤘다고 본다. 이제 성경적인 관점에서 데살로니가후서 2:1-12을 연구해 보자.

『**그리스도의 날**』(2절)은 재림과 천년왕국을 포함하며, 이런 의미로는 그 날이 『**가까웠다**』고 할 수 없다. 선행되어야 할 일들이 있다. 『**그리스도**』라는 단어가 삽입된 것은 그분의 신성을 강조하기 위해서이다.

『**배교하는 일**』(3절)이 먼저 일어나고 나서 비로소 『**그 앞에 우리가 함께 모이는 일**』(1절)이 일어나며, 적그리스도는 그 후에 출현한다. 성경은 이 사건들 사이의 시간 간격이 있다고 말하지 않는다. 그러나 문제는 『**그 죄의 사람 곧 멸망의 아들이 나타나**』리라는 표현에 있다(3절). 그가 "나타날" 때, 분명히 단순히 『**죄의 사람**』으로써 뿐만 아니라 그의 실제 본성 그대로 저주의 아들 곧 『**멸망의 아들**』로 나타날 것이다.

이 본문을 읽는 그리스도인들은 누구나 이미 누가 『**멸망의 아들**』인지 알고 있다. 『**멸망의 아들**』은 『**끝없이 깊은 구렁의 천사**』다(계 9:11). 그리스도인은 이 진리를 알며, A.D. 90년경에도 알 수 있었을 것이다. 그는 왕이었고, 『**그 자신의 거처**』가 있었다(행 1:25). 그는 지상에 사람으로 나타났으며(요 6:70), 예수 그리스도께서는 그를 『**멸망의 아들**』이라 부르셨고(요 17:12), 그는 궁극적으로 『**멸망**』으로 들어갈 것이다(계 17:8).

그러면 21세기를 사는 그리스도인 중 누가 그가 나타날 때 지상에 있고 싶겠는가? 오직 잃어버린바 된 죄인과 성경을 거부하는 교인들만이 그의 나타남을 기다릴 뿐이다.

6절에서 우리는 그가 미래의 특정한 시기에 나타날 것이라는 말씀을 읽는다. 『**그가 자기 때에 나타나려는 것이라.**』 그러나 이 말씀은 온 세상이 그를 알게 된다는 것을 의미한다(계 13장). 그는 그때 죄인들에게 10-12절에 기록된 대로 나타날 것이다.

그러므로 그리스도인이면 누구나 『**멸망의 아들**』의 정체를 알아내기 위해 대환란 때까지 기다릴 필요가 없다. 적그리스도가 나타날 때 UN이 그에 대해 뭔가를 알아낸다 해도(사 14:6,16) 오늘날 성경대로 믿는 그리스도인이 깨달은 지식보다 더 많은 것을 알아낼 수 없다.

이사야 14:16은 사탄을 "사람"(the man)이라고 말하며, 그는 『**지극히 높으신 분같이**』(사 14:14) 되겠다고 했다. 즉 NIV, ASV, NASV, RV, RSV, NRSV, NEB, NWT, CEV 등의 성경의 번역대로 그는 하나님을 "모방하는"(IMITATE) 자이다.

1. 예수 그리스도는 『**하나님의 아들**』이시다(요 9:35).
2. 적그리스도는 『**멸망의 아들**』이다(살후 2:3).
3. 예수 그리스도는 『**슬픔의 사람**』이시다(사 53:3).
4. 적그리스도는 『**죄의 사람**』이다(살후 2:3).
5. 예수 그리스도는 『**경건의 신비**』를 이루셨다(딤전 3:16).
6. 적그리스도는 『**불법의 신비**』를 성취할 것이다(살후 2:7).
7. 예수 그리스도는 『**참 포도나무**』시다(요 15:1-3).
8. 적그리스도는 『**땅의 포도송이**』가 될 것이다(계 14:18).
9. 예수 그리스도는 『**선한 목자**』시다(요 10:14).
10. 로마카톨릭의 적그리스도는 『**우상 목자**』이다(슥 11:17).
11. 예수 그리스도는 그분의 아버지의 이름으로 오셨다(요 5:43).
12. 적그리스도는 『**자기 이름으로**』 온다(요 5:43).

이 자는 세상 사람들에게는 나중에 나타날 것이지만, 초등학교 5학년 수준의 〈킹제임스성경〉의 영어를 읽을 수 있는 사람이라면 누구나 적그리스도에 대해서 이미 너무 많은 정보를 깨달았기 때문에 그가 누구인지 알아맞추지 못할 사람이 없다.

적그리스도는 시리아계 유대인으로 함족의 피를 이어받은 자이다. 그는 또한 양성애자이며, "악한 통치자"로 다스릴 것이며(겔 21:25), 시온 산의 재건된 성전에서 거짓 메시아(기름부음받은 자)로 통치할 것이다(4절). 그는 자신이 "육신으로 나타난 하나님"이라고 말할 것이며(4절), RV, RSV, NRSV, ASV, NASV, NIV 등을 통하여 예수 그리스도께서 하나님이심을 부인할 것이다. (이 변개된 성서들에서 딤전 3:16을 찾아 비교해 보라.)

예루살렘은 그가 다스리는 동안 『**소돔과 이집트**』가 될 것이다(계 11:8). 그는 42개월 동안 다스리면서, 자신의 "표"(검은 점)나 그의 숫자(666)나 그의 이름(헬라어로 『**아폴루온**』이며 히브리어로 『**아바돈**』이라 하는 이름, 계 9:11)을 받지 않는 사람들을 참수시킬 것이다. 그는 UN에 속한 모든 국가들로 자신의 살아 있는 우상(계 13장)에게 경배하라고 지시할 것이며, 모든 민족이 지상에서 유대인들을 멸종시키기로 합의할 것이다(슥 10-14장). 그의 글자는 "X"이며, 그의 표시는 "평화의 키스"이다.

(적그리스도에 대해 더 자세한 정보를 원한다면 〈짐승의 표〉와 〈UFO를 둘러싼 음모〉를 구해 공부해 보라. 그리고 〈Ruckman's Apocalypse〉에 수록된 삽화들도 이 주제와 관련된 진리를 이해하는데 도움이 될 것이다.)

즉 그가 미래에 나타난다는 말씀은 세상 사람들에게 그렇다는 것이다.

순수한 성경을 가진 성도들은 그의 정체를 알고 있다.

그리스도인은 적그리스도가 나타나는 것을 기다리지 않는다. 바울은 단순히 데살로니가인들에게 『**주의 날**』이 오기 전에 벌어질 일들에 대해서 설명하고 있으며, 그는 이 날을 『**그리스도의 날**』이라 부른다. 왜냐하면 데살로니가의 그리스도인들에게 『**그 날**』은 재림이 아니라 휴거(살전 4장)와 함께 시작될 것이기 때문이다. 반면에 세상 사람들에게 『**그 날**』은 요한계시록 19장, 말라키 4장, 이사야 63장, 예레미야 25장, 재판관기 5장, 요엘 3장에 있는 『**그 날**』이다.

『**그리스도의 날이 가까웠다...**』(2절).

그리스도인에게는 그 날이 "가까웠다"고 말할 수 있지만, 『**그 날**』은 곧 『**주의 날**』이기 때문에 잃어버린 죄인들에게는 재림과 함께 있을 일들이 일어나기 전까지는 가까웠다고 말할 수 없다.

바울의 저작에서 그가 서신을 기록하는 시점과 휴거 사이의 시간 간격을 두지 않은 점을 명심하라. 바울에게 휴거는 고린도전서 15:51과 로마서 13:11,12에서처럼 임박한 것이었다. 구약적인 의미에서 『**주의 날**』은 그 기간 안에 시간 간격을 가지며, 이때 배교가 일어나고 『**죄의 사람**』의 정체가 드러나게 된다.

이 구절들을 다루는 가장 좋은 방법은 〈킹제임스성경〉 번역자들이 당대의 로마카톨릭 교황을 죄의 사람이라 규정한 바와 같이 『**죄의 사람**』은 교황이라고 말하는 것이다. (〈킹제임스성경〉의 서문을 보라.) 장차 그는 육화된 사탄이 될 것이며, 창세기 3:15에 예언된 대로 "뱀의 씨"가 될 것이며 문자 그대로 "사탄의 아들"이 될 것이다. 그는 암살당한 후에 죽은 자들로부터 일어날 가능성이 높다. 스가랴 11:17, 욥기 3:8, 에스겔 31:15을 보라. 물론 고명하신 학자님들이 지난 383년 동안 위의 세 개의 관련 구절들을 찾아내지 못했음은 말할 필요도 없다.

여호와의 증인들은 오랫동안 『**죄의 사람**』은 로마에서 UN을 통치하는 교황을 가리키는 것이며, 그는 그 후 로마에서 예루살렘으로 가서 성전에 앉아 자신을 "거룩한 아버지"로 내세우며 지속적으로 경배받을 것이라고 가르쳐 왔다. 여호와의 증인들이 구원받지도 못하고, 거짓 교리들을 믿는 이단 집단이라 할지라도, 이 부분에 대해서만큼은 꽤나 괜찮은 주석을 한 것이다. 다음 구절을 보라.

『**그는 대적하는 자며, 또 하나님이라고 불리는 모든 것과 숭배받는 대상 위에 자신을 높여 하나님의 성전에 앉아 하나님처럼 보여 자신을 하나님이라고 하느니라**』(4절).

제미에슨, 포셋, 브라운 또한 이번에는 본문에 대해 올바른 주석을 달았다. 그들 또한 본문을 있는 그대로 믿었기 때문이다. 그러나 〈새 성경 주석서〉는 전형적인 오류를 보여 주고 있는데, 본문에 기록된 모든 일들이 과거의 사건이라는 것이다. 즉 다니엘 7:25에 등장하는 안티오쿠스 에피파네스 통치 하에 일어난 일을 말하거나, A.D. 40년경 로마 황제 가이우스가 자신의 형상을 세우려고 한 사건을 언급한 것이라고 주장한다.

〈위클리프 성경 주석〉은 문자적인 해석을 하기는 하지만, 현재 예루살렘에 적그리스도가 들어갈 성전이 없기 때문에 이 일이 어떻게 이루어질지 제대로 설명해 내지 못했다. 또한 다른 주석가들은 본문이 예루살렘에 있는 성전을 말하는 것이 아니라, "성령의 전" 안에, 즉 당신의 몸 안에 사탄이 거하는 것을 말하는 것이라고 한다! (휴거 이전에 있을 성전 재건에 대해서는 〈죽음의 재 같은 땅 이스라엘〉의 부록 3 "성전재건"을 읽어보라. pp.466-475)

성경적인 관점에서 보자면, 『**멸망의 아들**』이 들어가서 『**자비석**』(출 25:18-22, 계 2:13) 위에 앉을 환란 성전은 48시간 내에 건축될 수 있다. 전천년, 후천년, 무천년주의 학자들 모두 이 진리를 다루지 못했다. 만약 성경에 예언된 그대로 적그리스도가 42개월 동안 통치하며, 모세와 엘리야가 42개월 동안 그를 대적해 증거하고, 그동안 이스라엘이 광야로 도망하여 만나를 먹게 될 것이라고 믿는다면(미 7:14, 출 16장, 계 12:6,14), 이 모든 일이 시작되기 이전에 곧 42개월이 시작되기 전에 당연히 『**성전**』이 세워져 있어야만 한다(계 11:1,2).

이는 또한 그리스도의 몸은 이 42개월의 기간 동안 지상에 있지 않을 것이기 때문에 휴거가 지체될 수도 있음을 의미한다(계 11:1,2).

즉 휴거가 언제 일어날 것인가 하는 문제가 성전 재건의 여부에 따라 조건적이 된다는 말이다. 이렇게 따지자면 지금 현재는 휴거가 일어날 가능성이 낮다고도 말할 수 있다. 왜냐하면 열왕기상 6:38에 따르면 성전을 세우는 데는 약 7년이 걸리기도 하고, 예수님 당시의 성전은 건축하는 데 약 40년이 걸리기도 했다(요 2:20). 즉 이 사실은 A.D. 2005년 오늘날 그 누구도 헤롯 성전이나 솔로몬 성전에 상응하는 성전 건물을 일주일 안에 건축할 수 없음을 의미한다.

이런 부분이 바로 하나님께서 〈킹제임스성경〉을 통해서 예언과 종말론 연구가들을 당황케 하시는 부분이다. 하나님의 관점에서, 세워지는 것은 성전이 아니라 "성막"이다. 사도행전 15:16에서는 『**내가... 쓰러진 다윗**

의 장막을 다시 세울 것이며』라고 말씀하셨다. 사도행전 15:15,16이 인용한 아모스 9:11,12에서 쓰인 히브리어 단어는 "숙카"(sukkah)로, "숙콧의 절기"와 연관된 것이며, 이는 곧 『**장막절**』을 말한다. 그러므로 아모스의 말씀은 출애굽기에서 모세가 광야에서 세운 구약의 장막(Tent)과 성막(Tabernacle)을 지칭하는 히브리어 단어인 "미쉬칸"과 밀접하게 연관되는 것이다. 그러므로 "건물"을 지칭하는 것이 아니다. 그래서 사도행전에서 야고보는 "장막"이라고 말한 것이다.

천과 가죽으로 만들어진 『**성막**』(Tabernacle)은 사무엘상 1:9에서 솔로몬이 어떤 성전도 건축하기 전부터 『**성전**』(Temple)이라고 불려졌다. 『**성막**』(Tabernacle)은 텐트(장막)로 덮인 전체 구조물을 말하는 용어이다. 그래서 사무엘상 1장에서 성막을 『**성전**』이라 부른 것이다.

『**성전**』은 다시 지어질 수 있다. 이것이 주께서 사도행전 15:16에서 그렇게 말씀하신 이유이다. 다윗의 "성막"(tabernacle, 삼하 6:17)은 진짜 성막이 아니다. 그것은 다윗이 성전이 없었을 때 언약궤를 위해 세운 장막이었을 뿐이기 때문이다. 하나님께서도 친히 자신이 『**장막과 성막에서 행하였느니라.**』(삼하 7:6)고 말씀하셨다.

유대인들이 성막을 세울 것을 준비해 왔다면, 구약의 『**성막**』은 48시간 안에 세워질 수 있다.

다윗이 언약궤를 위해 세운 『**장막**』(tabernacle)은 촛대나, 차려 놓은 빵이나 제단이나 향단이 없었다(삼하 6:17). 언약궤만 그 안에 있었을 뿐이다. 그것은 단순한 하나의 장막에 불과했다. 반면 성막은 예루살렘에 있지 않았고, 『**기브온에 있는 산당**』에 있었다(대상 16:39; 21:29, 대하 1:3).

『하나님의 성전에 앉아 하나님처럼 보여 자신을 하나님이라고 하느니라』 (4절).

다니엘은 즉시 그를 규명한다.

『그 왕이 자기 뜻대로 행하고 자신을 높일 것이요 모든 신보다 자기를 높이고 신들의 하나님을 거슬러 이상한 일들을 말할 것이며 그 분노가 마칠 때까지 번성하리니, 이는 작정된 일이 이루어질 것임이라. 또 그는 자기 조상들의 하나님이나 여자들의 원하는 바를 개의치 않으며 또 아무 신도 개의치 아니할 것이니, 이는 그가 모든 것보다 자신을 높일 것임이라』(단 11:36,37).

적그리스도에게는 닮은꼴이 있었다. 더 정확히 말하자면 A.D. 500년 이래로 일종의 적그리스도의 "선두주자"들이 나타났다. 모든 교황들은 아버지 하나님께만 해당되는 칭호를 사칭한다. 바로 **『거룩하신 아버지』** 이다(요 17:11). 이들은 사람들이 자신에게 절하고 자신을 지상의 그리스도의 몸의 머리로 인정하게 만들었다. 로마카톨릭 출판사가 로마카톨릭 주교나 대주교의 승인을 받아 출간한 공식적인 로마카톨릭 문서에 따르면, 교황은 지상에서 그리스도의 교회의 머리일 뿐만 아니라 전 지구상의 모든 나라의 모든 사람의 영적인 통치자라고 한다. 교황들은 항상 그들이 국제연맹(League of Nations)과 국제연합(United Nations)의 정치적이고 또한 영적인 통치자라고 주장해 왔다. (이 부분에 대해서 더 심도 깊은 연구를 하기 원하는 이는 다음 책들을 연구하라. St. Ligouri 저, 〈The True Spouse of Christ〉; John Eudes 저, 〈The Priest, His Dignity and Obligations〉 vol. I ; 필립 샤프 저, 〈The History of the Christian Church〉 vol. V).

로마카톨릭 신자들이 말한 이러한 공식적인 진술들은, 모든 카톨릭 사제들은 – 모든 교황은 교황이 되기 전에 사제였다 – "가시적인 신들"이라는 것이다. 즉 그들은 신들을 만드는 신들인 것이다. 사제라면 누구라도 "하늘 나라의 문을 열고 닫을 수 있으며," 역대 모든 교황들은 "지상의 모든 나라들을 유업으로 받는다." 즉 그들은 시편 2편에서 모든 민족들을 유업으로 받는 것이 바로 교황들이라고 주장한다.

수녀가 사제가 하는 말에 복종하면, 그 수녀는 "천사가 명령을 내릴 때보다 하나님의 뜻을 수행하고 있음을 더 분명하게 확신할 수 있다." "예수 그리스도께 복종하는 것보다 사제에게 복종하는 것이 하나님의 뜻을 행한다는 것에 대해 더 확신할 수 있다." 사제의 말에 복종한다는 것은 "하나님의 지위를 가진 이에게 복종하는 것이며... 하나님께서 직접 내리신 명령을 행하는 것과 같다." "교황은 서원이 얼마나 엄숙하고 신성한 것인지에 관계없이 그것을 면제할 수 있다." (곧 교황은 하나님으로 행세할 수 있다는 것이다.)

카톨릭이 공식적으로 허가한 〈카톨릭 교회의 소사, A Short History of the Catholic Church〉라는 서적에 따르면(Wedewer and McSorley사, 1916, p.103), "하나님의 법이 정하며, 모든 카톨릭 신자가 반드시 믿어야 할 교리는 모든 사람이 (카톨릭 신자만이 아니다) 성 베드로와 그의 계승자들 – 로마의 교황들(Roman pontiffs) – 의 통치권 안에 있다."는 사실이다.

〈카톨릭 백과사전〉에 따르면, 교황 니콜라스 3세(1277-1280)는 자신을 "하나님의 대리자"라고 칭하도록 명령했다. 이노센트 3세는 (주 예수님께서 마태복음 20:25-28에서 하신 말씀과 달리) "베드로가 나를 만왕의 왕,

만주의 주의 대리자로 만드셨다. 그분께서 나에게 나의 사제직을 위한 주교관과 나의 왕권을 위한 왕관을 주셨다."라고 말했다.

그러나 성경이 가르치는 진리는 "십자가가 없으면, 면류관도 없다."는 것이다.

"모든 통치자들과 왕들의 권리와 권력은 교황으로부터 온다."(〈Ecclesiastical Megalomania〉, John Robbins 저, 1999, p.121) 이노센트 4세는 "그리스도께서 모든 사람들 위에 권세를 가지셨기 때문에," 모든 교황들 또한 "그리스도인 뿐만 아니라 모든 이교도들(불교도, 모슬렘, 유대인, 힌두교도 등)을 다스리는 권세를" 가졌다고 말했다(ibid., p.123).

교황과 그의 교회는 둘 다 "지상의 어떤 국가나 권력에 종속될 수 없다," "그의 권세는 바로 예수 그리스도의 권세이며, 그의 권세는 무한하다"(ibid., p.132). 이 문구는 1983년에 출간된 〈The Code of Canon Laws〉라는 공식 카톨릭 문서에서 인용한 것인데, 사실 교황 요한 바오로 23세가 대대적인 개혁을 한 것처럼 생각하지만, 여기서 확인할 수 있듯이 로마카톨릭은 전혀 바뀌지 않았다. 요한 바오로 23세의 "대관식"에서, 그는 이제 자신이 "전 세계의 통치자"라고 말했다. 곧 뉴욕 시에서 모이는 UN에 가입한 191개국 전부를 말하는 것이다. 로마카톨릭은 제2차 바티칸공회가 끝난 후에도 변함없이 모든 교황이 중동과 아시아와 인도와 미 대륙과 유럽과 전 세계에 있는 모든 인종, 모든 종교에 속한 모든 지구인을 다스리고 지배하고 통제할 권력이 있다고 주장하고 있다.

『그는 대적하는 자며, 또 하나님이라고 불리는 모든 것과 숭배받는 대상 위에 자신을 높여 하나님의 성전에 앉아 하나님처럼 보여 자신을 하나님이라고 하느니라』(살후 2:4).

『또 그는 자기 조상들의 하나님이나 여자들의 원하는 바를 개의치 않으며 또 아무 신도 개의치 아니할 것이니, 이는 그가 모든 것보다 자신을 높일 것임이라』(단 11:37).

교황은 자기가 전능하신 하나님으로 대접받고 존경받아야 마땅하다고 주장하는 유일무이한 죄인이다.

심지어 마호메트나 히틀러조차도 그와 같은 멍청하고 어리석고 무지막지한 오류를 범하지는 않았다. 근본주의자들이 맹비난하는 영국의 제임스 왕은 이와 같은 신성 모독은 꿈도 꾸지 않았다. 적그리스도는 경배를 받기를 원한다(단 11:36). 그러므로 레오 1세 이래로 모든 로마카톨릭 교황들이 차지했던 그 자리가 바로 적그리스도가 좌정하여 경배를 받기에 가장 적합한 장소가 되는 것이다. **『카이사 외에는 우리에게 왕이 없나이다』**(요 19:15).

지상의 모든 길, 곧 넓고, 더럽고, 어두운 길은 모두 로마로 통한다(계 17,18장의 주석을 보라).

2:5 내가 너희와 함께 있었을 때에 너희에게 이 일들에 대해 말한 것을 기억하지 못하느냐?

6 이제 너희는 무엇이 막고 있는지를 아나니 이는 그가 자기 때에 나타나려는 것이라.

7 불법의 신비가 이미 활동하고 있나니 현재는 막는 자가 있어 막을 것이나 그가 그 길에서 옮겨질 때까지만 그리하리라.

8 그리고 나서 그 악한 자가 나타나리니 주께서 그를 자기 입에서

나오는 영으로 소멸하시고 그의 찬란한 오심으로 제거하시리라.
9 **그 악한 자가 오는 것은 사탄의 역사에 따라 모든 능력과 표적들**
과 거짓 이적들과,
10 **멸망하는 자들 안에 있는 모든 불의의 속임수로 오는 것이니, 이**
는 그들이 진리의 사랑을 받아들이지 아니하여 구원을 받지 못하
였기 때문이라.
11 **이로 인하여 하나님께서 그들에게 강력한 미혹을 보내시어 거짓말**
을 믿게 하심은
12 **진리를 믿지 않고 불의를 좋아하는 모든 자로 심판을 받게 하려**
하심이라.

이제 죽음의 계곡으로 전진하는 학자들을 보라!

케네스 웨스트는 "헬라어 원본"에 사로잡혀서, 환란 전 휴거를 확증하는 증명 구절로 7절을 제시했다. 그리고 3절에서의 『**배교하는 일**』(falling away)이라는 표현은 "위로 떨어지는 일"이라고 번역되어야 한다고 주장한다. (이런 것이 바로 헬라어 신약성경에서만 캐낼 수 있는 "금덩어리"이다!) NKJV의 번역자들이 이 부분을 만났을 때, 그들은 모두 『**죄의 사람**』을 성령이라고 부르며, "그"(he)에서 첫자 에이취(h)를 대문자로 만들어 신성을 의미하는 것으로 만들었다. "그분이(He) 길에서 옮겨질 때까지"라고 번역한 것이다. 결국 NKJV의 번역자들은 『**죄의 사람**』에게 신성을 부여한 꼴이 되었다. NKJV의 번역에 협조한 섬너 웸프, 커티스 헛슨, 해롤드 오켕가, 트루먼 달라, 웰리 크리스웰, A.V. 핸더슨, 제리 팔웰은 모두 7절의 『**그**』(he)라는 인칭대명사가 3절부터 6절까지의 본문에서 계속 언급해 온 분명한 대상을 지칭한 것임을 알아보지 못했다.

『**또 그 죄의 사람... 나타나지 않고서는... 그는**[he] **대적하는 자며, ... 자신을**[himself] **높여 하나님의 성전에 앉아 하나님처럼 보여 자신을**[himself] **하나님이라고 하느니라... 그가**[he] **자기**[his] **때에 나타나려는 것이라**』(3-6절).

환란 후 휴거론자들에 의해서 압력을 받고, 휴거가 없다고 주장하는 무천년주의자들에 의해 궁지에 몰리다 보니, 환란전휴거론자인 제리 팔웰의 NKJV는 "용서받을 수 없는 죄"의 정반대의 죄를 짓고 말았다.

성령님의 역사를 마귀가 하는 일이라고 모독하지 않고(마 12:31,32와 해당 주석 참조), 대신 마귀의 역사를 성령님께서 하시는 일로 해석한 것이다.

누가 이런 교리를 가르치는지 아는가? 바로 미국의 유명 근본주의, 보수주의 기독교 대학들에서 가르치는 헬라어 학자나 성경 교수들이 신성모독을 자행하는 것이다. 그들은 아직도 이런 일을 행하고 있으며, 배교에는 치료제가 없다.

〈리버티 성경 주석〉은 『**죄의 사람**』이 성령님인 것처럼 주석하면서, "지금 『**죄의 사람**』의 활동을 억제하고 있는 것이 성령의 사역임을 단정할 수 있는 타당한 이유가 있다"(p.149).

성경은 『**죄의 사람**』이 활동하고 있다고 말씀하지 않으셨다. 본문은 『**불법의 신비**』가 역사하고 있다고 말한다. 린치버그의 리버티 대학의 교수진과 경영진은 미드사우쓰, 콜게이트 로체스터, 프린스턴, 퍼먼 등의 교수진들과 똑같이 정신적 장애를 앓고 있다. 곧 1901년 이래로 그들은 모두 성경을 거부하는 라오디케아 시대의 배교자들이 되었다.

1949년 이래로 항상 우리가 꾸준히 그렇게 해왔듯이, 우리는 자유주의,

보수주의, 카톨릭, 복음주의, 근본주의, 교단연합 연구, 주석, 이론 등을 처음부터 모조리 폐기하는 지혜를 발휘할 것이다. 만약 성경의 교리적인 진리를 깨닫고자 한다면, 이것이 가장 좋은 방법이다.

『**그 길에서 옮겨질 때까지만**』이라는 표현이 성령님께 적용된다는 주장은 거의 백 년 전부터 있었다. 다음 성경 구절에 유의했다면 아무리 우둔한 바보라도 이런 해석을 시도하지는 않았을 것이다.

『**주가 말하노라. 누가 은밀한 곳에 자신을 숨겨 나로 그를 보지 못하게 할 수 있느냐? 주가 말하노라. 내가 하늘과 땅을 충만케 하지 아니하냐?**』 (렘 23:24)

『**내가 주의 영으로부터 벗어나 어디로 가며 주의 면전에서 벗어나 어디로 피하리이까? 내가 하늘로 올라갈지라도 주께서는 거기 계시며 내가 지옥에 잠자리를 마련한다 하여도, 보소서, 주께서는 거기 계시나이다**』(시 139:7,8).

아무도 성령님을 전 우주에서 혹은 우주 안에 있는 어떤 것에서도 옮길 수 없다. 예외가 있다면 구약에서 성령께서 사람의 몸에서 나오셨을 때이다(판 16:20, 시 51:11, 삼상 16:14).

성경을 두 번이라도 정독했다면 이 진리를 찾지 못할 사람이 누가 있겠는가?

또한 성령께서는 대환란 때에도 지구상에서 활발하게 역사하신다(계 11:11). 그렇다면 대환란이 시작되기도 전에 어떻게 성령께서 길에서 옮겨질 수 있다는 말인가? NKJV가 주장하는 것은 그분께서 성도들이 들림받을 때 태양계에서 옮겨질 것이라는 것이다!

이런 변개를 자행하면서까지 증명 구절을 만들어내려고 했다면, 이들이 얼마나 절박한 상황에 처해 있었는지 짐작이 간다. 그러나 그들은 정작 요한계시록 7,14장에 있는 13구절로 하나님께서 그리스도의 몸이 대환란 시대에 지상에 있지 않을 것이라는 진리를 명시하셨음은 찾아내지 못했다.

하나님의 성령은 "무소부재"(omnipresent)하시다. 누구라도 그분을 어떤 장소에 "옮길" 수 없다. 성령께서는 거룩하시기 때문에 거룩하지 않은 영이 거하는 성전 안에는 거하지 않으신다(마 12:43-45, 벧후 2:10-12). 즉 죄인의 몸 안에 있는 혼이 육신의 몸에서 끊어져 느슨해지기까지 그 몸 안에 성령께서는 거하지 않으신다(골 2:11-13과 그 주석을 참조하라). 그러나 이것이 성령의 무소부재하심에 영향을 주는 것은 아니다(왕상 8:27). 그리스도의 몸 안의 믿는 자 안에 내주하시는 하나님의 거룩한 영께서 이 세상에서 취해진다 해도, 그 몸 밖에서의 성령의 임재는 "무소부재"로 남아 있는 것이다. 다윗은 성령님께서 지옥에도 계시다고 말했다(시 139:7,8).

3절에서 8절까지의 내용을 정확하게 정리하자면 다음과 같다.

1. 『**죄의 사람**』은 미래의 특정한 시점까지 『**죄의 사람**』일 것이며, 그때 그는 더 완전한 모습으로 곧 『**멸망의 아들**』로 나타날 것이다.

2. 바울의 당대에도 그는 존재했었지만, 그의 궁극적인 모습으로 나타나 있지는 않았다. 그는 장차 올 자의 예표였을 뿐이다. 요셉과 다윗이 예수 그리스도의 "예표"였던 것과 같다. 『**죄의 사람**』은 적그리스도의 한 유

형일 뿐이며, 『**멸망의 아들**』이 나타나기 전에 『**많은 적그리스도**』가 등장한다(요일 2:18과 그 주석을 보라).

3. 〈킹제임스성경〉의 번역자들은 17세기에 이미 교황이 『**죄의 사람**』임을 알았다. 즉 각각의 모든 교황이 적그리스도라는 사실이며, 이것이 성경대로 믿는 그리스도인들이 1611년, 1711년, 1811년과 1911년에도 항상 믿어왔던 사실이다. (앞에서 로마카톨릭 교황들의 신성모독에 대해서 장황하게 설명한 이유가 여기에 있다.)

4. 또한 (미래에) 이스라엘의 수도에 들어가게 될 교황이 『**죄의 사람**』이 될 것이며, 그는 자신이 "하나님의 거룩한 산"(시 2편)인 시온 산을 통치하라고 보냄을 받은 "하나님의 왕"이라고 속일 것이다.

일종의 "메시아"로서 그의 소명은 유대인들을 죽이는 것이 될 것이다(단 11:32-35).

그러나 중성의 무엇인가가 이 시대에 그가 『**멸망의 아들**』이 되는 것을 막고 있다. 그리고 막고 있는 이 중성의 것이 7절에서 언급하는 『**불법의 신비**』이다. 이 『**신비**』는 바울의 시대에 역사하고 있었고, 이때는 교황이 존재하기 전이다(『**이미 활동하고 있나니**』). 그러나 카이사와 로마는 이미 자리잡고 활동하고 있는 상태였으며, 『**죄의 사람**』의 길을 예비하고 있었다. 7절에서의 "막다"(letteth)는 오늘날 테니스 경기에서 사용하듯이, "방해하다"(prevent), "저지하다"(hinder) 등의 의미를 가지고 있다. 테니스 심판이 "렛"(LET)이라고 말할 때, 자동적으로 그 말이 무슨 의미인지 우리는 알게 된다. 곧 1611년판 〈킹제임스성경〉의 영어 본문에서 쓰인 뜻과 정확하게 같다. 이사야서와 로마서에서의 용례들을 보라!

『**정녕, 날이 있기 이전부터 나는 그니 내 손에서 구해 낼 자가 없도다. 내가 실행하리니, 누가 그것을 저지하리요**[let]**?**』(사 43:13)

『**형제들아, 이제 나는 너희가 모르는 것을 원치 아니하노니 내가 다른 이방인들 가운데서와 마찬가지로 너희 가운데서도 다소 열매를 거둘까 하여 여러 번 너희에게 가려고 시도하였으나 (지금까지 방해를 받았느니라** [was let]**.)**』(롬 1:13).

"오직 성경"이다! Sola Scriptura! 성경이 성경을 해석한다! 카톨릭 전통에 뭐라고 쓰여 있든지 신경 쓰지 말라. 성경의 진리를 공부하는 데 불경이 필요 없듯이 카톨릭 전통은 성경공부에 전혀 도움이 되지 않는다.

『**그 악한 자**』(사탄)는 『**죄의 사람**』이 그 길에서 옮겨지기 전까지는 인류에게 드러나지 않을 것이다. 왜냐하면 『**죄의 사람**』이 『**불법의 신비**』가 성취되는 것을 스스로 막고 있는 것이다.

한 특정한 교황을 죽이면(계 13:3), 그때 "위대하신 루시퍼 I세 폐하"가 등장할 것이다. 그는 복합적인 짐승으로 묘사된다(『**비히못**』, 욥 40장). 즉 사자, 표범, 곰(계 13:2) 그리고 『**리비야단**』이 된 날개달린 그룹(겔 28장)의 합성체이며, 『**리비야단**』 자체도 고래들(시 104:26)을 지칭할 뿐만 아니라 『**용**』을 가리키는 명칭이다(사 27:1-3).

(우리는 지금 세상에 나와 있는 약 500개의 "주석성경"과 주석서들을 추월했으며, 이제 더 이상 그들을 비평하면서 시간을 소비할 필요도 없다.)

사탄이 “사람”으로 나타날 때(사 14:16), 그는 사탄의 『**씨**』가 된 것이다. 그래서 그가 올 때면(9절), 그는 침례인 요한과 같은 선두주자와 함께 온다(계 13:11,12). 그는 현대의 오순절 은사주의자들이 흠모하는 유대인의 표적들을 가지고 올 것이다(고전 1:22, 출 4:30, 막 16:17,18).

『**그 악한 자가 오는 것은 사탄의 역사에 따라 모든 능력과 표적들과 거짓 이적들과, 멸망하는 자들 안에 있는 모든 불의의 속임수로 오는 것이니, 이는 그들이 진리의 사랑을 받아들이지 아니하여 구원을 받지 못하였기 때문이라**』(살후 2:9,10).

이 “표적으로서의 은사들”은 그것을 행한 사람이 그리스도의 “사도”라는 증거이다(고후 12:12와 그 주석을 공부하라).

그는 실제로 속이는 자이며, 한 명의 적그리스도이다(요이 1:7).

우리가 수차례 강조해 왔듯이 성경은 “양날이 있는” 칼이다. 곧 양쪽으로 자를 수 있다. 여기 본문(10-12절)에서는 하나님의 말씀들을 듣기 원치 않거나 그 말씀을 사랑하지 않는 사람들에 대한 하나님의 형벌을 다룬다. 하나님께서는 이들을 고의로 속여 저주받도록 하실 것이다(11절). 에스겔 또한 그리스도의 탄생 500년 전에 정확하게 이 진리를 말하고 가르친 바 있다(겔 14:1-11).

필자는 사십 년 동안 〈주의 칼〉을 읽어왔지만, 한 번도 이런 심도 있는 주제를 다루는 설교를 읽어 본 적이 없다. 결국 한 쪽만 날이 선 칼이 된 것이다. 주의 칼(겔 21:3-5,9-20, 호 6:5)은 양쪽으로 베어 버린다. 이 칼의 용도는 당신을 갈기갈기 베어 버리는 것이다(삼상 15:33, 삼하 1:15). 『**멸망의 아들**』은 자신이 “육신으로 나타난 하나님”인 것을 증명하려고 모든 성경 구절들을 다 인용할 것이며, 표적들과 이적들로 이를 증명할 것이다(계 13:13,14).

성경은 성도뿐만 아니라 마귀에게도 중요하다.

UN의 멸망과 관련하여 알아야 할 세 가지 사실이 있다.

1. 그들이 "멸망하는" 이유는 그들이 진리를 사랑하지 않기 때문이다(10절). 사랑은 『**진리를 기뻐**』한다.

2. 그들이 멸망하는 이유는 그들이 진리를 믿지 않았기 때문이다(12절). 진리가 무엇인가? 『**진리**』는 예수 그리스도시다(요 14:6과 요 18:38의 주석을 공부하라). 그들은 항상 배우지만 진리의 지식에는 이르지 못하는 자들이다(딤후 3:7). 그들은 모두 미국의 주요 기독교 대학과 신학대학원의 교수진과 경영진이 믿는 바를 가르쳤던 것이다. 곧 "모든 진리는 상대적인 진리이며, 진리에 대한 하나의 최종적이며 절대적인 권위는 없다."는 것이다.

3. 그들이 멸망하는 이유는 "그들이 불의를 사랑했기" 때문이다. 그들은 하나님을 사랑하는 것보다 쾌락을 사랑하기 때문에(딤후 3:4), 불의를 기뻐한다. 그리고 필자가 인용한 디모데후서 3장은 그리스도의 몸 안에 있으며(딤후 3:1) 『**마지막 날들**』 아래 있는 그리스도인들에 대해서 기록한 것이다. 그리스도인들이 대환란에 처해 있는 것이 아니다.

이제 8절로 돌아가서, 하나님께서 『**멸망의 아들**』을 어떻게 심판하시는지 살펴보자.

재미있는 것은 멜 깁슨이 만든 영화를 보면, 그는 하나님께서 사탄을 이미 1980년 전에 심판하신 것으로 묘사해 놓았다. 그는 겟세마네에서의 장면에 창세기 3:15을 교묘하게 삽입함으로써 그리스도께서 약 2,000년 전에 사탄의 머리를 부수신 것으로 만들어 버렸다. 이렇게 진리를 왜곡했음에도 어떤 성경 학자도 그를 바로잡아 주지 않았다.

로마서 16:20, 시편 68:21, 하박국 3:13에 따르면 그 뱀의 머리는 요한계시록 19:20,21의 사건이 있을 때까지 부서지지 않을 것이다.

모든 320명의 학자들이 이 세 개의 관련 구절들을 놓친 것이다. 그리고 1800년 이래로 권위역 〈킹제임스성경〉의 본문을 수정하려 했던 모든 구원받은 학자들도 마찬가지다.

〈킹제임스성경〉을 믿지도 않으면서 사용하여 성경을 해석하려 했던 학자들이 지난 200년간 써놓은 허접한 쓰레기들은 던져 버려라. 필요한 정보는 항상 〈킹제임스성경〉에서 얻을 수 있다.

1. 하나님의 말씀은 『**칼**』과 같기 때문에(히 4:12, 시 149:6, 렘 48:10), 주님께서 "왕의 대로"를 따라 시내와 에돔과 파란을 따라 돌격해 내려오실 때, 그리스도의 입에서는 『**칼**』이 나올 것이며, 엘리야가 건넜고 예수님께서 침례받으셨던 요단 강을 지나, 올리브 산을 가로질러 동쪽 문으로 들어가실 것이다(겔 44:1-3). 2,000년 전에 주님께서는 겟세마네로 가시기 위해 그 문으로 나오셨다. 이런 과정에서 주님께서는 수만 마리가 넘는 말들의 발굽으로 모슬렘 묘지에 장사된 모슬렘들의 시신을 밟게 하실 것이다(솔 6:12,13, 왕하 6:17, 신 33:2). 게다가 예수 그리스도께서는 순종 아라비아산 종마를 타시고 이 일을 행하실 것이다(계 19:11).

2. 이 칼은 불을 내뿜는 칼이다(말 4장, 욜 2:4,5, 겔 20:47,48, 사 9:5). 하나님의 말씀이 묘사하는 이 칼의 모습에 가장 가까운 것을 찾자면, 철로

된 말이 철도 선로를 따라 내려가서, 넓이 500야드에 길이 7마일이나 되는 트랙으로 내리달리며, 화염방사기가 155미리 유탄이 날아가는 속도로 발사되어 불이 뿜어져 나가 앞에 있는 것은 모조리 불태우고, 이 "철마" 아래는 강철로 된 분쇄기가 있어서 그 아래 있는 것은 무엇이나 산산조각 내고 가루로 만들어 버리는 것이다.

필자는 성경을 공부하는 성도들에게 이러한 진리를 뒷받침하는 성경 구절들을 제시할 것이다. 정직한 독자는 누구나 성경을 믿어야 할지 아니면 20,000명의 배교한 히브리어, 헬라어 학자들을 신뢰해야 할지 스스로 결정할 수 있을 것이다. 이 자들은 자신이 좋아하지 않거나 이해하지 못하는 구절들은 모두 제거하려 한다(삼하 3:34; 22:8-16,36-43, 욜 2:1-11; 3:9-17, 합 3:1-16, 렘 25:15-33; 23:19-29, 사 28:21-29; 63:1-8; 34:1-10, 마 13:40, 41; 3:10-12, 슾 3:8, 계 14:18-20, 단 2:35,45, 겔 1,20장, 신 32:35-42, 판 5장, 시 68편).

위의 구절들은 데살로니가후서 2:8과 1:7,8을 자세히 설명해 준다. 이사야는 예수 그리스도께서 탄생하시기 600년 전에 8절에 대해서 예언했다(사 11:4; 33:11,12). 모든 구절들은 100% 부정적이다.

이것이 왜 1950년 이래로 그 어떤 "TV 복음전파자"도 이 구절들을 놓고 설교하지 못했는가 하는 이유이다. 이것이 바로, 모든 그리스도인, 카톨릭, 유대인, 심지어 모슬렘도 구약성경을 믿는다고 말함에도 불구하고 미국 정부가 공립학교에서 성경 읽기를 금지시킨 이유이다.

2:13 그러나 주께 사랑받는 형제들아, 우리가 너희에 대하여 하나님께

항상 감사를 드림이 마땅함은 하나님께서 처음부터 너희를 택하
시어 성령의 거룩케 하심과 진리를 믿음으로 구원을 받게 하심
이니
14 이를 위하여 하나님께서 우리가 전한 복음으로 너희를 부르시어
우리 주 예수 그리스도의 영광을 얻게 하셨느니라.

본문에서 우리는 진리를 믿지도 않고 사랑하지도 않는 자들(10,12절)과 성경대로 믿는 그리스도인들과의 대조를 볼 수 있다. 『**너희에 대하여 하나님께 항상 감사를 드림이 마땅함은**』 감사의 이유는 그들이 진리를 믿었기 때문이다. 『**하나님께서 처음부터 너희를 택하시어... 진리를 믿음으로 구원을 받게 하심이니**』(13절).

13절은 칼빈주의가 의지할 만한 요소를 담고 있다. 첫째로 칼빈주의자들은 13절의 『**처음부터**』(from the beginning)가 창세기 1장의 시점이라고 말하지만 사실이 아니다. 사실 진정한 칼빈주의자는 하나님께서 구원받을 자들을 그 어떤 "시작" 이전에 선택하셨다고 믿는다. 칼빈주의자는 에베소서 1:4을 놓고 그것이 강력한 근거 구절이라도 되는 양 이렇게 주장한다. 그러나 그 구절을 자세히 보면 "택함"이 두 가지 조건에 의해 제한받는 것을 알 수 있다. 이 두 가지 모두 세상의 시작부터 혹은 세상의 시작되기 전에 일어난 일이 아니다. 다음 구절과 에베소서 1:4을 비교해 보라.

『**곧 하나님 아버지의 미리 아심을 따라 성령의 거룩케 하심을 통하여, 순종함과 예수 그리스도의 피뿌림으로 택함받은 자들에게** *편지하노니,* **은혜와 평강이 너희에게 충만할지어다**』(벧전 1:2).

보았는가? "택함"은 조건적이며, 이 말은 존 칼빈의 "TULIP" 신학의 "무조건적 선택"(Unconditional Election)이라는 강령이 거짓말이라는 뜻이다. 그 누구도 창세기 1장 이전에 예수 그리스도를 믿지 않았으며 누구도 성령으로 거룩케 되지 않았었다. 창세기 1장 이후로 태어난 모든 인간은 "아담 안에" 있었고 "그리스도 안에" 있지 않았다(고전 15:22).

(칼빈주의에 대해 성경적으로 철저히 파헤친 연구서는 로렌스 밴스 박사의 〈칼빈주의의 이면, *The Other Side of Calvinism*〉이다. 선택과 미리 아심에 대해 심도깊은 연구를 원하는 그리스도인에게 일독을 권한다.)

13절의 『**처음부터**』(from the beginning)라는 표현은 요한이서 1:6과 요한복음 8:25에 나오며, 『**초기에**』(in the beginning)라는 표현도 빌립보서 4:15에 나온다. 그리고 『**처음에**』(at the beginning)라는 표현은 사도행전 11:15에 있다. 이 네 구절 모두 창세기나 창세기 이전의 상황을 말하는 것이 아니다. 첫 번째 구절은 요한이서 1:5의 그리스도의 계명을 『**장로**』와 『**택함받은 부인**』에게 처음으로 전달한 때를 말한다.

두 번째 구절은 갈릴리, 나사렛, 예루살렘에서의 그리스도의 공생애의 시작을 가리키는 표현이다.

세 번째 구절은 바울이 빌립보인들에게 복음을 전파하기 시작한 때를 말한다.

네 번째 구절은 사도행전 2장에서 일어난 일을 지시하는 의미로 쓰인 것이다.

다시 말하자면 칼빈은 자신이 주장하는 것이 무슨 뜻인지도 모르면서 이런 교리를 가르친 것이다.

『**이를 위하여 하나님께서 우리가 전한 복음으로 너희를 부르시어**』(14절).

13절에서 말한 것들이 그들이 "세상의 기초가 놓이기 이전에" 택함받은 것의 원인이 아니라는 점에 유의하라. 13절은 바울이 전한 복음 즉 『**우리가 전한 복음**』을 데살로니가인들이 믿었을 때 일어난 결과이다. 바울은 이 복음을 로마서에서는 『**나의 복음**』이라고 부른다. (앞에서 설명했듯이 "열 가지 복음"이 있음을 명심하라.)

요한복음 1:12을 믿기로 결정을 내렸을 때, 데살로니가인들은 "택함"받았고, 그리스도인이라면 누구나 이렇게 믿고 택함받았다. 한 가지 덧붙이자면, 그들이 『**우리 주 예수 그리스도의 영광**』을 얻은 것은 구원 이후에 그들이 그리스도를 섬김으로 받은 것이다(딤후 2:10과 그 주석). 즉 바울은 『**구원을 영원한 영광과 함께**』 받을 것을 염두에 두고 한 말이다. 『**그리스도 예수 안에 있는 구원**』은 값없이 주어지지만, 구원과 함께 『**영원한 영광**』을 얻는 것은 문맥에서 알 수 있듯이 딤후 2:12과 연관이 있다.

칼빈은 또 한 번 틀린 것이다. 칼빈은 바울이 고난을 받은 것은 "택함받은 자들"이 구원을 받도록 하기 위함이라고 생각했다. 그리고 이러한 주장 자체도 그가 가르친 영원한 판결과 제한적인 속죄의 교리를 고려해 보면, 터무니없는 모순임을 알 수 있다.

2:15 그러므로 형제들아, 굳게 서서 말로나 우리의 편지로나 너희가 배운 바 전통들을 지키라.

16 이제 우리 주 예수 그리스도와 우리를 사랑하시고 은혜 가운데서

영원한 위로와 선한 소망을 주신 하나님 곧 우리 아버지께서
17 너희 마음을 위로하시고 모든 선한 말과 일에 너희를 견고케 해
주시기를 바라노라.

이 부분은 모든 내용이 명확해서 해설이 필요 없다. 바울이 데살로니가인들에게 가르친 "전통들"은 구약성경과 모두 일맥상통한 것들이거나 하나님께서 바울에게 계시하신 것들이다. 즉 그중에 어떤 것도 로마카톨릭의 전통들과 일치하는 것은 없다는 말이다.

1949년 펜사콜라의 성 미카엘 성당에서 설리반 신부는 필자에게 15절을 들이대며 연옥, 수녀들, 면죄부, 묵주, 촛불, 십자가 모양, 림보, 화체설, 유아세례, 성직자 칼라, 독신생활, 추기경, 교황청, 대주교, 봉헌미사, 참회의 화요일, 재의 수요일, 부활절, 크리스마스, 교황 사절, 9일간의 기도, 면허장 소유자, 수사, 삭발, 패용 십자가 등이 "성경적"인 것이라고 말했다.

어떤 성경으로도 심지어 로마카톨릭이 출간한 성서로도 로마카톨릭의 전통들이 성경적이라고 입증하지는 못한다. 단지 위에 나열한 것들은 로마카톨릭 국가 교회가 성경을 거부하고, 성경을 수정하며, 성경을 변개하는 정치적인 종교집단으로 지난 15세기 동안 지속적으로 타락해 왔다는 사실을 보여 주는 증거일 뿐이다.

그들이 가르치고 실행하는 전통들을 볼 때, 카톨릭이 성경의 권위를 믿는다고 고백할 때 그 말이 사실 아무 의미도 없다는 것을 알 수 있다. 예수님 당시 그분을 살해한 종교적인 정치인들을 현대적으로 완벽하게 복사해 놓은 것이 바로 로마카톨릭이다. (스테판은 사도행전 7:52에서 예수님의 죽음을 살해라고 말했다.)

바울이 말로나 서신으로 가르친 것을 포함하여 모든 전통은 계시된 성경과 일치해야 한다. 만약 어떤 전통이 성경과 일치하지 않는다면, 교황의 회칙(回勅), 교황의 교서(教書), 교황의 정교화약(政教和約)처럼 철저히 무시해야 한다.

필자는 구원받은 지 2주 정도 된 상태에서 설리반 신부를 만났다. 그는 자신이 믿는 것이 옳다는 생각에 사로잡혀 있었다. 그러나 그는 필자에게 보여 준 구절 외에 성경의 나머지 부분은 읽지 않았던 것이다. 6개월도 안 되어 필자는 다시 설리반 신부를 찾았고 그에게 데살로니가후서의 바로 다음 장에서 바울이 말한 "전통"이 무엇임을 보여 줌으로써 설리반 신부가 믿는 것이 틀렸음을 증명해 주었다.

『형제들아, 우리 주 예수 그리스도의 이름으로 너희에게 명하노니, 무질서하게 행동하고 우리에게서 받은 전통을 따라 행하지 않는 모든 형제를 멀리하라. 너희가 어떻게 우리를 본받아야 할 것인지를 너희 스스로가 아나니 우리는 너희 가운데서 무질서하게 행하지 아니하였으며』(살후 3:6,7).

바울의 "전통"은 마리아 숭배, 요셉, 연옥, 구원, 성사, 절기, 교회의식과 관련된 것도 아니며, 교회의 종교적 지도자나 직제와 관련된 것이 아니다. 데살로니가인들이 바울에게서 받은 전통들 중의 하나는 생계를 유지하기 위해 일하지 않으면서 다른 사람들이 자신을 먹여 살리도록 하는 것과 게으르게 살며 돌아다니면서 입을 함부로 놀리는 것과 연관이 있다(3:6-12).

세상의 지혜에 따라서 혹자가 말했듯이, "오직 사전에서만 성공(Success)이 일(Work)보다 먼저 온다."

본문의 **『영원한 위로』**(16절)가 무엇인지는 히브리서 13:5-8과 요한복음 17:19-24, 특히 로마서 8:37-39에 잘 설명되어 있다.『**은혜 가운데서... 선한 소망**』은 필시『**하나님의 은혜**』가 우리에게 가르쳐 주는『**그 복된 소망**』이다.『**이는 구원을 주시는 하나님의 은혜가 모든 사람에게 나타나서, 우리를 가르치시되... 그 복된 소망, 곧 위대한 하나님이신 우리 구주 예수 그리스도의 영광스러운 나타나심을 기다리게 하셨음이니**』(딛 2:11-13).

데살로니가후서 3장

3:1 끝으로 형제들아, 우리를 위하여 기도하기를 주의 말씀이 너희와 함께 있는 것처럼 속히 전파되어 영광스럽게 되고

2 또 우리가 부당하고 악한 사람들로부터 구출되게 하옵소서 하라. 이는 모든 사람이 믿음을 가진 것이 아니기 때문이라.

3 그러나 주께서는 신실하시어 너희를 견고케 하시고, 악으로부터 지키시리라.

4 이제 우리가 너희에 대하여 주 안에서 확신하는 것은 우리가 너희에게 명하는 것들을 너희가 행하고 또 행하리라는 것이라.

5 또 주께서 너희 마음을 하나님의 사랑과 그리스도를 기다리는 인내로 인도하여 주실 것을 바라노라.

1절은 설명이 필요 없다. 바울은 데살로니가인들에게 하나님께서 그에게 말씀 전파의 문을 열어 주시고, 마귀가 그 문을 닫지 못하게 하시며, 그가 정부 관리나 종교적인 권력자들에게 방해받지 않고, 또한 정부의 법의 규제로 제약받는 일 없이 사람들에게 마땅히 전파해야 할 것들을 전파할 수 있도록 기도를 부탁하고 있다(딤전 2:1-3).

미국 북서부 지역에서 하나님의 말씀인 성경이 『**속히 전파**』되지 못하게 하는 것은 몰몬교 때문이다. 뉴잉글랜드, 미네소타, 인디애나, 일리노이즈, 위스콘신, 펜실베이니아, 뉴저지, 루이지애나 등에서 성경이 『**속히 전파**』되는데 가장 큰 걸림돌이 되는 것은 로마카톨릭 교회다. 미국 남부에서 성경이 『**속히 전파**』되는데 가장 큰 걸림돌이 되는 것은 남침례교단과 그리스도의 교회와 은사주의자들이다. 유럽, 멕시코, 중앙아메리카, 남아메리카, 필리핀, 캐나다에서 가장 큰 방해가 되는 것은 로마카톨릭 교회다. 발칸 반도와 러시아와 그리스에서는 그리스정교회이다. 아프리카와 중동에서 복음 전파와 성경 교리 전파에 가장 큰 방해가 되는 것은 이슬람이다. 미국의 감옥에서 성경과 참된 복음에 가장 크게 걸림돌이 되는 존재는 담당 성직자들이다. 대개 이런 곳에서는 흑인 모슬렘, 은사주의, 로마카톨릭 사제들이 담당 성직자로 일한다.

바울은 내가 전파하는 것이 형통하게 되어 『**주의 말씀이... 속히 전파**』되기를 기도해 달라고 말하고 있다(1절).

교회 시대가 막을 내리려고 하는 현 시점에서 하나님의 자녀들이 누가 옛날부터 자신의 대적이 되어 왔는지 깨닫는 것은 매우 중요하다. 바로 로마이다. 예수 그리스도를 채찍질한 장본인이 로마이다. 마태복음 27장, 요한복음 19장, 마가복음 15장, 누가복음 23장 등에서 예수님을 내려치려고 채찍을 잡은 것은 유대인이 아니다. 로마가 예수 그리스도를 십자가에 못 박았고, 로마가 그분의 옆구리에 창을 찔렀다. 예수님께서 빌라도에게 끌려온 후부터 장사되실 때까지 유대인들은 아무도 그분께 손을 대지 못했다. 그후로 두 명의 유대인 제자들이(요셉과 니코데모) 그분을 무덤에 장사했을 뿐이다.

로마의 교리적인 고백과 종교적인 법들과 규정들, 교회 의식 등을 미루어 볼 때, 그들이 성경을 증오한다는 사실을 독자는 결코 잊어서는 안 될 것이다. 그들은 성경과 전통을 둘 다 믿는다고 고백한다. 하지만 이것은 서로 상반된 두 개의 권위이다. 실제로 로마카톨릭 이방 종교를 세우는 기초요, 벽돌이며 머릿돌이 되는 것은 반성경적인 전통들이다. (로마의 거짓 교리들과 이를 반증하는 성경 구절들의 전체 목록을 원한다면, 〈부패한 이단자 로마카톨릭〉과 〈로마카톨릭식 성경 해석〉을 공부하라.)

신약성경이 규정하는 "교회"관에 따르면, 로마카톨릭 교회는 성경적인 교회도 그리스도의 교회도 아님을 결코 잊어서는 안 된다. 로마카톨릭의 신부직은 다분히 구약적이며, 바알과 아쉬타롯 숭배와 관련이 있다(렘 44:17-19, 판 2:13, 왕하 10:19, 판 17:4,10-13). 로마카톨릭의 진정한 정체는 전 세계 통치를 추구하는 정치적인 국가이다. A.D. 325년 이래로 카톨릭이 맺은 열매는 지구 전역에서 유대인들과 성경을 믿는 사람들을 박해하는 것이다. 이 부패하고 변질된 나무는 암살, 체포, 추방, 조소, 세금부과, 고문, 사형, 사기, 맹세와 협약의 파기, 음행, 간음, 거짓말, 절도, 살해 등을 그 열매로 맺어왔다. 로마카톨릭은 이런 것들을 공식적으로 승인하고 지지했으며 또한 독려했다. (로마카톨릭의 이러한 만행에 대해서는 O.C. Lambert의 〈Catholicism Against Itself〉를 참조하라.)

로마카톨릭은 그것의 셀 수도 없이 많은 반역과 신성모독과 육신적인 죄들을 철저히 은폐해 왔다. 카톨릭 병원들과 카톨릭 "소년들"과 베드로의 동전들과 빙 크로스비와 프랭크 시나트라와 테레사 수녀, 파티마, 복지 사업, 각색된 기도 모습, 각색된 미사 모습, 우아한 성당건물, 가난의 서약, “날아다니는 수녀”와 같은 드라마 등의 여러 가지 수법들을 동원해서 그렇게 한 것이다.

이와 같이 멋있고 아름답고 경건한 선행자들의 모습 아래, 갱단과 마약 거래상으로 구성된 가장 거대한 무리를 조종하는 타락한 교회의 실체가 숨어 있는 것이다. 뿐만 아니라 가장 많은 수의 남성 변태성욕자들(아동학대자들)이 그들에게 속했으며, 프로테스탄트 교단(감리교, 침례교, 루터교, 영국국교회, 장로교) 셋을 합친다 하여도 능가하지 못할 것이다. 그리고 9,000만 명 이상을 살해한 다섯 명의 독재자도 카톨릭 소속이다. 아돌프 히틀러, 프란시스코 프랑코, 베니토 무솔리니, 죠셉 스탈린 (러시아의 그리스정교회는 동방의 카톨릭 교회이다. 1065년), 마르코, 노레이자, 바티스타, 피델 카스트로 등도 모두 세례받은 로마카톨릭 교도들이었다.

성경적인 그리스도인의 믿음을 가장 철저히 왜곡하고 변질시키고 변형시켜 만든 것이 바로 로마카톨릭이며, 마귀가 그렇게 한 것이다. “믿음의 근본 사항들”을 믿는 그 어떤 집단도 타락에 있어서는 로마를 따라잡을 수 없다.

『**부당하고 악한 사람들로부터**』(2절).

이 말씀은 카톨릭 체제의 최상부부터 최하위 신자들 모두를 포함하는 것이며, 모든 이슬람 임만, 울라마, 하피트들과 깡패들, 변태들(마호메트), 부도덕한 자들(빌 클린턴), 모슬렘 테러리스트, 습관적인 음행자(JFK), 변태성욕자들, 헌법을 파기하는 자들(아브라함 링컨과 FDR), “현대 영어”

성서들의 번역위원들 모두를 칭하는 말이다.

『**이는 모든 사람이 믿음을 가진 것이 아니기 때문이라**』(2절).

물론이다. 예를 들어서 공교육에 종사하는 15,000명 이상의 교사들이 진화론을 과학적인 사실로 가르치며, 또 다른 15,000명 이상의 교사들이 "동의 아래서의 성관계"를 "하나의 생활 방식"이라 가르치며, 그것이 십계명과 산상설교만큼이나 정상적이고 올바른 것인 양 가르치고 있다.

이제 약속이 주어진다. 『**그러나 주께서는 신실하시어**』 우리는 신실하지 않다. 데살로니가전서 5:24에도 동일한 약속이 주어졌음을 주목하라. 고린도전서 1:9도 마찬가지다. 이해하기 어려운 것이 없다. 주께서는 항상 신실하시다. 우리는 그렇지 않다. 우리가 지속적으로 신실하게 섬긴다면, 신실하신 하나님께서 우리를 『**잘하였도다. 착하고 신실한 종아.**』(마 25:21)라고 부르시며 칭찬하실 것이다.

하나님께서 미국의 그리스도인들에게 원하시는 것은 성공이 아니다. 하나님께서는 어디에 있는 누구에게도 성공을 요구하신 적이 없다. 반면에 그리스도인이 어떤 국가와 어떤 처지에 있든지 그에게 요구되는 것은 신실함이다. (고전 4:2, 계 2:10과 그 주석을 읽어 보라.)

이 본문(3절)과 함께 바울이 참수당하기 전에 스스로에게 이 말씀을 어떻게 적용했는지 비교해 보라(딤후 4:17-18).

4절과 5절은 있는 그대로의 의미이며, 별다른 설명이 필요없다. 수정이나 개정이 전혀 필요치 않다. 다시 한 번 휴거가 언급된다. 『**그리스도를 기다리는 인내**』 이 말씀은 바울이 데살로니가전서에서 한 것과 같은 내용이다(살전 1:10).

3:6 형제들아, 우리 주 예수 그리스도의 이름으로 너희에게 명하노니,
무질서하게 행동하고 우리에게서 받은 전통을 따라 행하지 않는
모든 형제를 멀리하라.
7 너희가 어떻게 우리를 본받아야 할 것인지를 너희 스스로가 아나
니 우리는 너희 가운데서 무질서하게 행하지 아니하였으며
8 아무에게서도 양식을 거저 먹지 않고, 도리어 주야로 수고하고 애
써 일하여 너희 가운데 아무에게도 부담이 되지 않도록 했노라.
9 이는 우리에게 권리가 없어서가 아니요 다만 우리가 스스로 너희
에게 본을 보여 우리를 본받게 하려 함이라.
10 우리가 너희와 함께 있을 때에도 너희에게 명하기를 누구든지 일
하기 싫어하거든 먹지도 말라 하였노라.
11 우리가 들으니 너희 가운데서 무질서하게 행하여 전혀 일하지 아
니하고 참견 잘하는 자들이 있다 하니
12 이제 우리가 우리 주 예수 그리스도를 통하여 이런 자들에게 명하
고 권하노니 조용히 일하고 자기 양식을 먹으라.

7구절 모두가 일하는 것과 게으름을 피우는 것과 소문을 내는 자들과 『**참견 잘하는 자들**』("busybodies")에 대한 내용이다(11절). 성경은 『**정중한 말과 그럴듯한 언변**』(롬 16:18)으로 교육받지 못한 그리스도인들을 속이려는 자가 나타날 때 분리하라고 명령할 뿐만 아니라, 본문의 경우에 있어서도 분리하라고 말씀하신다. (롬 16:18의 주석과, 이를 고후 10:10과 행 4:13의 주석과 비교해 보라.)

『무질서하게 행동하고 우리에게서 받은 전통을 따라 행하지 않는 모든 형제를 멀리하라』(6절).

그러므로 게으름은 술 마시는 것, 음행, 착취, 간음 등과 동급의 죄인 것을 알 수 있다. (고전 5:11과 그 주석을 보라.) 1964년 이후로 TV나 강연회에서 유명 설교자들이 이런 주제에 대해 설교하는 것을 들어보지 못했을 것이다.

6,7,11절에서 말하는 『**무질서하게**』라는 용어는 "고장이 났다"는 의미다. 즉 일하지 않는 자는 망가진 세탁기, 고장 난 자판기, 작동되지 않는 발전기와 같다는 뜻이다. 이는 고장 난 사람이다.

게으름에 대한 이야기는 셀 수도 없이 많다. "새 관찰하는 사람들이 있잖아. 그런데 그 녀석은 너무 게을러서, 한 번 누웠다 하면 새들이 와서 그 녀석을 관찰한다니까."

또 이런 대화도 있다.

"여보, 난 당신을 위해서라면 어떤 것이든 다 할 수 있어."

"그러면 나를 위해 밖에 나가서 일하는 것은 어때요?"

"아참 당신도, 나는 '어떤 것'이라고 했지, '모든 것'이라고 말한 게 아니라고!"

"들어봐요, 우리가 결혼한 이후로 당신이 하는 일이라고는 집에서 틀어박혀서 노는 것밖에 없잖아요. 당신은 야망도 없어요?"

"물론 나도 있지. 그래서 내가 집에서 노는 거라고. 나는 말이야, 집에서 놀 때는 참 기분이 좋은데, 밖에 나가 일을 하기만 하면 짜증이 난다니까."

현대 영어 성서들을 만들어내는 자들과 킹제임스성경을 비평하는 자들도 게으르기 짝이 없기는 마찬가지다. 그들은 자신이 싫어하는 본문을 만나면 자기 상상속에서 그것을 편리하게 "오류"로 만든다. 더그 쿠틸렉(Doug Kutilek)이 대표적인 예다. 그는 자신에게 성경에 대해 묻는 자에게 한 번도 "성경"은 인용해 주지 않고 열세 개에 달하는 사전들과 백과사전들과 원어사전들과 주석서들을 추천하기만 했을 뿐이다. 그리고 그가 제시하는 것들은 모두 킹제임스성경의 본문을 비평하는 책들이다.

그는 성경 내의 문제를 해결하기 위한 방법으로 성경을 찾는 것도 신뢰치 않으며 진리의 말씀을 공부하는 것도 믿지 않는다(요 5:39, 딤후 2:15). 그는 자신이 설교자요 성경교사요 선교사라고 말하지만, 그는 진정한 의미에서 성경을 가르쳐 본 적도 없고, 외국에서 선교한 적도 없으며, 제대로 목회사역을 수행한 적도 없다.

『**누구든지 일하기 싫어하거든 먹지도 말라 하였노라**』(10절). 미국에서 자란 사람은 이 말씀을 믿지 않는다. 『**조용히 일하고 자기 양식을 먹으라**』(12절). 남의 양식을 먹어서는 안 된다.

동독에서 탈출한 사람에게 미국에서 주당 40시간 일하는 직장을 제안했다. 그는 "저는 아르바이트는 안 합니다."라고 말했다. 이스라엘 사람은 일주일에 72시간 일했다. 곧 하루에 12시간 일했다는 뜻이다. 아침 6시에서 저녁 6시까지 주일부터 금요일까지 일했다는 것이다(요 11:9, 마 20:6).

유대인 남자들은 노동조합, 정부 보조금, 사회 보장제도, 보험 제도, 잔업에 대한 추가 수당, 실업 급여 등이 없이도 이렇게 일했던 것이다. 즉 1세기의 유대인 일꾼은 유럽과 미국의 중노동에 종사하는 노동자들과 비교할 때 약 4배 정도의 기력을 가졌었다는 뜻이다(마 20:11-15).

3:13 그러나 형제들아, 너희는 선을 행하다가 낙심하지 말라.
14 누구든지 이 편지에 쓴 우리의 말에 순종치 않거든 그를 주목하여 사귀지 말고 그로 하여금 부끄럽게 하라.
15 그러나 원수같이 여기지 말고 형제로서 권고하라.
16 화평의 주께서 친히 너희에게 항상 모든 일에 화평을 주시기를 원하노라. 주께서 너희 모두와 함께하시기를 바라노라.
17 나 바울은 친필로 문안하노라. 이는 편지마다 표가 되므로 이렇게 쓰노라.
18 우리 주 예수 그리스도의 은혜가 너희 모두와 함께 있을지어다. 아멘.

13절은 고린도전서 15:58과 갈라디아서 6:9과 일치한다. 다른 설명이 필요 없다. 14절은 분리를 말씀한다. 『**형제로서 권고하라.**』 그는 구원받은 사람일 수도 있지만 그리스도의 몸 안에서 『**한 생각**』과 하나 됨을 가져야 한다는 의미에서 합당치 않으며, 심지어 로마 교황이 말하는 하나 됨이나, 『**같은 것**』을 말해야 한다는 점에 있어서도 하나 될 수 없는 자이다(엡 4:4, 빌 1:27; 4:3, 고전 1:10).

위의 참조 구절들은 모두 성경에서 에큐메니칼 연합을 지지하는 듯이 보이는 본문들이다. 그러나 그렇지 않은 부분들도 있다. 로마서 16:18과 디모데후서 2:21이다.

그리스도의 몸 안에 있지만 긍정적인 사고방식을 주장하는 자들은 이런 구절들이 없는 것처럼 행세한다. 모든 그리스도인들을 하나로 모으려고 광신적으로 노력하면서, 동시에 성령님께서 하신 말씀들은 철저히 짓밟은 것이다. 곧 성경이 "그리스도의 이름을 부르는" 구원받은 자들일지라도 합하지 말라고 하고, 교제를 갖지 말라고 명하며, 말하지도 말라 하고, 협조하지 말며, 같이 경배드리지 말라고 하는 성경 본문들을 철저히 무시한 것이다.

그들이 『**영생의 말씀**』에서 경시한 부분들은 다음과 같다(요 6:68).

『**이제 형제들아, 내가 너희에게 권고하노니 너희가 배운 교리에 역행하여 분열을 일으키고 공박하는 자들을 주의하고 그들에게서 떠나라**』(롬 16:17).

어떤 통합이나, 협력도 없다.

『**그러나 이제 내가 너희에게 쓰는 것은 만일 형제라고 하는 어떤 자가 음행을 하는 자거나 탐욕하는 자거나 우상 숭배하는 자거나 욕설하는 자거나 술 취하는 자거나 약탈하는 자이거든 사귀지도 말고 그런 자와는 함께 먹지도 말라는 것이라**』(고전 5:11).

『**그러므로 주가 말하노라. 너희는 그들에게서 나와 따로 있고 더러운 것을 만지지 말라. 그리하면 내가 너희를 영접할 것이며**』(고후 6:17).

『**열매 없는 어두움의 일들에 관여하지 말고 오히려 그것들을 책망하라**』(엡 5:11).

대화나 연합 같은 것도 없다.

『**그들의 종말은 파멸이며 그들의 하나님은 자기들의 배요, 그들의 영광은 자기들의 수치 속에 들어 있고 그들은 땅의 것들을 생각하느니라**』(빌 3:19).

『**아무도 너희를 철학과 헛된 속임수로 노략질하지 못하도록 주의하라.**

그것들은 사람의 전통과 세상의 유치한 원리를 따른 것이며 그리스도를 따른 것이 아니니라』(골 2:8).

『**아무도 자의적인 겸손과 천사들을 숭배함으로 너희의 상을 속여 빼앗지 못하게 하라. 그는 보지 않은 것을 억지로 주장하고 자기 육신의 생각으로 헛되이 과장하며**』(골 2:18).

어떤 통합도, 연합도, 교제도 없다.

『**마음이 부패하고, 진리를 상실하며, 이익이 경건이라 생각하는 사람들 사이에 무익한 논쟁이 일어나느니라. 그런 데서 네 자신은 빠져 나오라**』(딤전 6:5).

『**그러므로 이런 것들에서 자기를 깨끗하게 하는 사람은 귀한 그릇이 되어 거룩하여지고 주인이 쓰기에 합당하며, 모든 선한 일을 위하여 예비되느니라**』(딤후 2:21).

『**그들 중의 하나인, 그들 자신의 선지자조차도 말하기를 "크레테인들은 항상 거짓말쟁이들이고 악한 짐승들이며, 게으른 탐식가들이라." 했으니, 이 증거가 옳도다. 그러므로 너는 그들을 엄히 꾸짖어 그들로 믿음 안에서 건전해지게 하고**』(딛 1:12-13).

『**어떤 사람이 너희에게 오되 이 교리를 가지고 오지 아니하면 그를 집에 영접하지도 말고 그에게 문안하지도 말라. 이는 그에게 문안하는 자는 그의 악한 일들에 참여하는 자임이라**』(요이 10-11).

역시 어떤 통합도 교제도 없다.

"하나님께서 나누신 것을 합하지 말라!"

16절은 별다른 설명이 필요 없다. 성경은 바울의 문안이 그 자신의 손으로 쓴 것이며, 이것이 그의 모든 편지에 표가 된다고 말한다. 『**이렇게 쓰노라.**』는 바울이 이 서신은 대리자들의 도움을 받지 않고 직접 쓴 것일 수 있다는 여지를 준다. 아니면 끝부분만 자신이 기록했다는 의미일 수도 있다.

18절은 데살로니가전서 5:28에서 이미 주석한 바 있다.

결론을 대신하여, 킹제임스성경의 "탁월한" 본문을 잠시 옆에 두고 배교한 근본주의자, 복음주의자, 에큐메니칼운동가, 보수주의자 등이 추천하는 "우스꽝스런" 본문을 살펴보도록 하자.

NKJV은 이번에는 하나님께서 존중하신 킹제임스성경의 본문을 충실히 따라서, 큰 오류를 범하지 않았다. 17절에서 『**표**』(token)대신에 "표시"(sign)를 넣었고, 3절에서 『**악**』**(evil)** 대신 "악한 자"(evil one)를 삽입했다.

그런데 마태복음 12:6에서 NRSV와 RSV는 『**분**』**(one)**을 "것"(something)으로 대체함으로써 예수 그리스도를 삭제시켰다. 틴데일, 제네바, 비숍, 그레이트 성경뿐만 아니라 심지어 1881년의 RV와 1901년의 ASV까지도 예수 그리스도를 가리키는 말인 줄 알고 『**분**』이라고 번역했다. 현대의 개악본들이(NIV, NRSV, RV, ASV 등) 얼마나 믿을 수 없는 것들인가를 보고자 한다면, 모든 현대 성서들이 데살로니가후서 3:3에서 "ponerou"를 『**악**』(evil)이 아니라 "악한 자"(evil one)로 번역하여 "ONE"을 첨가한 것을 보면 알 수 있다. 똑같은 단어가("ponero")가 요한일서 5:18에 나왔을 때도 이들은 똑같이 "악한 자"(evil ONE)라고 번역했다.

즉 그들은 마태복음 12:6을 어떻게 번역해야 할지 정확하게 알고 있었던 것이다. 예수 그리스도께서는 자신에 대해서 말하고 계셨다. 그들은 헬라어와 영어를 모두 버리고, 말도 안 되는 번역을 만들어 놓았다. 마태복음 12:6에서 『**성전보다 더 위대한**』 분이 예수 그리스도가 아니라면, "성전보다 더 위대한 것"은 과연 무엇인가?

또한 3장에서 『**복된 소망**』에서 RV, RSV, NRSV, ASV, NIV의 번역자들은 자신의 정체를 드러내는 실수를 했다. 왜냐하면 그들 중 누구도 복된 소망을 갖고 있지 않기 때문이다. 그들은 데살로니가인들처럼 예수 그리스도께서 다시 오실 것을 기다리고 있지 않았던 것이다. 그래서 5절에서 『**그리스도를 기다리는 인내**』라는 말씀이 나오자, 그들은 모두 한 명의 예외도 없이 400년 전으로 되돌아가 암흑시대 림즈 성경(1582년)을 베껴, 성도들이 주님을 기다리는 인내가 아니라 "그리스도의 인내"를 기다리고 있다고 고쳐 놓았다.

여기서 그치지 않고 RV, ASV, RSV 등은 이 부분을 예수 그리스도의 "굳건함"(steadfastness)으로 대체함으로써 끝없이 깊은 구렁으로 뛰어든다. 이것이 NRSV의 본문이다. NIV는 구렁 속으로 한걸음 더 들어가 그분의 나타나심이 아니라 주께서 "마음을... 그리스도의 참을성(perseverance)"으로 인도하실 것이라 번역해 놓았다.

이로써 우리가 알 수 있는 것은 20세기와 21세기의 현대성서 번역자들은 『**복된 소망**』을 기다리는 마음이 추호도 없다는 사실이다. 킹제임스성경을 보라. 『**주께서 너희 마음을... 그리스도를 기다리는 인내로 인도하여 주실 것을 바라노라**』(3:5). 성경의 정확한 단어 배열은 『**소망의 인내**』이다(살전 1:3). 모든 현대성서 번역자들은 이 평행관주를 찾지 못했던 것이다. 『**우리의 소망이나, 기쁨이나, 자랑의 면류관이 무엇이냐?**』(살전 2:9) 모든 배교자들은 두 번째 평행관주도 발견하지 못했다. 『**잠든 자들에 관해서는**

너희가 모르게 되는 것을 원치 아니하노니 이는 너희가 소망이 없는 다른 사람들과 같이 슬퍼하지 않게 하려는 것이라』(4:13). 또한 세 번째 것(살후 2:16)도 찾지 못했다. 본문의 문맥은 휴거이다(살전 4:14-18, 『**구원의 소망**』 살전 5:8). 이 『**소망**』은 디도서 2:13에 정의 내려져 있다. 바로 휴거이다.

"더 새롭고" "더 명확하고" "더 정확한" 성서들은 모두 데살로니가후서 3:5을 성경적으로 해석할 수 있는 모든 구절들을 지워 버렸다. 그래서 그들은 이 구절의 의미를 정반대로 만들어 예수 그리스도를 보는 것을 기다리는 것이 아니라 예수 그리스도의 성품의 한 부분을 얻기를 원하는 것으로 만든 것이다.

동일한 서신에서 이 배교자들은 『**그리스도를 기다리는 인내**』와 일치시키기 위해, 2:16에 언급된 『**사랑**』(3:5)과 그 구절에서 언급된 『**소망**』을 모두 변개시켰다. 『**기다리는 인내**』(patient waiting)는 『**영원한 위로와 선한 소망**』에 대한 것이다.

바울이 데살로니가인들에게 권고한 것은 그리스도의 능력을 얻어서 아무 목적도 없이 "뭔가를 인내 있게 견디라"는 것이 아니다(〈헬라어 해석자의 신약〉 p.51, 그리스도의 끈기 있는 인내). 5절에 이어지는 일곱 구절의 성경 본문 어디에도 그리스도인이 그리스도께로부터 뭔가를 끈기 있게 얻어야 한다는 언급은 없다. 그렇게 되면 갑자기 주제가 6절에서 바뀌게 되는 것이다. 『**무질서하게 행동하고 우리에게서 받은 전통을 따라 행하지 않는 모든 형제를 멀리하라.**』 여기에 무슨 인내가 필요하겠는가?

데살로니가전후서를 정리해 보자. 분명히 바울이 이 두 서신을 기록했다. 두 서신 모두 교리적으로는 그리스도의 재림의 두 국면을 다루고 있으며, 갓 구원받은 그리스도인이 요한복음이나 로마서보다 먼저 읽어야 할 서신이다. 킹제임스성경의 본문은 현재도 무오하며, 올바른 히브리어, 헬라어 원문들이 줄 수 없는 향상된 정보를 줄 수 있음을 종종 자증한다.

권위역 킹제임스성경은 책들 중의 제왕이다. 이 성경은 주의 말씀을 지킨 필라델피아 교회 시대에 만들어졌다(계 3:8). 그리고 이 성경은 마지막 날에 UN이 쓰는 보편적인 언어인 영어로 보존되어 있다. 심지어 『**멸망의 아들**』조차도 영국인의 입을 가지고 있다. 곧 사자의 입이다. (단 7:4과 계 13:1-2의 주석을 보라.)

하나님의 자녀라면 누구나 킹제임스성경의 어떤 구절이라도 현대의 변개되고 부패한 영어성경의 본문과 동일하다거나 그보다 열등한 것이라고 여기는 실수는 하지 않을 것이다.

빌레몬서

빌레몬서 서문

빌레몬서는 성경에서 57번째 책이며, 신약에서는 18번째 책이다. 또한 그리스도의 몸을 대상으로 하는 바울 서신 중 마지막 서신이다. 이로써 사도 바울은 신약 교회를 대상으로 13권의 서신서를 기록했으며, 만약 히브리서가 사도 바울의 저작이라고 여긴다면 바울은 이스라엘 민족에게도 한 권의 서신을 기록한 셈이 된다.

빌레몬서는 한 장으로 구성된 서신이다. 빌레몬서를 제외하고 성경에서 한 장으로 구성된 책은 구약에서는 오바댜, 신약에서는 요한이서, 요한삼서, 유다서이다.

빌레몬서는 25절로 구성되어 있으며, 킹제임스성경의 경우 430단어로 이루어져 있는데, 성경에서 세 번째로 짧은 책이다. 요한삼서는 294단어, 요한이서는 298단어로 기록되어 있다. 유다서는 빌레몬서와 구절수는 같으나(25구절), 608단어로 쓰여졌다.

기록 연대는 A.D. 62-64년으로 추정된다. 빌레몬서는 "옥중서신" 중의 하나이며, 사도 바울이 로마에서 옥중에 갇혔을 때 기록한 것으로, 사도행전 28:30-31의 시점에서 기록되었을 것이다. (빌레몬서의 추신을 보라.)

빌레몬은 골로새의 시민이다. 바울은 빌레몬에게 개인적인 서신을 썼고, 아마도 그가 골로새인들에게 서신을 쓴 시기와 같은 연도에 쓴 것일 것이다(골 4:9). 빌레몬서는 주인에게서 달아난 오네시모라는 노예의 안녕을 목적으로 쓰여졌다. 오네시모는 바울의 사역으로 회심하게 되었고, 그의 주인인 빌레몬에게 다시 보내진 것이다.

본 서신이 바울의 개인적인 편지이기 때문에 교리적인 내용이 거의 없다. 전혀 없는 것은 아니지만 깊은 교리에 관한 내용은 없다. 그러나 실제적인 적용의 면에서는 빌레몬서에서 많은 유익을 얻을 수 있을 것이며, 우리는 이 서신을 주석하면서 그러한 교훈들을 하나씩 모아볼 것이다. 빌레몬서의 주요 주제들 중의 하나는 어떻게 유익한 그리스도인이 되는가이며, 11절에서 이 부분에 대해 집중적으로 다룰 것이다.

빌레몬서의 구조는 다음과 같다. 1) 문안(1-7절), 2) 바울의 간구(8-19절), 3) 맺는말(20-23절), 4) 축복(24,25절).

빌레몬서 1장

1:1 예수 그리스도의 죄수 된 바울과, 우리 형제 디모데는 우리가 참으
로 사랑하는 동역자 빌레몬과
2 우리의 사랑하는 압피아와 우리와 함께 군사 된 아킵포와 너의 집
에 있는 교회에 *편지하노니,*
3 하나님 우리 아버지와 주 예수 그리스도로부터 은혜와 평강이 너희
에게 있을지어다.

바울이 스스로를 『**예수 그리스도의 죄수**』라고 지칭하는 것을 주목하라(1절). 9절에서도 동일한 표현을 썼다. 그러나 그러한 상황에서도 바울이 이처럼 즐거워할 수 있다는 것은 가히 놀라운 정도이다. 우리는 신약성경 어디에서도 바울이 말로나 글로 불평을 토로한 부분을 찾을 수 없다. 그는 항상 모든 상황을 정복한 고지에 거하며, 항상 승리를 쟁취한다.

그는 당시 로마의 죄수였다. 네로의 수하에 죄수로 붙들려 있는 상태였고, 네로로 말하자면 그는 로마를 지배한 가장 불안정한 과대망상자들 중의 하나였다. 그는 자신이 풀려나 다시 사역을 재개할 수 있을지 어떨지도 모르는 상태였다. 이러한 상황에서 그는 앉아서 빌레몬에게 서신을 쓰면서, 자신을 『**예수 그리스도의 죄수**』라고 부르고 있다.

바울의 이러한 모습은 우리에게 로마서 8:28을 상기시켜 준다. 『**우리가 알거니와 하나님을 사랑하는 자들, 곧 그분의 목적에 따라 부르심을 받은 자들에게는 모든 일이 합력하여 선을 이루느니라**』(롬 8:28). 동일한 서신에서 바울은 말한다. 『**그러나 이 모든 일에서 우리를 사랑하시는 그분으로 말미암아 우리가 이기는 자들보다 더 나으니라**』(롬 8:37). 두 구절의 문맥을 살펴보면 건강, 부, 재산과는 전혀 관계없는 것임을 알 수 있다. 은사주의자들만이 가지는 고정관념일 뿐이다.

로마서 8:28의 문맥은 『**연약함**』(롬 8:26)이며, 『**우리가 이기는 자들보다 더 나으니라.**』의 문맥은 『**환난**』과 『**곤경**』과 『**박해**』와 『**기근**』과 『**헐벗음**』과 『**위험**』과 『**칼**』이다(롬 8:35).

바울은 감옥에 갇혀 있었으며, 자신을 『**예수 그리스도의 죄수**』로 여겼다. 왜냐하면 그는 예수 그리스도께서 그를 거기에 있게 하신 것이 아니라면 그곳에 있지 않았을 것임을 알았기 때문이다. 그는 인생의 작은 일들에 대해서도 하나님의 손길과 섭리를 주목했다. 그는 자신이 처한 처지를 "불운"이나 "우연"이나 "재앙"의 결과라 생각지 않았다.

그리스도인에게는 "운"이나 "우연"이 있을 수 없다. 그리스도인의 삶에서 일어나는 모든 일은 하나님의 직접적인 뜻의 발현이거나 하나님의 허락하신 뜻이 드러난 것이다. 곧 하나님의 직접적인 뜻이라 함은 하나님께서 어떤 일들이 특정한 방식으로 의도적으로 일으키시는 것이며, 허락하신 뜻은 어떤 일들이 특정한 방식으로 일어나는 것을 허락하시는 것을 말한다.

바울이 지금 로마에서 죄수 생활을 하고 있는 것은 그가 하나님께 불순종했기 때문이다. 사도행전에서 성령 하나님은 5번이나 바울에게 예루살렘으로 올라가지 말라고 경고하셨다(행 21장). 그는 어쨌든 올라갔고 유대인들의 고소로 인해 체포되고 말았다. 2년 동안 카이사랴에 감옥에 갇혀 있다가, 그는 공정한 판결을 받기 위해 카이사에게 항소할 수밖에 없었다. 만약 그가 주님의 말씀에 순종하기만 했었다면, 그는 난파당하며 고생하면서 로마로 가지 않고 가장 안락한 방식으로 갔을지도 모른다.

바울은 자신의 완고함으로 인해 "가택구금" 상태가 된 것이다. 그러나 그를 로마로 데려온 것은 하나님의 허락하신 뜻이었다. 목숨을 잃을 수도 있는 위험한 상황에서 두 번이나 주님께서는 그에게 나타나셔서 그가 로마에 닿게 될 것이며 그곳에서 하나님의 말씀을 전파할 것임을 약속하셨다.

『**그날 밤 주께서 바울 곁에 서서 말씀하시기를 "바울아, 기운을 내라. 네가 예루살렘에서 나에 관한 일들을 증거한 것과 같이 로마에서도 증거해야 하느니라."고 하시더라**』(행 23:11).

『**내가 속해 있고 또 내가 섬기는 하나님의 천사가 간밤에 내 곁에 서서 말하기를 '바울아, 두려워 말라. 네가 반드시 카이사 앞에 서야 하리라. 그러므로, 보라, 하나님께서는 너와 함께 항해하는 모든 사람들을 너에게 주셨느니라.'고 하였느니라**』(행 27:23-24).

말하자면 복음을 로마에 전파시키기 위한 하나님의 계획과 목적을 성취하시고자 바울의 고의적인 불순종으로 야기된 상황을 주님께서 관장하신 것이다. 동시에 하나님께서는 바울 자신이 뿌린 것을 제대로 거두게 하신 것이다(갈 6:7).

그래서 바울은 감옥에 있어도 명랑한 것이다. 주님께서 그를 그곳에 넣으셨고 여전히 그가 원했던 것처럼 복음을 전파할 수 있었기 때문에 즐거웠던 것이다(롬 1:15). 그의 불순종 때문에 사역이 수치스럽게 끝났을 수도 있었던 점을 감안해 볼 때, 그는 그때까지 전개된 상황에 대해 전혀 슬프거나 우울하지 않았다. 그는 맞아 죽거나 유대인 무리에 의해 습격당해 죽을 수도 있었으며, 지중해에 빠져 익사했을 수도 있었고, 독사에 물려 죽을 수도 있었다.

『**우리 형제 디모데**』(1절).

로마에서의 바울의 1차 투옥임을 알 수 있다. 그는 셋집에서 살며, 손님들을 맞이할 수 있었다(행 28:30). 디모데가 바울과 함께 있었으며, 에파프라, 마가, 아리스타코, 데마, 누가도 함께 었었다(23-24절).

제2차 투옥에서 바울은 사람을 보내어 디모데를 자신에게 오도록 불렀고, 이는 그가 에베소 교회의 감독으로 디모데를 그곳에 남겨 두었기 때문이다. 디모데는 마가와 함께 바울에게 갔어야 했다(딤후 4:11). 데마는 바울을 버렸으며(딤후 4:10), 오직 누가만이 그와 함께 있었다(딤후 4:11). 2차 투옥에서는 에파프라 또한 그와 함께 감옥에 있지 않았고, 아리스타코도 그곳에 없었기 때문에 바울을 도울 수 없었다.

그러므로 사도 바울이 두 번 투옥당했다는 것은 전혀 어떤 추측이나 이론에 의한 것이 아니다. 성경을 성경으로 비교하고, 성경이 성경을 해석하게 한 결과이다. 요세푸스나 "교부"들의 저작들이 성경과 일치할 때, 우리는 때때로 그것을 수용할 수 있다. 그러나 일치하지 않으면 전혀 권위를 부여하지 않는다.

바울은 본 서신에서 3명의 사람들을 언급하고 있다. 빌레몬이 가장 주요한 인물이며, 그는 노예들을 거느리고 골로새에 있는 교회가 집회를 열 수 있는 큰 집을 소유했다. 우리가 골로새 교회 혹은 그 일부가 그곳에서 모였다고 말할 수 있는 것은 아킵포(골 4:17)와 오네시모(골 4:9)가 둘 다 골로새 출신이며, 오네시모는 빌레몬의 집에서 살았기 때문이다(11-15절).

압피아는 일종의 "다크 호스"이다. 그는 골로새에 있는 무명의 그리스도인이었으며, 사도 바울의 친구였고, 그래서 성령께서는 그의 이름을 『**살아 있고 영원히 거하는 하나님의 말씀**』(벧전 1:23)에 기록해 두셨다.

나폴레옹, 징기스칸, 마오쩌둥, 레닌, 처칠, 요한 바오로 2세와 같은 이름은 이미 잊힌 이름이지만(사 65:17, 계 21:4), 당신이 하나님의 보좌로 나아가 그 책을 펼쳐 보면(시 119:89), 그 책 안에 압피아의 이름이 기록되어 있음을 알게 될 것이다.

아킵포는 골로새 교회를 섬기는 사역자들 중의 하나였다(골 4:17). 2절에서 바울은 그를 『**우리와 함께 군사**[fellowsoldier] **된 아킵포**』라고 부른다. 즉 동료 군사 혹은 전우라는 말이다. 바울은 에파프라도 그렇게 불렀다(23절, 빌 2:25). 에파프라는 골로새 교회를 시작하는 것을 도왔으며(골 1:7과 해당 주석서 서문을 보라), 그때 그는 바울과 함께 투옥된 상태였다(23절).

우리는 1,2절에서 좋은 설교 개요를 얻을 수 있다. 먼저 에파프라에 대한 것이다. 1) 에파프라는 "동료 군사"(빌 2:25)였으며, 2) "동료 종"이었으며, 3) 그는 또한 "동료 죄수"였다(23절).

또한 빌레몬서에서 동료 됨(fellow)에 대해서 말하는 구절들로도 좋은 설교를 구상할 수 있다. 아킵포는 "동료 군사"였고(fellowsoldier, 2절), 에파프라는 "동료 죄수"였다(fellowprisoner, 23절). 그리고 바울과 함께 한 "동료 일꾼들"(fellowlabourers)도 있었다(24절).

설교 개요를 하나 더 만들어 보자면, 이렇다. 그리스도인은 "형제"(1절)이며, 그는 "사랑받는" 자이며(1절), 또한 "함께 일꾼 된 자"이고(1절), 그는 "함께 군사 된 자"여야 한다(2절).

2절의 『**교회**』가 교회 건물을 말하는 것이 아님을 주목하라. 교회는 건물 안에 모인 사람들의 무리를 말한다. 사실은 "나는 교회에 간다"는 말은 틀린 말이다. 왜냐하면 당신 자신이 모임을 갖는 교회의 한 부분이기 때문이다. 초기의 미국 그리스도인들은 교회 건물을 "교회"라 부르지 않았다. 대신 그들은 "집회 장소"(meeting house)라고 불렀다. 경배를 드리러 갈 때, "교회에 간다"고 하지 않고 "집회에 간다"(going to meeting)고 했다.

3절은 표준적인 사도 바울의 서신의 문안 인사이다. 『**은혜와 평강이 너희에게 있을지어다.**』 성경에서는 항상 은혜가 평강(화평)보다 앞서 나오며, 또한 의가 화평보다 먼저 온다(히 7:2과 그 주석을 참조하라). 화평이 결코 먼저 오는 법이 없다.

『**평강**』(peace)이라고 말할 때 바울이 말하고자 하는 것은 결코 "세계 평화"가 아니었다. 바울은 조금도 교황과 닮은 구석이 없었다. "주여, 나를 당신의 평화의 도구로 만들어 주소서!" 바울은 더 크고 무서운 전쟁들이 일어날 것임을 알고 있었다(살전 5:3).

바울이 그리스도인과 연관하여 『**평강**』이라고 했을 때, 그가 말하고자 하는 것은 빌립보서 4:7에서의 평강이다. 『**그리하면 모든 지각을 초월하시는 하나님의 평강이 그리스도 예수 안에서 너희의 마음과 생각을 지키시리라.**』

1:4 나의 기도에 항상 너를 말하며, 나의 하나님께 감사하는 것은
5 주 예수와 모든 성도를 향한 너의 사랑과 믿음을 들음이니
6 이는 너의 믿음의 교제가 그리스도 예수 안에서 너희 안에 있는 모든 선한 것을 인식함으로 인하여 효과가 있게 하려 함이라.
7 우리가 너의 사랑으로 큰 기쁨과 위로를 얻었노라. 형제여, 이는 너로 인하여 성도들의 마음이 새 힘을 얻었기 때문이라.

바울이 골로새 교회를 위해 기도하고 그들로 인해 하나님께 감사를 드렸을 때(골 1:3), 그는 구체적으로 교회의 지도자들을 언급했다(4절). 당신의 목사가 성경대로 믿는 목회자라면 당신은 그를 비방하고 그에 대해 험담하기 전에, 일주일에 도대체 몇 번이나 그를 위해서 기도하는지 생각해 봐야 한다. 교회의 행정을 떠맡은 집사들과 재정위원들을 위해서는 얼마나 기도하는가? 바울은 자신이 세운 교회들을 위해서 규칙적으로 기도했을 뿐만 아니라, 특히 지도자들을 위해서 기도했다.

『**주 예수와 모든 성도를 향한 너의 사랑과 믿음을 들음이니**』(5절).

바울은 또한 『**만일 누구라도 하나님을 사랑한다면 그는 그분께 알려진 사람이라.**』고 말했다(고전 8:3).

5절에서의 사랑의 순서를 주목하라. "주 예수를 향한" 사랑이 최우선이다. 그 다음에 "모든 성도들을 향한" 사랑이 있는 것이다. 이것은 또한 첫 번째와 두 번째 계명이다. 『**너는 네 마음을 다하고, 혼을 다하고, 생각을 다하여 주 너의 하나님을 사랑하라.**』 예수님은 이것이 『**첫째며, 큰 계명**』이라고 부르셨다(마 22:38). 그러고 나서 『**둘째는 이와 같으니, 네 이웃을 네 자신과 같이 사랑하라.**』고 말씀하셨다.

사람들이 구렁텅이에 빠지는 이유는 둘째 계명을 첫째 계명 앞에 놓기 때문이다. 그리스도인들이 마땅히 하나님을 사랑해야 하는 것처럼, 사람들은 다른 사람들을 사랑하려고 한다.

당신의 이웃을 사랑하는 것은 하나님을 사랑하는 것이 아니다.

하나님을 사랑하는 것은 하나님께서 자신에게 행하라고 하신 것을 행할 때 드러나는 것이다(요 14:15). 게다가 예수님께서는 『**나를 사랑하는 사람은 <u>내 말들을</u>[words] 지키리니 그러면 나의 아버지께서 그를 사랑하실 것이며, 또 우리도 그에게 와서 우리의 거처를 그와 함께 정하리라.**』(요 14:23)고 말씀하셨다. 어떻게 현대의 그리스도인들이 하나님의 말씀들도 지키지 않으면서 하나님을 진정으로 사랑한다고 말할 수 있겠는가? 그들이 가진 것은 고작 단수로서의 "하나님의 말씀"(Word of God)이다. 이 용어는 신정통주의자들이 성경의 "메시지"를 지칭할 때 사용하는 것이다. 즉 그들에게는 성경의 굵직굵직한 개념들, 교리들, 원리들, 근본사항들은 있지만, 하나님께서 주신 모든 "말씀들"(words)은 실제로 없는 것이다.

필자는 하나님의 말씀들을 가지고 있다. 만약 당신이 가지고 있지 않다면, 그것은 당신의 문제다. 만약 혹자가 하나님의 말씀들을 전부 온전하게 가지고 있지 않다면, 그것 또한 자신이 해결해야 할 문제다. "내가 가진 성경은 당신의 성경과 단지 5%만 틀린 뿐이야."라고 말해 봐도 소용없다. 당신의 문제다. 필자는 하나님께서 내가 가지기 원하는 모든 말씀을 영어로 가지고 있다. 그 모든 말씀들이 킹제임스성경에 모두 들어 있다.

당신은 또한 하나님께 드림으로써 하나님께 대한 당신의 사랑을 보여 드릴 수 있다. 하나님 또한 당신을 향한 사랑을 그렇게 보여 주셨다. 『**하나님께서 세상을 이처럼 사랑하셔서 그의 독생자를 주셨으니**』(요 3:16). 하나님께 뭔가를 드림에 있어서 기억해야 할 것은, 하나님께서는 당신이 드리는 양이 아니라 어떠한 마음과 태도로 드리는가에 감동을 받으신다는 것이다(고후 9:5-7).

또한 하나님을 사랑함은 당신이 그분에 대해서 얼마나 입을 자주 여느냐, 그리고 그분을 위해서 얼마나 많이 하나님의 말씀을 전하는가로 드러난다. 『**이는 마음에 가득한 것을 입이 말하기 때문이라**』(마 12:34). 하나님의 사랑이 - 그것이 하나님께서 우리를 사랑하심이든 우리가 하나님을 사랑하는 것이든 - 우리 마음에 부어졌다면(롬 5:5), 당신의 입에서 나오는 말로 당신이 얼마나 하나님을 사랑하는가 알 수 있다(마 12:37).

마지막으로 하나님을 사랑함은 얼마나 간절히 그분을 보길 원하는가로 드러난다. 만약 당신이 누군가를 사랑하고 있는데, 한동안 보지 못했다면, 그 사람을 다시 만나는 것에 대해 마음이 흥분될 것이다. 사도 베드로는 예수 그리스도에 대해서 이렇게 말한다. 『**너희가 그를 보지 못하였으나 사랑하며, 지금도 그를 보지 못하나 믿고 있으며, 또 말할 수 없이 영광으**

로 가득 찬 기쁨으로 즐거워하나니』(벧전 1:8). 『**믿고 있으며**』 무엇을 믿는다는 말인가? 예수 그리스도의 나타나심을 믿는다는 것이다(벧전 1:7). 만약 당신이 주님을 사랑한다면, 당신은 그분의 나타나심을 사모할 것이다(딤후 4:8).

『**이는 너의 믿음의 교제가**』(6절).

여기서는 복음을 증거하는 것이나 전도지를 나눠 주는 것에 대해서 말씀하는 것이 아니다. 성경에서 『**교제**』(communication)는 두 사람 이상이 대화를 나누는 것을 말하는 것을 의미할 뿐만 아니라, 물질적인 필요가 있는 사람에게 나눠 주는 것을 의미하기도 한다.

『**말씀을 배우는 사람은 가르치는 사람과 더불어 모든 좋은 것들을 나눠 가져야 할 것이라**』(갈 6:6). 바울은 이 구절에서 하나님의 말씀을 가르쳐 준 것에 대해서 설교자나 혹은 성경교사에게 사례를 주는 것을 말한다(고전 9:7-11).

『**그러나 너희가 나의 환난에 동참하였으니**[communicate] **잘하였도다... 너희가 한두 번 나의 쓸 것을 보내 주었음이라**』(빌 4:14,16). 빌립보인들은 바울이 선교지에서 궁핍할 때 그를 도와준 것이다.

디모데전서 6:18도 보라. 『**곧 그들이 선을 행하고, 선한 일에 부요하며, 기꺼이 나누어 주고, 아낌없이 베풂으로써,**』 즉 당신이 가진 것을 취해서 필요가 있는 사람에게 주는 것을 말한다.

7절에서 바울이 『**형제여, 이는 너로 인하여 성도들의 마음이 새 힘을 얻었기 때문이라.**』고 말했을 때, 그가 말했던 것도 바로 이것이다. 여기서 『**마음**』(bowels)은 신체의 강(腔)을 채우는 모든 것을 말한다. 고린도후서

6:12, 빌립보서 1:8; 2:1, 골로새서 3:12, 요한일서 3:17에서도 우리는 이 점에 대해서 자세히 설명했다. 7절과 20절에서 바울은 빌레몬이 다른 그리스도인들이 내적으로 새 힘을 얻게 한 일에 대해서 말하고 있다.

6절에서 바울은 빌레몬에게 그가 『**성도들**』을 위해 행한 모든 것이 보상을 받을 것이라고 말한다. 『**효과가 있게 하려 함이라.**』는 말씀의 의미가 바로 이것이다.

형제여, 어느 날 당신이 믿음으로 주 예수 그리스도와 다른 그리스도인들을 위해 행한 모든 것을 당신의 구주이시자 창조주이신 그분께서 인정해 주실 것이다. 당신은 그리스도의 심판석에서 그리스도의 몸을 이루는 모든 사람 앞에서 보상받을 것이며, 또한 천년왕국과 새 예루살렘의 온 우주 앞에서 상을 받을 것이다.

당신이 여기 지상에서 예수 그리스도를 위해서 살며 그분을 위해 고난을 받고, 지금 지상에서 형제들을 사랑하고 도와주면, 당신은 그날 주께서 이렇게 말씀하시는 것을 들을 것이다. "잘하였도다. 착하고 신실한 종아." 그런 후 만왕의 왕께서 당신의 머리에 친히 면류관을 씌워줄 것이며, 당신을 그분과 함께 다스리는 왕으로 삼으실 것이다(계 1:6).

툭 터놓고 말해서 세상에 있는 갖가지 종류의 마약이 주는 모든 환락을 다 합해도, 그날 당신이 누릴 감격과 영광에는 비할 수 없을 것이다. 그 감격을 뛰어넘을 수 있는 유일한 것은 하늘나라에서 하나님을 찬양하기 시작할 때일 것이다. 당신은 그때 너무나 감격하고 흥분하여, 평정과 위엄을 잃고 당신의 면류관을 다시 주께 던지며 그분의 발 앞에 무릎을 꿇을 것이다!(계 4:10; 5:14)

1:8 그러므로 내가 그리스도 안에서 큰 담력을 가지고 마땅히 해야 할
것을 네게 명령할 수도 있지만
9 사랑으로 인하여 나 바울은 나이 많은 자로서 이제 또한 예수 그
리스도의 죄수로서 오히려 네게 간청하노라.
10 내가 갇힌 중에 낳은 내 아들 오네시모를 위하여 네게 간청하노니
11 그가 전에는 네게 무익하였으나 이제는 너와 나에게 유익하므로
12 내가 그를 다시 보내노니 그러므로 너는 그를 받아들이라. 그는
내 마음 같은 자라.
13 내가 그를 나와 함께 있게 하여 복음을 위하여 갇혀 있는 나를 네
대신 섬기게 하고 싶었으나
14 네 승낙이 없이는 내가 아무것도 하기를 원치 아니하노니 이는 너
의 선한 일이 억지로 되지 아니하고 자의로 되게 하려 함이라.
15 그가 잠시 떠나 있게 된 것은 아마 이로 인하여 네가 그를 영원히
얻게 하려는 것인지도 모르니
16 이제는 종으로서가 아니라 종 이상의 사랑하는 형제로서 내게
특별히 그러한데, 하물며 너에게는 육신과 주 안에서 더욱 그러
하지 않겠느냐?
17 그러므로 네가 나를 동역자로 여긴다면 그를 나와 같이 영접하라.
18 만일 그가 네게 잘못을 저질렀거나, 갚아야 할 빚이 있으면 내게
로 넘기라.
19 나 바울은 친필로 썼노니 내가 그것을 갚으리라. 그러나 나는 네
가 비록 나에게 빚진 것이 있다 해도 말하지 않겠노라.

이제 빌레몬에게 쓴 바울의 서신의 본론을 다루게 된다. 그가 서신을 기록한 이유를 볼 수 있다.

『**그러므로 내가 그리스도 안에서 큰 담력을 가지고 마땅히 해야 할 것을 네게 명령할 수도 있지만**』(8절).

즉 바울은 이제 빌레몬에게 간청하려는 참이다. 하지만 바울이 빌레몬에게 준 영적인 것들로 인해 그에게 뭔가를 요구할 수 있는 권리가 있었다. 물론 바울은 그렇게 할 수도 있었지만, 그렇게 하지 않았다.

바울은 자신의 사역에서 사용할 수 있는 "권리"가 있었지만, 자원하여 사용하지 않은 것이 몇 가지 있었다. 바울은 베드로처럼 그리스도인 여인과 혼인하여, 선교여행에 동행하게 할 수도 있었다(고전 9:5). 그는 일할 필요가 없었지만, 장막을 지어 생계를 유지했다. 그는 자신이 그리스도께 인도한 성도들이 낸 헌금으로 생계를 마련할 수도 있었다(고전 9:6). 또한 바울은 언제나 자신이 원하는 것을 먹거나 마실 수 있었다(고전 9:4). 그러나 바울은 그 모든 것을 복음을 원활히 전파하고 회심자들의 유익을 위해 포기했다(고전 9:15-18).

『**나 바울은 나이 많은 자로서 이제 또한 예수 그리스도의 죄수로서 오히려 네게 간청하노라**』(9절).

바울은 단순히 빌레몬에게 이런저런 요구를 하고 있는 것이 아니다. 그를 사랑하기 때문에 그를 위해 뭔가를 요청한다. 빌레몬에게 하는 그 요청을 더 강하게 말하기 위해서, 노인을 위해 또한 구주를 위해 옥에 갇힌 성도를 위해서 "부탁"을 들어주듯이 그 요청을 너그러이 수용해 달라고 말하는 것이다.

『**나이 많은 자**』는 성경이 말하는 인간의 성장 7단계에서 일곱 번째 영적인 단계를 말하는 것이다. 성경은 이러한 단계들을 셰익스피어가 태어나기 오래전부터 가르쳐 왔다. 이 부분에 대해서 자세한 주해를 원한다면, 요한일서 2:1,13을 해당 주석서와 함께 공부하라.

바울이 "나이가 많다"는 것은 두 가지 측면에서 그렇다. 첫째로 그의 신체적인 연령의 의미에서 그렇다. 이 서신을 기록했을 때 바울은 약 70대 혹은 80대였을 것이다. 그는 40대의 장성한 어른을 연소하다고 불렀다(딤전 4:12).

본 주석가도 "나이 많은 자"가 되었다. 이 주석서를 쓰는 현재(2005년) 나는 83세이다. 그래서 펜사콜라성경신학원에서 공부하는 모든 사람들을 "젊은이"라고 부른다. 왜냐하면 이 나이가 되면 거의 모든 사람이 나보다 나이가 적기 때문이다. 중년의 성도들도 나에게는 젊게 보인다. (아, 다시 60대가 될 수 있다면!)

그리스도인은 또 다른 의미에서 나이가 많을 수 있다. 영적인 의미에서이다. 바울은 그리스도인이 된 지 오래되었고, 사역을 오랫동안 수행했다. 빌레몬에게 서신을 기록할 당시 거의 30년 정도 되었을 것이다. 그는 로마로 여행간 것을 제외하고 세 번의 선교여행을 완수했다. 그는 수십 개의 교회를 시작했고, 그동안 수백 명의 남자, 여자, 아이들을 그리스도께 인도했다. 디모데전후서와 디도서를 제외한 거의 모든 서신을 기록했을 것이다. 또한 히브리서도 완성했을 것이다. 그리스도인의 삶에 관한 한 또한 영적인 성숙의 견지에서 볼 때 바울은 나이 많은 자가 된 것이다.

필자도 이러한 의미에서 "나이 많은 자"로 불릴 수 있게 되었다. 나는 구원받은 후 55년간 사역을 수행하고 있다. 전무(全無)의 상태에서 세 개의 지역 교회를 시작했으며, 이 세 교회 모두 각기 사역을 수행하고 있다. 또한 미국 전역으로 복음 전하는 사역을 수행해 왔다. 125권 이상의 책을 저술했으며, 오디오와 비디오로 3,000시간 이상의 설교와 성경강해를 제작했고, 이러한 자료는 전국적으로 퍼져 나갔다. 또한 네 가지의 전도지를 만들었고, 이 전도지들은 독일어, 불어, 스페인어, 중국어 등으로 번역되었다. 물론 우리가 파송한 선교사들이 헬라어, 러시아어, 루마니아어 등으로 번역한 것은 계산하지 않은 것이다.

또한 필리핀, 한국, 우크라이나, 멕시코, 독일, 호주, 캐나다, 하와이, 리히텐스타인, 인도 등의 나라들을 다니며 성경을 가르치고 복음을 전파했다. 사역을 하면서 자동차로 혹은 비행기로 여행한 거리를 다 합한다면, 사도 바울이 전 생애 동안 여행한 거리의 세 배가 될 것이다.

필자가 굳이 자신의 경우를 들며 길게 말한 것은 자랑하려는 것이 아니라, 성경이 "나이 많은 자"라고 할 때 무슨 말인지 설명하려는 것이다. 바울은 구원받은 지 오래되었고, 주님을 섬긴 지 오래된 것이다.

이런 이중적인 의미에서 "나이 많은 자"라고 부를 수 있는 친구가 내게는 두 명이 있다. 올랜도 출신의 밥 웨어와 잭슨빌에서 사역하던 밥 그레이, 두 사람 다 사도 바울보다 더 오랜 기간 동안 사역했다. 그들은 매우 성공적인 교회에서 "퇴임"하고, 지금은 선교지에서 활발히 사역하고 있다. 웨어는 인도로 갔으며, 그레이는 독일로 갔다. 사실 웨어가 미국으로 다시 돌아와 정착하려 했을 때, 그는 플로리다 중부에 있는 퇴직한 노인들을 위한 작은 교회의 목사직을 다시 수락하고 말았다. 웨어는 그 교회를 다른 특별한 프로그램이나 프로젝트를 쓰지 않고 성경을 가르침으로써 24명에서 70명으로 성장하게 했다. 밥 웨어와 밥 그레이 모두 "나이 많은" 사역자들이다.

필자를 주님께로 인도해 준 휴 파일도 마찬가지다. 파일 형제님은 지금 86세이며, 아직도 활발히 저술 활동과 복음 전파에 쓰임받고 있다.

이제 바울을 "나이 많은" 사역자로 생각해 보라. 그는 노년의 나이에도 여전히 정기적으로 여행을 다니고 있었다(행 20장). 그는 군중들에 의해서 린치당했고(행 22장), 사람들은 그의 목숨을 노리고 계획을 세우기도 했으며(행 23장), 그는 통치자들과 왕들에게 복음을 증거했고(행 24-26장), 로마로 죄수로 후송되는 중에 파선을 당하기도 했으며(행 27장), 그는 독사에게 물리기도 했다(행 28장). 바울의 사역에 대해 이렇다 저렇다 말할 수 있다 해도, 누구도 결코 지루하다고 말할 수는 없을 것이다.

필자는 독자가 영적인 성숙의 어떤 단계에 있는지는 모른다. 그러나 당신이 은혜 안에서 영적으로 "나이 많은 자"로 성장했는가를 체크해 보고자 한다면, 다음 사항들이 그리스도인으로서 자신의 삶 속에 녹아 있는지 살펴보라.

1) 당신은 처음 구원받을 때보다 지금 주님을 더 사랑하는가?

2) 당신은 처음 구원받을 때보다 지금 하나님의 약속들을 더 온전히 신뢰하는가?

3) 당신은 처음 구원받을 때보다 지금 불합리한 일과 모욕을 더 잘 참아내는가?

4) 당신은 처음 구원받을 때보다 지금 당신의 적들을 더욱 많이 사랑할 수 있는가?

5) 당신은 처음 구원받을 때보다 지금 하늘 나라가 더 실제적으로 다가오는가?

6) 해가 지나갈수록 잃어버린 자들에 대해서 더욱 많은 연민을 가지게 되는가?

7) 하나님께서 채찍질하실 때 더 감사하는 마음으로 그것을 감당하는가?

구세군의 창설자인 윌리엄 부스 장군은 은혜 안에서 장성한 "나이 많은 자"의 좋은 본보기였다. 그의 생애의 마지막 해, 구세군의 지도부는 그에게 전 세계에서 일하는 구세군들에게 전보로 메시지를 보내줄 것을 부탁했다. 구세군 사역을 하는 모든 일꾼들에게 크리스마스를 맞이하여 격려하는 메시지로 쓰려는 것이었다. 그가 보낸 전보는 단 한 단어밖에 되지 않았다. "다른 사람들"(Others). 이것이 바로 성숙한 그리스도인의 표시이다.

『**내가 갇힌 중에 낳은 내 아들 오네시모를 위하여 네게 간청하노니**』(10절).

바울은 오네시모를 아들이라 부른다. 바울이 그를 주께로 인도했기 때문이다. 디모데와 디도처럼 오네시모도 바울이 믿음 안에서 낳은 아들이었다(딤전 1:2, 딛 1:4).

우리는 성령 하나님께서 새로운 출생을 수행하시는 분이시며, 죄인이 복음을 믿을 때 그분께서 그를 중생케 하신다는 사실을 알고 있다(고전 4:15). 고린도전서 4:15을 주의깊게 살펴보라. 『**그리스도 예수 안에서 복음**

을 통하여 내가 너희를 낳았음이라.』 즉 죄인에게 예수 그리스도의 복음을 전하여 그가 새로운 출생을 하게 되었음을 말하는 것이다. 당신이 복음을 전하여 한 사람이 구원받을 때 당신은 그의 영적인 "아버지"가 되는 것이다.

고린도전서 4:15을 다시 보라. 『**이는 너희가 그리스도 안에서 일만 명의 스승을 가졌을지라도 아비들은 많지 아니하니 그리스도 예수 안에서 복음을 통하여 내가 너희를 낳았음이라.**』 즉 교사들은 많이 있을지라도 사람들을 주께로 인도하는 사람들이 적다는 말씀이다. 바울은 디모데, 디도, 오네시모에 대해서 영적인 의미에서 "아비"라는 칭호를 사용하며, 이는 바울이 그들을 직접 그리스도께로 인도했기 때문이다.

카톨릭 사제들은 신부(神父)라고 불리기를 좋아하지만, 그 칭호를 사용할 만한 어떤 일도 하지 않았다.

예수 그리스도께서는 『**또 땅에 있는 사람을 너희 아버지라 부르지 말라.**』고 명령하셨고(마 23:9), 이 명령은 지상의 모든 종교 지도자들에 적용되며, 특히 그리스도 안에 있는 스승들에게 해당하는 말씀이다. 이 구절에 대한 카톨릭의 가르침은 이렇다. "'아비'라는 단어는 신약성경에서 영적인 것들을 가르치는 교사를 의미한다. 그가 가르치는 영적인 것들을 통해서 사람의 혼이 그리스도의 모습으로 거듭나게 된다."(「교회의 신부들, *Fathers of the Church*」, 〈카톨릭 백과사전, Catholic Encyclopedia〉, 2005, New Advent 웹사이트) 물론 로마카톨릭 사제가 당신에게 어떻게 "거듭나는가"에 대해서 가르칠 때, 그는 당신이 세례받을 때 거듭난다고 가르칠 것이다. 그러나 그것은 이 구절이 가르치는 것과 정확히 반대되는 거짓 교리이다.

영적인 "아비"는 복음을 통해서 새로운 출생을 낳는 것이지, 로마카톨릭의 물세례를 통해 이루어지는 것이 아니다. 영적인 "아비"는 죄인에게 예수 그리스도의 피의 속죄와 주님께서 무덤에서 부활하셨음을 전파하는 구령자나 개인 사역자를 말한다. 이것이 복음이다(고전 15:1-4). 그때 성령께서 그의 증거를 쓰셔서 죄인에게 죄와 의와 다가올 심판에 대해서 책망하신다(요 16:7-11). 죄인은 자유 의지를 행사하여 그가 구령자와 성령으로부터 받은 증거를 믿고, 그리스도께서 그를 위해서 십자가에서 이뤄 놓으신 희생을 개인적으로 받아들인다. 그가 이렇게 할 때, 성령께서는 그에게 들어가셔서, 『**허물과 죄들 가운데서 죽었던**』 그의 영에 새로운 생명을 주신다(엡 2:1).

이것이 바로 복음을 통한 새로운 출생이다. 어떤 교회의 여하한 물세례도 새로운 출생과는 아무런 상관이 없다. 이와 다르게 가르치는 "교사"는 전혀 "아비"가 될 수 없다. 그는 오히려 독신으로 살면서 할로윈 복장으로 돌아다니며 수녀들과 음행을 저지르고 어린 소년들과 십대들을 성추행하는 변태일 뿐이다. 왜냐하면 그의 교회가 그에게 정상적인 결혼 생활을 허락하지 않기 때문이다(히 13:4). 그러면서도 그가 합법적인 "아비"(신부)가 될 수 있다는 것이다.

바울은 오네시모의 영적인 아비였다. 그는 로마에서 죄수로 있었을 때, 오네시모를 주께로 인도했다. 『**내가 갇힌 중에 낳은 내 아들 오네시모**』 오네시모는 그의 주인인 빌레몬에게서 도주하여 로마로 갔었다(16절). 그래서 바울이 빌레몬에게 오네시모를 위하여 서신을 쓰고 있는 것이며, 빌레몬에게 오네시모를 사역에서 바울 자신의 종으로 데리고 있도록 해달라고 말하고 있다.

『그가 전에는 네게 무익하였으나 이제는 너와 나에게 유익하므로』(11절).

오네시모라는 이름은 "유익한"이라는 뜻이다. 그가 구원받기 전에는 전혀 유익하지 않았다. 그는 반항하고 완고한 자였다. 그는 도주했고, 아마도 빌레몬의 돈을 일부분 훔쳐갔을 것이다(18절).

그러나 지금 오네시모는 자신의 이름에 합당하게 살게 된 것이다. 변화의 원인이 무엇이었는가? 바로 예수 그리스도였다. 오네시모는 구원받았던 것이다. 그는 "그리스도 안에서 새로운 피조물"이 되었다(고후 5:17).

여기서 우리는 귀한 교훈을 얻을 수 있다. 하나님께서 당신을 구원하실 때, 하나님께서는 그리스도인이 된 당신에게서 그분이 투자하신 것에 대해 이익을 바라신다는 것이다. 말하자면 하나님께서는 단지 수지맞는 장사가 아니라, 제대로 이익을 내는 장사를 원하시는 것이다. 누가복음 19:12-26을 보라.

누가복음 19:12-26에서 예수님께서는 왕국을 받기 위해 먼 나라로 떠나는 귀인에 대한 비유를 말씀하셨다. 이 비유는 주님께서 아버지 하나님께로부터 왕국을 받으시려고 하늘로 가시는 것을 빗댄 것이다.

달란트 비유는 유대인의 비유이다. 그러나 이 므나 비유는 "열"(10)이라는 숫자와 "므나"(pounds)라는 화폐 단위로 인해 이방인의 비유이다. 므나(pound)는 이방인의 화폐단위이며, 파운드는 현재 영국이 쓰고 있는 단위이기도 하다. 숫자 십(10)은 성경이 이방인들에 대해서 쓰는 숫자이다(창세기 10장과 해당 주석을 보라).

이 비유에서 그리스도께서 말씀하려고 하신 기간은 그분께서 승천하여 하늘에 계시는 기간을 말한다. 즉 교회 시대에 대한 비유인 것이다. 물론 우리는 그리스도 안에서는 유대인도 헬라인도 없다는 진리를 알고 있다.

그러나 실제적인 면에서 말할 때, 사도행전 13장부터 휴거까지 교회는 거의 대부분 이방인 신자들로 구성되어 있다.

이 비유에서 종들은 각자 한 므나를 받고 『**내가 올 때까지 장사하라.**』는 명령을 받는다. 즉 종들은 누구나 자신의 므나를 가지고 그것을 사용하여 주인의 사업을 경영하여 이익을 남겨야 하는 것이다.

그러면 이 므나는 무엇인가? 그것은 각 그리스도인에게 동등하게 주어지는 어떤 것이다. 그리고 하나님께서 모든 그리스도인에게 동등하게 주시는 것은 오직 하나뿐이다. 하나님께서는 우리 모두에게 더도 말고 덜도 말고 균등하게 이것을 주신다.

바울은 주께서 모든 그리스도인에게 『**화해의 직분**』을 주셨다고 말한다(고후 5:18). 고린도후서 5장을 18절부터 21절까지 쭉 읽어 보라. 화해라는 것은 하나님께서 자신의 아들의 피의 속죄를 받아들이는 죄인들에게 그분의 의를 전가시켜 주심으로 이뤄진 것임을 알 수 있다. 하나님께서는 예수 그리스도의 복음을 그리스도인 각인에게 위임하셨다. 이 복음은 성경대로 예수 그리스도께서 죄들을 위해 죽으시고, 장사되시며, 부활하셨다는 복음이다(고전 15:1-4). 주께서는 각 그리스도인에게 그분께서 돌아오실 때까지 이 세상을 복음으로 차지하라고 명령하셨다.

그러나 이 말씀이 우리에게 복음 전파를 통해서 "그리스도를 위해 세상을 정복하라," "왕국을 가져오라"는 의미는 아니다. 오히려 이런 것들은 무천년주의자들과 후천년주의자들의 이단 교리에서 파생된 것일 뿐이다. 있는 그대로 이 비유가 의미하는 것은 주께서 돌아오실 때까지 우리가 사람들을 예수 그리스도께로 이겨오는 데 활발하게 동참해야 한다는 것이다. 귀족이 돌아와서 모든 종들을 불러 그들이 자신의 므나로 무엇을 했는지

점검했듯이, 우리 또한 어느 날 그리스도의 심판석에서 우리에게 맡겨진 이 복음으로 무엇을 했는지 회계하게 될 것이다.

귀족이 그의 종들과 회계했을 때, 그는 첫 번째 종이 장사하여 다섯 므나를 남긴 것을 알게 되었다, 그 종은 귀족의 새로운 왕국에서 다섯 고을의 통치권을 받았다. 이와 같이 두 번째 종도 장사하여 두 므나를 남겼다. 모든 종이 주인이 준 것을 받았으며, 그것으로부터 이득을 남겼다. 즉 그들은 그들의 주인에게 받은 것보다 더 많은 것을 돌려드렸다는 것이다.

그러나 세 번째 종은 그렇지 않았다. 그는 주인을 너무 싫어한 나머지, 그의 주인의 돈을 그가 돌아올 때까지 감추어 두었다. 그가 귀족에게 줄 수 있는 것은 그 귀족이 그에게 준 므나 하나뿐이었다. 주인은 그에게서는 이득을 얻지 못했다. 그 종은 자신이 므나로 장사하여 받을 수 있는 상을 잃어버렸다. 사실 그가 귀족의 돈을 은행에 예치하고 이자를 받을 수 있게만 했더라도 주인은 기뻐했을 것이다.

이 비유가 그리스도인에게 주는 교훈은 간단하다. 주께서 당신에게서 유익을 취하시도록 무슨 일이든 하라! 많은 이익이 아닐 수도 있다. 어쩌면 당신은 D. L. 무디나 빌리 선데이처럼 수백만의 죄인들을 예수 그리스도께로 이겨오지 못할 수도 있다. 윌리엄 부스나 찰스 스펄전처럼 수천 명의 죄인들을 주께로 이겨오지 못할 수도 있다. 그러나 신실하게 복음을 가지고 밖으로 나갈 수 있고, 당신이 이 일을 지금 신실하게 한다면, 주님은 당신을 통해 혼들이 구원받게 하실 것이다. 낚시를 계속하면 반드시 고기를 낚게 된다. 동갈치든 잡어든 무엇이 되었든지, 반드시 고기를 몇 마리 낚게 될 것이다.

그러면 그리스도인은 어떻게 이익을 낼 수 있는가? 첫째로 자신의 전

생애 동안 예수 그리스도께로 한 명 이상의 혼을 이겨오려고 노력하는 것이다. 만약 당신이 오직 한 혼만을 이겨온다면, 당신을 대신할 그리스도인 한 명만을 만든 것밖에 안 된다. 즉 주께서 당신 한 사람을 구원하셔서 한 명밖에 못 건진 셈이다.

충격적인 사실은 대부분의 그리스도인들이 예수 그리스도께로 단 한 명도 이겨오지 않는다는 것이다. 자신을 대신할 사람 한 명도 내놓지 않는다는 것이다.

그리스도인이여, 당신이 이 생을 통해 행하는 것이 모두 단지 도덕적인 삶을 살고 아내와 자녀들을 위해서 일하고, 공과금들을 착실히 내며, 교회에 신실하게 출석하고, 십일조와 기도와 성경 읽기에 그친다면, 주님께서는 당신에게 손해를 보시는 격이다.

예수님께서 하신 말씀을 보라. 『**그러므로 너희도 그와 같이 너희에게 명령한 모든 일을 하고 나서는 '우리는 무익한 종들이라. 우리가 해야 할 일을 하였을 뿐이라.'고 말하라**』(눅 17:10).

만약 당신이 그리스도인으로서의 인생에서 이루는 것이 필자가 위에 나열한 것에 불과하다면, 당신은 진짜 무익한 종이다. 물론 위에 나열한 모든 일들을 당연히 행해야 한다. 그러나 하나님께서 당신에게 명령한 이러한 일들을 훌쩍 뛰어넘지 않는다면 당신은 무익한 종일 뿐이다.

물론 모든 그리스도인은 예수 그리스도의 증인이 되고, 복음을 전하라는 명령을 받았다. 만약 사실이 그러하다면, 증거하는 그 행위만으로는 주께 이익을 가져오기에 충분치 않다는 것이다. 바울 서신은 하나님께서는 복음을 어떻게 전하는가에 따라 보상하신다.

『**내가 복음을 전할지라도 내게 자랑할 것이 없으니 이는 내가 부득불**

해야 할 일이기 때문이라. 만일 내가 복음을 전하지 아니하면 정녕 내게 화가 있으리라!』(고전 9:16) 이것이 바로 누가복음 19장의 무익한 종의 경우이다!

그러나 인용한 구절의 다음 구절을 보라. 『**내가 기꺼이 이 일을 하면 상이 있으려니와 기꺼이 하지 아니한다 해도 복음의 경륜이 내게 맡겨졌음이라**』(고전 9:17). 즉 바울은 자신이 복음을 전하는 일을 자원해서 기쁜 마음으로 한다면, 상이 있다고 말하는 것이다.

즉 그리스도인이 자신의 의지를 주 하나님의 뜻에 일치시키고, 강요나 억지가 아니라 자신이 그것을 원해서 그렇게 한다면, 그는 단순한 명령을 준수한다는 선을 넘어 하나님께 유익하게 되는 것이다. 즉 당신이 예수 그리스도를 위해서 고통을 당하면 당신은 스스로를 하나님께 유익하게 만드는 것이며, 상을 획득하게 된다는 것이다.

『**우리가 참으면 우리도 그와 함께 다스릴 것이요**』(딤후 2:12).

이제 다시 빌레몬서 11절을 보라. 오네시모가 구원받았기 때문에, 그는 빌레몬에게 실제적인 종으로 섬김으로써 오네시모에게 유익하게 되었다. 바울이 오네시모의 종의 신분을 해방시켜 멀리 떠나보내지 않았다는 사실을 주목하라. 이것이 성경의 가르침이다.

창세기 16:7-9을 보면, 주의 천사가 사라의 종인 하갈에게 하는 말씀이 나온다. 『**주의 천사가... 말하기를 "사래의 여종 하갈아, 네가 어디서 왔으며, 어디로 가느냐?" 하니 그녀가 말하기를 "나는 내 여주인 사래의 면전에서 도망하나이다." 하더라. 주의 천사가 그녀에게 말하기를 "네 여주인에게 돌아가서 그녀의 손 아래서 복종하라." 하고**』 성경에 따르면 주 하나님께서 친히 도망나온 노예를 돌려보내시며 자신의 여주인에게 복종하라고 명하신다.

이 원리는 신약에서도 바뀌지 않았다. 바울은 고린도의 그리스도인들에게 이렇게 명령했다.『**각 사람은 부르심을 받은 그 부르심 안에 거하라. 네가 종일 때 부르심을 받았느냐? 그로 인하여 염려하지 말라. 그러나 네가 자유스럽게 될 수 있거든 차라리 그것을 사용하라. 이는 종도 주 안에서 부르심을 받으면 주께 속한 자유인이요, 마찬가지로 자유인도 부르심을 받으면 그리스도의 종이기 때문이라**』(고전 7:20-22).

이 말씀에 따르면 위대한 스코틀랜드인 개혁자 존 낙스가 노 젓는 노예로 붙들려 있었을 때, 스코틀랜드의 여왕 메리 스튜어트보다 더 자유로웠다는 뜻이다. 그녀는 스코틀랜드와 아일랜드를 저주한 가장 부패한 종교 집단의 노예였다. 존 낙스가 자유로웠던 이유는 예수님께서 하신 말씀 때문이다.『**그러므로 만일 아들이 너희를 자유롭게 하면 참으로 너희가 자유롭게 되리라**』(요 8:36).

필자는 남북전쟁이나 흑인을 노예로 만드는 것에 찬성하지 않는다. 또한 KKK나 백인우월주의자도 아니다. 밥 존스 대학 시절, 크리스마스 연휴로 앨라배마 주 헤일(Hale) 카운티에 있는 처가집에 가족을 데리고 돌아갔다. 가족들은 식탁에 둘러앉아 음식을 먹으며 담소를 나눴지만, 필자는 전도지 한 뭉치를 들고 나가 그 지방 전역에 복음을 전했다. 내가 방문한 가정들은 대부분 흑인이었다. 하도 많은 흑인들을 주께로 이겨왔기 때문에, 그 지방의 KKK 단원들이 나를 린치하려 할 정도였다.

또한 매년 여름이 되면 데이빗 피콕(David Peacock) 목사와 함께 플로리다 주 중부와 북부의 감옥들을 방문한다. 내가 감옥에서 설교하는 것을 듣는 청중의 90%가 흑인이다. 나는 구원받은 흑인들에게 가서 그들을 안아준다. 그들 중에는 에이즈에 걸린 사람도 있다.

또한 필자의 교회는 남아프리카, 잠비아, 말라위 등지에 있는 선교사들을 지원하며, 그들은 마틴 루터 킹과 제시 잭슨이 평생토록 주께 인도했던 혼들보다 훨씬 많은 혼들을 주께로 이겨온다. 그러니 반흑인주의이니 뭐니 그 따위 말도 안 되는 딱지를 붙이지 말라.

필자의 입장은 하나님의 말씀을 주석할 때 어떤 대상에 대해서도 성경이 말씀하시는 것에 있어서 양보하지 않겠다는 것이다. 그 말씀의 대상이 어떤 인종이든지, 어떤 정치적인 성향을 띠고 있든지 상관없다. 분명한 것은 성경에는 노예들을 해방시키기 위해서 그 주인을 살해하는 일에 대한 전례가 없다는 사실이다. 노예제도폐지, 노예해방 등이 잘못되었다는 것이 아니다.

신약성경은 주인이 자신의 종들을 올바로 대해야 한다고 말한다(골 4:1, 엡 6:9). 종 또한 자신의 주인과 함께 머물러야 하며, 자신의 주인을 존경하고 순종하며 주인을 위해 열심히 일해야 한다(딤전 6:1, 딛 2:9, 골 3:22, 엡 6:5,6). 만약 두 사람 다 믿는 자라면, 그들은 서로를 그리스도 안에 있는 형제로 대해야 한다. 주께서 그 주인을 다스리듯이, 주인은 그 종을 다스려야 한다. 그리고 그 종은 주를 위해 일하듯이, 그 주인을 위해서 일해야 한다.

물론 현대의 TV 설교자들과 신학교의 교수들은 이렇게 가르치지 않을 것이다. 그러나 이것이 성경이 가르치는 바이다. 킹제임스성경은 이와 같이 역사상 가장 급진적이고, 혁명적이며, 말썽을 많이 일으키는 책이다. 라오디케아 교회 시대의 교수들과 목사들은 킹제임스성경이 무서워 벌벌

떨기까지 한다. 그들은 자신이 이해하지 못하고 통제할 수 없는 것이면 무엇이나 이단이라고 생각한다. 그들의 자아를 기준으로 진리와 오류를 나누는 자들이다. 즉 그들은 자기 자신과 사랑에 빠진 것이다.

즉 그들은 자기 자신을 숭배하는 우상 숭배자들이다! 그들은 마귀들린 자들이다!

『**그러므로 너는 그를 받아들이라. 그는 내 마음 같은 자라**』(12절).

바울은 빌레몬에게 오네시모를 받아들이되, 그가 바울 자신을 받아들이듯 하라고 말하고 있다(17절). 『**내 마음**』(mine own bowels)은 두 가지 뜻을 지닌다. 먼저 이 표현은 빌레몬이 바울의 마음에 가까운 사람으로서 오네시모를 받아들여야 한다는 뜻이다. 앞선 7절에서 살펴봤듯이, 마음(bowels)은 사람의 내부를 말하는 것이다. 여기서는 사람의 영적인 내부(insides)를 말한다. 또한 바울이 어떤 식으로 빌레몬이 오네시모를 받아들일지를 그의 마음과 생각 속에서 이미 결정했다는 의미도 된다.

『**내가 그를 나와 함께 있게 하여 복음을 위하여 갇혀 있는 나를 네 대신 섬기게 하고 싶었으나**』(13절).

실로 엄청난 "목자의 권위"가 아닐 수 없다! 사도들은 비록 그들이 실제로 사용하지는 않았지만 대단한 권위를 가지고 있었다. 바울은 빌레몬의 동의 없이도 오네시모를 그의 곁에 남겨둘 수 있었다. 또한 빌레몬에게 와서 자신의 필요들을 위해 섬기라고 요구할 수도 있었다.

물론 성경에 기록되었듯이 사도들 중 그 누구도 이러한 권위를 행사하지 않았다. 베드로는 이렇게 명령했다. 『**하나님께서 맡겨 주신 자들을 지**

배하려 하지 말고 오직 양 무리의 본이 되라』(벧전 5:3).

『**네 승낙이 없이는 내가 아무것도 하기를 원치 아니하노니**』(14절).

바울이 오네시모의 조력이 필요하기는 했으나, 빌레몬의 동의 없이는 아무것도 행하려 하지 않았다. 왜냐하면 오네시모가 빌레몬의 종이었기 때문이다.

『**이는 너의 선한 일이 억지로 되지 아니하고 자의로 되게 하려 함이라**』(14절).

이제 우리는 다시 그리스도인이 주님께 유익을 되돌려드리는 것의 주제로 돌아오게 되었다. 바울은 오네시모의 섬김을 요구할 수도 있었으며, 그렇게 했다면 빌레몬은 바울이 자신의 종을 거느리게 해야만 했을 것이다. 그러나 바울은 빌레몬이 자의로 주님을 위해서 뭔가를 할 수 있는 기회를 주기 원했다. 그렇게 행하여 그가 『**유익**』을 얻기 바랐다. (고전 9:17과 그 주석 참조)

『**그가 잠시 떠나 있게 된 것은 아마 이로 인하여 네가 그를 영원히 얻게 하려는 것인지도 모르니**』(15절).

쉽게 말해서 바울은 빌레몬이 오네시모를 데리고 있기를 원했다. 바울이 여기서 『**영원히**』라고 말했다고 해서 오네시모가 영원 세계에서도 빌레몬의 종일 것이라는 의미가 아니다. 오네시모가 그후로부터 평생토록 그의 종으로 남아 있을 것이라는 의미이다.

이 구절이 말하는 것은 이것이 전부는 아니다. 16절은 『**종으로서가 아**

니라』고 말씀한다. 오네시모는 단순한 종으로서 돌아오는 것이 아니었다. 『**이제는 종으로서가 아니라 종 이상의 사랑하는 형제로서**』(16절). 그래서 빌레몬은 그리스도 안에 있는 한 형제를 다시 받아들이게 된 것이며, 그런 의미에서 그를 영원히 얻게 된 것이다. 『**육신과 주 안에서**』(16절). 오네시모는 구원받은 종이 되었으며, 구원받은 주인과의 관계에 있어서 디모데전서 6:2의 규범 아래 놓이게 되었다. 『**믿는 주인을 섬기는 자들도 그들이 형제라고 해서 경히 여기지 말고 오히려 더욱 잘 섬겨야 하리니, 이는 그들이 신실하고 사랑받는 자들이며, 선한 일에 동참하는 자들이기 때문이라. 이러한 것들을 가르치고 권면하라.**』

하나님의 말씀의 이러한 명령에 대해서 신학교 교수들과 성경교사들과 목사들은 어떻게 반응하는가?

"만일 누군가가 다르게 가르치면 그는 교만해서 아무것도 아는 것이 없다"고 말씀하셨다(딤전 6:2-4). 즉 남북전쟁에서 북군이 정복한 지역에서 노예들을 해방시키기 위해서 그 주인들을 죽이라고 명령하고 이에 찬동한 사람들을 말하는 것이다. 이런 식으로 가르친 자들이 바로 줄리아 와드 호우, 해리엇 비쳐 스토우, 마틴 루터 킹 주니어 등이다.

참으로 성경은 이질적인 책이 아닌가! 대법원이 미국의 공립학교에서 성경 읽기를 금지시킨 것도 당연하다. 물론 밥존스, 테네시템플, PCC, 휘튼, 무디, 풀러, 피드먼트, BBC, 리버티 등의 교수들도 킹제임스성경에 대해서 거짓말을 한다. 달리 어떻게 이들이 먹고 살 수 있겠는가? 성경이 말하는 그대로 설교하고 가르치면서, 거대한 기관들을 설립할 수 없는 법이다.

만약 모든 근본주의자들이 필자가 읽고 있는 그대로 가르친 성경을 가르친다면, 뉴스 미디어는 난리법석을 떨 것이다. "증오를 퍼뜨리는 발언이다!, 인종차별주의다! KKK! 백인우월주의자다!" 항의와 폭동과 항거가 끊이지 않을 것이다.

17절은 12절을 주석하면서 설명했다.

18,19절은 역사적인 배경에서 볼 때 특별한 설명이 필요 없다. 오네시모가 도망쳤고, 그는 빌레몬에게서 얼마의 돈을 훔쳐서 로마로 가는 경비로 썼을 것이다. 바울은 이제 자신이 그것을 다시 갚겠노라고 말하고 있다. 그러나 이 부분에 대해서도 바울은 자신의 사도로서의 특권을 사용하여, 바울이 빌레몬에게 베푼 영적인 것들에 대한 보상으로 빌레몬이 그의 물리적인 필요들을 충당하게 할 수도 있었다.

『**나 바울은 친필로 썼노니 내가 그것을 갚으리라. 그러나 나는 네가 비록 나에게 빚진 것이 있다 해도 말하지 않겠노라**』(19절).

빌레몬은 바울에게 영적인 빚을 졌다. 말하자면 바울은 오네시모의 일로 그 빚을 받고자 한 것이다. (고전 9:7-14과 그 주석을 보라.) 바울은 빌레몬을 주께로 인도했을 것이다.

이것이 본문에 대한 역사적 해석이다. 만약 독자가 본문에서 은혜를 받고자 한다면, 이렇게 적용해 보라. (편의상 필자의 이름을 넣을 것이다. 자신의 이름을 넣고 이 구절을 묵상하라.)

"피터 럭크만이 잠시 떠나 있게 된 것은 당신께서(하나님께서) 영원히 그를 얻게 하려는 것인지도 모릅니다."

즉 예수 그리스도께서 아버지 하나님께 당신을 대신해서 중보하신 일을 잘 묘사하는 것이다. 이것이 바로 "전가"(Imputation)의 교리이다. (로마서 4장의 주석을 공부하라.)

"이제는 종으로서가 아니라 종 이상의 형제로서 내게(예수 그리스도께) 특별히 그러한데."

예수 그리스도께서 나의 맏형이 되신 것이다. 나는 예수 그리스도와 함께한 공동 상속자가 되었다(롬 8:17). 나는 하나님의 한 아들(a son of God)이며, 주님은 하나님의 유일하신 아들(the Son of God)이시다. 주님은 하나님의 가족의 맏형이시다.

"하물며 아버지 하나님께는 육신과 주 안에서 더욱 그러하지 않겠습니까? 만약 아버지께서 아들인 저를 동역자로 여기신다면 피터 럭크만을 저와 같이 영접해 주십시오. 만약 피터 럭크만이 아버지께 잘못을 저질렀거나, 갚아야 할 빚이 있다면 제게 넘기십시오."

할렐루야! 영광이다! 영광! 주님을 송축하라! 필자는 여기서 잠시 동안 이 영광을 누리고 음미하며 독자들과 나누길 원한다.

아버지 하나님께서는 자신의 아들이신 예수 그리스도를 받아들이듯이, 나를 받아들이신다.

사도 요한의 말씀이다. 『**이는 그분이**』 곧 예수 그리스도께서 『**그러하심과 같이 우리도 이 세상에서 그러하기 때문이니라**』(요일 4:17). 사도 바울의 말씀이다. 『**이는 하나님께서 그 사랑하시는 이 안에서 우리를 받아들이시어**』(엡 1:6).

우리는 성경에서 도주한 노예에 대한 책을 공부하고 있다. 교리적으로는 중대하거나 깊은 내용이 별로 없는 것처럼 보인다. 그러나 하나님께서는 이 책의 중간에 성경에서 전가의 교리를 가장 잘 묘사한 구절을 삽입해 놓으신 것이다. 빌레몬서의 바울과 오네시모의 경우를 제외하고, 전가를 가장 잘 묘사한 것은 사도행전 8장의 에디오피아 내시다. 에디오피아 내시는 오늘날 우리가 구원받았던 방법과 똑같은 방법으로 구원받은 최초의 사람이다. 곧 은혜로 말미암아 죄를 위한 그리스도의 보혈의 속죄를 믿는 믿음으로 구원받은 것이다. 그후 물침례를 받았다. 그리고 그는 종들의 종이었다(창 9:25, 행 8:27).

오네시모와 에디오피아 내시의 경우 둘 다 신약의 그리스도인이 예수 그리스도의 속박 아래 있는 노예라는 진리를 시사한다. 그리스도인은 사슬에 묶인 종이다. 주 예수 그리스도께서 그를 그 피로 값 주고 사신 것이다. 즉 전능하신 하나님의 소유물이다. 그의 전 존재가, 곧 그의 몸, 혼, 영이 모두 하나님의 소유다.

따라서 지상에 있는 모든 그리스도인이 종이지만, 우리를 예수 그리스도께 속한 노예로 만든 바로 그 피가 또한 우리를 그분의 몸 안에 넣으셔서 그의 신부가 되게 했다. 바울은 우리가 그 사랑하시는 이 안에서 받아들여졌다고 말한다(엡 1:6). 그래서 우리의 지위는 단순한 노예의 지위보다 높아진 것이다.

지금까지의 설명이 잘 이해가 되지 않는가? 솔로몬의 노래 1:5-6을 펼쳐보라. 흑인 여인이 등장하고, 그녀는 노예들의 인종에서 딸로 태어났다(창 9:25). 그러나 다윗의 아들로서 예수 그리스도의 예표가 되는 솔로몬이 그녀를 『**나의 사랑**』이라고 부른다(솔 1:9). 이것이 바로 그리스도인이 예수 그리스도의 노예임과 동시에 그리스도의 신부가 됨을 보여 주는 좋은 예화이다.

이것을 성경은 "복음"이라고 부른다. 곧 좋은 소식이다. 그리스도께서는 죄인들을 위해 죽으셨다. 그리스도께서 그 빚을 갚아 주셨다. 그리스도께서 몸값을 치르셔서 아버지 하나님의 거룩하심을 만족시키셨다. 그리스도께서 죄값을 치르신 것을 받아들이면, 당신도 하나님께서 약속하신 영원한 생명을 받을 수 있다. 이것이다! 이것이 바로 복음이다!

진정한 좋은 소식인 복음과 비교하여 다음의 가르침들이 복음(福音)인지 확인해 보라!

1) "회개하라, 믿으라, 고백하라, 침례를 받으라!" 그러면 구원받을 수도 있다.

2) "그리스도께서 세우신 교회를 찾아라, 성사들을 받으라, 은혜의 상태에서 죽어라!" 그러면 구원받을지도 모른다.

3) "선한 삶을 살고, 십계명을 지키며, 황금률을 따라 행하라!" 그러면 구원받을지도 모른다.

4) "팔정도(八正道)를 따르라, 참선을 하라, 굴레에서 벗어나라, 삼매(三昧)와 열반(涅槃)을 경험하라!" 그러면 구원받을지도 모른다.

5) "알라와 그의 선지자에게 복종하라, 메카를 향해 하루에 다섯 번 기도하라, 가난한 자들에게 자선을 베풀라, 라마단을 지켜라, 메카로 하즈 순례여행을 가라, 카바(Ka'aba)로 돌을 던져라, 성전(聖戰)을 일으켜 그리스도인들과 유대인들을 살해하라!" 그러면 구원받을지도 모른다. (마호메트 자신이 이런 모든 일들을 자행했으나, 그는 자신이 죽을 때 자신이 어디로 가게 되는지도 몰랐다. 〈하디스〉, 부카리 편, vol. V, no.266을 보라.)

위에 열거한 것들은 모두 좋은 소식이 아니라, 나쁜 소식이다. 왜인지 아는가? 왜냐하면 그런 종교가 말하는 모든 의식들과 행위들을 다 수행한다고 해도, 결국에는 처음처럼 자신이 죽어서 어디로 가는지 알지 못하기 때문이다.

그러나 필자는 확실히 죽어서 어디로 가는지 알고 있다. 바로 하늘나라다. 나는 그리고 그곳에 어떻게 가는지도 알고 있다. 믿는 즉시 효력을 발생하는 주 예수 그리스도의 보혈이다. 내가 무엇을 하든지 하지 않든지, 타인이 내게 무엇을 하든지 하지 않든지, 어떤 일이 내게 생긴다 하더라도, 하나님께서는 나를 하늘나라로 부르시겠다고 보장하셨다. 이것이야말로 좋은 소식이다!

1:20 정녕 형제여, 내가 주 안에서 너로 인하여 기쁨을 얻게 하고, 주 안에서 내 마음이 새 힘을 얻게 하라.

21 내가 너의 순종을 확신하고 너에게 썼노니, 이는 또한 내가 말하는 것 이상으로 네가 행할 줄 앎이라.

22 이외에도 내가 머물 곳을 마련하라. 이는 너희의 기도로 말미암아 내가 너희에게 나아가게 되기를 바람이라.

23 그리스도 예수 안에서 나와 함께 갇힌 에파프라가 문안하고,

24 나의 동역자 마르코와 아리스타코, 데마, 루카도 문안하느니라.

25 우리 주 예수 그리스도의 은혜가 너희의 영과 함께 있을지어다. 아멘.

20절에서 바울은 빌레몬이 주를 섬김으로 그를 기쁘게 하고, 그의 영을 새롭게 하는 방식으로 결정을 내리기를 종용하고 있다. 여기서 『**마음**』(bowels)은 바울 안에 있는 그의 영을 말한다. 이상적으로 바울이 바라는 바는 빌레몬이 오네시모를 다시 그에게 보내는 것이다.

『**내가 너의 순종을 확신하고 너에게 썼노니**』(21절).

바울은 빌레몬이 그가 요구한 대로 할 것을 확신하고 있다. 그는 빌레몬을 신뢰할 수 있었다.

그는 고린도인들에게도 유사한 말을 한 적이 있었다. 『**그러므로 나는 모든 일에 너희를 신뢰하므로 기뻐하노라**』(고후 7:16).

적용을 해보자! 주께서 어떤 일을 이루시기 원하실 때, 주께서 당신을 신뢰할 수 있는가? 당신은 주님께서 시키시는 대로 행할 것인가, 아니면 주님의 뜻을 거절할 것인가?

『**이는 또한 내가 말하는 것 이상으로 네가 행할 줄 앎이라**』(21절).

빌레몬의 순종에 있어서, 바울은 빌레몬이 그가 요구한 것을 행할 뿐만 아니라, 빌레몬이 더 많은 것을 행하리라 확신했다. 우리가 공부했듯이, 이것이 유익한 그리스도인의 표시이다. 그는 단순한 의무의 수준을 뛰어넘어 자발적으로 주를 섬긴다.

『**이외에도 내가 머물 곳을 마련하라. 이는 너희의 기도로 말미암아 내가 너희에게 나아가게 되기를 바람이라**』(22절).

이 구절은 사도행전 28장의 투옥에서 풀려난 후 바울의 계획을 다루고 있다. 필자의 의견으로는 바울은 빌레몬에게 결국 가지 못했다. 빌레몬이 바울을 위해서 준비해 놓았던 방은 계속 비어 있었고, 바울은 그곳에 머물지 못했다.

바울이 만약 예루살렘에 가기 전에 세운 자신의 계획을 따랐다면, 그렇다면 첫 번째 투옥에서 풀려났을 때 그는 소아시아를 향해 동쪽으로 가지 않았을 것이다. 그는 서쪽으로 여행하여 스페인으로 갔을 것이다. (롬 15:24과 그 주석을 참조하라.) 영국의 초기 켈트 교회의 특징으로 볼 때, 바울이 골로새와 안티옥을 경유하여 로마로 가기 전에, 영국의 섬 지방으로 갔을 가능성이 있다. 바울이 로마에 도착했을 때, 네로는 이미 그곳의 그리스도인들을 미친듯이 박해하기 시작한 상태였고, 바울은 체포되어 두 번째로 투옥되었다. A.D. 68년 네로는 바울을 참수했고, 그래서 그는 결코 빌레몬을 다시 방문할 수 없었다.

끝으로 바울은 그의 동역자들을 대신하여 안부 인사를 전하고 있다.

먼저, 『**에파프라**』다. 바울은 그를 『**나와 함께 갇힌 에파프라**』라고 부른다(23절). 에파프라는 바울의 조력자였고, 사도행전 28장의 바울의 셋집에 함께 갇혀 있었거나, 바울과 동시대에 로마에 죄수로 붙들려 있었을 것이다. 바울은 또한 에파프라를 『**동료 종**』이라 부른다(골 1:7). 바울이 사도행전 19장에서 소아시아에서 사역하고 있었을 때, 골로새 교회를 세우라고 보낸 인물이 바로 에파프라일 것이다. 에파프라(Epaphras)는 에파프로디도(Epaphroditus)를 줄인 이름이다(빌 2:25; 4:18).

두 번째로 『**마르코**』(Marcus)다. 마르코는 마가(Mark)의 라틴어식 이름이다. 베드로가 주께로 인도한 마가 요한이 바로 이 사람인데, 그는 바나바와 함께 한 바울의 제1차 선교여행에서 그들을 버리고 돌아가기도 했었다.

사도 바울은 이러한 마가 요한의 문제로 바나바와 크게 다투었지만(행 15:36-40), 여기서 우리가 기억해야 할 사실이 있다. 바울은 그가 죽는 날까지 마가 요한에 대해서 쓴뿌리를 품지 않았다는 것이다(딤후 4:11). 그는 디모데후서 4:11을 기록하기 오래전에, 마가와의 교제를 회복했다.

바울이 로마에 갇혀 있을 때, 마가는 사도 바울을 도우려고 로마로 갔다. 마가는 그의 삼촌인 바나바와 함께 신실하게 쿠프로에서 섬겼었고, 바빌론에 있는 교회에서는 시몬 베드로와 함께 신실하게 섬겼다. (필자의 베드로전서 주석의 서문을 보라.) 그래서 마가가 나타났을 때, 바울은 그를 동역자로 받아들였고(24절), 마가의 사역을 골로새 교회에 추천했다(골 4:10). 디모데후서 4:11에서 처형당하기 직전에 바울이 마가를 부른 것은 이미 그와의 관계를 해결하고 난 후 추가적으로 마가에 대해 언질을 준 것이다.

성경에서 마가는 사역에서 한때 실패했다가 예수 그리스도께서 다시 회복시킨 젊은 사역자의 본보기로 자신의 자리를 지키고 있다. 마가는 바나바, 베드로, 바울의 세 명의 사도들과 성공적으로 사역을 받들었을 뿐만 아니라, 신약성경의 두 번째 복음을 기록하는 영광을 누렸다.

마가와 대조적으로, 『**데마**』도 있다. 마가가 나오는 동일한 구절에서 바울은 데마에 대해서 말한다. 빌레몬서에서는 마가와 데마가 모두 바울의 『**동역자**』로 등장한다. 그러나 골로새서 4장에서 이미 바울은 두 사람에 대해 차이를 두고 말하고 있다. 그는 데마를 말하지만 이제 동역자라고 일컫지 않는다. 그러나 마가의 사역은 추천하고 있다(골 4:10). 마지막으로 바울이 그들에 대해서 쓸 때도 그는 마가를 『**내 사역에 필요한 사람**』이라고 부른다(딤후 4:11). 그러나 『**데마는 이 세상을 사랑하여 나를 버리고 데살로니가로 갔고**』라고 말하고 있다(딤후 4:10).

무엇이 마가와 데마를 갈라놓았는가? 그들의 차이가 무엇인가? 바로 사랑이다. 데마는 "사랑 문제"가 있었다. 그는 그리스도를 사랑하는 것을 그치고, 세상을 사랑하기 시작했다. 마가가 두려움이나 향수병으로 인해 바울과 바나바를 사도행전 13장에서 버렸는지는 모르지만, 그는 주 예수 그리스도를 사랑하는 것을 그치지는 않았다. 데마는 성령께서 악하다고 규정하신 것을 사랑하기 시작했다(갈 1:4). 이 세상을 사랑하는 것은 예수 그리스도에 대한 사랑을 죽이고, 결국에는 그 사랑을 회복하지 못하는 지경에 이르게 한다. 사도 요한이 기록한 말씀을 보라. 『**세상도, 세상에 있는 것들도 사랑하지 말라. 누구든지 세상을 사랑하면** 아버지를 **사랑함이 그 안에 있지 아니하니**』(요일 2:15, 해당 주석을 참조하라).

에파프라, 마가, 데마와 함께 『**아리스타코**』가 등장한다. 아리스타코는 사도행전 19:29의 에베소에서 처음으로 그 이름이 언급된다. 그는 아마도 사도행전 17장부터 바울과 함께하기 시작했을 것이다. 왜냐하면 그는 데살로니가 출신의 마케도니아인이기 때문이다. 그는 예루살렘까지 바울과 동행했다(행 20:4). 바울이 로마로 호송될 때도 그는 바울과 함께 있었다(행 27:2). 바울은 골로새서 4:10에서 『**나와 함께 갇힌 아리스타코**』라고 말한다(골 4:10). 그러므로 그는 사도 바울과 밀착하여 죄수가 되어 예루살렘에서 로마로 갈 때까지 바울과 함께 시간을 보낸 것이 확실하다.

마지막으로 바울은 『**루카**』(Lucas)를 언급하며, 이는 누가(Luke)의 로마식 이름이다. 바울은 누가를 『**사랑하는 의사**』라고 부른다(골 4:14). 바울과의 동역을 시작한 후, 누가는 바울의 동료들 중 마지막까지 그와 동행한 유일한 인물이다(딤후 4:11).

이제 바울은 마지막으로 빌레몬에게 자신의 전형적인 은혜의 축복을 전

• 옮긴이 / 김 진 석

• 킹제임스성경신학교 강사
• 서울크리스찬중고등학교 교사

• 역서

• 〈피터 럭크만의 주석서 여호수아〉(말씀보존학회)
• 〈부패한 이단자 로마카톨릭〉(말씀보존학회)
• 〈웃음을 자아내게 하는 이슬람 이야기〉(말씀보존학회)

피터 럭크만의 주석서

데살로니가전후서
빌레몬서

2006년 6월 1일 초판1쇄
2017년 9월 4일 초판2쇄

지은이 피터 S. 럭크만
옮긴이 김 진 석
펴낸이 이 송 오
펴낸곳 말씀보존학회

서울시 강서 우체국 사서함 제90호
전화 (02) 2665-3743 / 팩스 (02) 2665-3302
인터넷 / www.biblemaster.co.kr
출판등록 1988. 12. 12. 제16-223호

값 12,000 원

하며 서신을 맺는다. 이것은 갈라디아서의 축복과도 일치한다. (갈 6:18과 그 주석을 보라.)

헬라어 성경에는 빌레몬서의 본문 아래에 다음과 같은 첨언(添言)이 기록되어 있다. "빌레몬에게, 종 오네시모에 의해 로마에서 기록됨." 이것이 정확한 사실이라면, 『**나 바울은 친필로 썼노니**』라는 말씀은 19절 혹은 18,19절만을 가리키는 것일 것이다. 서신의 나머지 부분은 바울이 불러주는 말을 오네시모가 기록한 것이다. (롬 16:22, 벧후 1:21과 그 주석들을 보라.)